KEINE ANGST VOR OPTIONEN

KEINE ANGST VOR OPTIONEN

Profiwissen für Einsteiger –
so handeln Sie von Anfang an richtig

MICHAEL SINCERE

Börsenbuchverlag

Die Originalausgabe erschien unter dem Titel
Understanding Options – 2nd edition
ISBN 978-0-07-181784-4

3. Auflage 2023

Übersetzung: Egbert Neumüller
Lektorat: Judith Hobmaier, Claus Rosenkranz
Covergestaltung: Daniela Freitag
Satz: Timo Boethelt
Herstellung: Daniela Freitag
Druck: GGP Media GmbH, Pößneck

ISBN 978-3-86470-716-2

Bibliografische Information der Deutschen Nationalbibliothek:
Die Deutsche Nationalbibliothek verzeichnet diese Publikation in der Deutschen Nationalbibliografie; detaillierte bibliografische Daten sind im Internet über <http://dnb.d-nb.de> abrufbar.

Postfach 1449 • 95305 Kulmbach
Tel: +49 9221 9051-0 • Fax: +49 9221 9051-4444
E-Mail: info@plassen-buchverlage.de
www.boersenbuchverlag.de
www.facebook.com/plassenverlag
www.instagram.com/plassen_buchverlage

Meiner Mutter Lois, an die ich stets wegen ihres Mitgefühls und ihrer Großzügigkeit denken werde, die so wenig verlangte und doch so viel vollbrachte; und meinem Vater Charles für seine Güte und seine positive Einstellung.

Für Anna Ridolfo, eine gute Freundin und treue New Yorkerin, die ihr Leben der Hilfe für andere gewidmet hat.

INHALTSVERZEICHNIS

TEIL 4 – WIE MAN PUTS KAUFT

TEIL 5 – MITTELSCHWERE UND FORTGESCHRITTENE STRATEGIEN

TEIL 6 – ERNST GEMEINTE RATSCHLÄGE DES AUTORS

VORWORT

EIN DEUTLICH VERBESSERTES BUCH ÜBER OPTIONEN

Da die erste Ausgabe von „Keine Angst vor Optionen“ so erfolgreich war, bat mich mein Lektor bei McGraw-Hill, eine zweite Auflage zu schreiben. Ich möchte den Tausenden Lesern danken, die mein Buch gekauft haben, die mir geschrieben und mir Anregungen gegeben haben. Dank ihrer Ideen ist die vorliegende zweite Auflage noch besser geworden.

Ich habe auf die Leser gehört, die mir geschrieben haben, sie wollten mehr über mittelschwere und fortgeschrittene Strategien erfahren. Dieses Buch beinhaltet Kapitel über Ausübung und Zuteilung, Collars, über den Verkauf bargeldbesicherter Puts, über den Kauf von Straddles und Strangles, über die „Griechen“, die implizite Volatilität, Protective Puts und Spreads. Ich bespreche auch ein paar fortgeschrittene Strategien, beispielsweise Condors, Calendar Spreads, den Butterfly Spread und den Handel mit Optionen auf ETFs.

Außerdem behandle ich beliebte Produkte wie Wochen-Optionen und Mini-Optionskontrakte. Natürlich ist die zweite Auflage viel länger geworden. Trotzdem habe ich mein Bestes getan, um alle Strategien in verständlicher Sprache vorzustellen.

Wenn Sie etwas über Optionen erfahren wollen, aber noch nicht mit dem Aktienmarkt vertraut sind, empfehle ich Ihnen, mein Buch „Understanding Stocks“ (McGraw-Hill, 2. Auflage) zu lesen. Darin dürften die meisten Ihrer Fragen beantwortet werden und es ist im gleichen leserfreundlichen Stil verfasst wie das vorliegende Buch.

Und schließlich: Für den Fall, dass Sie dieses Buch lesen und noch Fragen haben, gebe ich eine (in den Vereinigten Staaten von Amerika) gebührenfreie Telefonnummer an, die Sie montags bis freitags anrufen können. Es mag schwer zu glauben sein, aber wenn Sie diese Telefonnummer anrufen, werden alle Ihre Fragen zu Optionen beantwortet. Sie können auch online mit einem Optionsfachmann chatten. Was das kostet? Nichts.

WER DIESES BUCH LESEN SOLLTE

Wenn Sie darüber nachdenken, mit Aktienoptionen zu handeln, oder bereits damit handeln, aber Verlust machen, dann könnte dieses Buch das nützlichste sein, das Sie je gelesen haben. Ich habe entsprechende Kurse besucht, Bücher gelesen, mit Profis gesprochen, die Trades getätigt und daher kann ich Ihnen beibringen, was ich gelernt habe. Ebenso wie in meinen anderen Büchern versuche ich hier, Optionen so zu erklären, als würden Sie mir am Küchentisch gegenübersitzen. Mein Ziel ist es, Ihnen Zeit und Geld zu ersparen und Sie gleichzeitig zu bilden und zu unterhalten.

Ein Buch über Optionen, das unterhaltsam ist? Ich weiß, das klingt lächerlich, vor allem, wenn man Dutzende andere Bücher über Optionen durchgeackert hat, die angeblich für Anfänger gedacht sind. Die meisten Bücher über Optionen, die ich gelesen habe, kommen mir vor, als wären sie für Rechtsanwälte oder Mathematiker geschrieben. Sie lassen Optionen viel verwirrender erscheinen, als sie es in Wirklichkeit sind. Vielleicht liegt das daran, dass Optionen gesetzliche Verträge – Kontrakte – sind, mit denen auch Fachbegriffe verbunden sind. Ich lasse in diesem Buch das Anwaltsgerede so weit wie möglich weg.

Einer meiner Freunde hat Angst davor, Risiken einzugehen, ein anderer ist Spekulant. Als ich meinem furchtsamen Freund sagte, er solle es in Betracht ziehen, mit Optionen zu handeln, fauchte er sofort: „Bist du verrückt? Das ist viel zu kompliziert für mich! Ich will doch nicht mein ganzes Geld verlieren." Er hatte Erfahrung am Aktienmarkt und kaufte und hielt gern Aktien- und Indexfonds. Er war überzeugt, Optionen seien ein System, das angeblich zum schnellen Reichtum führt und wie ein Casino funktioniert. Und er meinte, Optionen seien nichts für risikoaverse Anleger.

Mein anderer Freund, der Spekulant, ist erfolgreicher Zahnarzt und süchtig nach der Action am Aktienmarkt, die an Las Vegas erinnert. Als der Aktienmarkt einmal nicht aufregend genug war, buchten er und seine Frau ein Optionsseminar, wobei sie für den zweitägigen Kurs 4.000 Dollar hinlegten (nicht zu vergessen die Software für 2.000 Dollar, die angeblich gewinnbringende Optionen findet). Der Kursleiter drückte stets die richtigen Knöpfchen und nach dem Kurs war mein Freund bereit, sich in den Optionshandel zu stürzen und dabei schicke Strategien einzusetzen, zum Beispiel ungedeckte Puts, Calendar Spreads und Straddles. Er war überzeugt, er könnte mit Optionen ein Vermögen verdienen, indem er die ausgefuchstesten Strategien einsetzte. Er dachte, je komplizierter die Strategie, umso mehr Geld würde er verdienen. Doch zum Glück redete er zuvor mit mir.

Ich habe dieses Buch für meine beiden Freunde und für Tausende andere Menschen geschrieben, die sind wie sie. Wenn Sie meinen, Optionen seien zu kompliziert oder zu gefährlich, dann geben Sie mir eine Chance, Ihre Meinung zu ändern. Die gute Nachricht: Es gibt eine Optionsstrategie, die die Bedürfnisse meiner beiden Freunde befriedigt, vom risikoscheuen, defensiven Anleger bis zum risikofreudigen Spekulanten. Zudem: Auch wenn Sie dieses Buch nicht lesen, um Geld zu verdienen, sondern um sich zu bilden und zu unterhalten, glaube ich, dass es Ihre Bedürfnisse befriedigt.

Falls Sie darüber nachdenken, einen kostspieligen Optionskurs zu besuchen, dann lesen Sie zuerst dieses Buch. Es könnte Ihnen Tausende Dollar ersparen. Wenn Sie dann trotzdem beschließen, den Kurs zu besuchen, dann sind Sie darauf besser vorbereitet. Und wenn Sie zu den zehn Millionen Arbeitnehmern gehören, die von ihrem Arbeitgeber Aktienbezugsrechte bekommen, dann könnte Ihnen dieses Buch helfen, die Vorteile und Risiken von Aktienbezugsrechten zu verstehen.

Und schließlich: Wenn Sie Bedenken haben, dieses Buch könnte zu einfach sein, dann finden Sie in den letzten beiden Teilen des Buches mittelschwere und fortgeschrittene Strategien, um Ihren Appetit anzuregen, und ein dynamisches Interview mit einem Optionsguru. Alle diese Strategien beschreibe ich in meinem üblichen leserfreundlichen Stil.

WAS IST AN OPTIONEN SO TOLL?

Was, wenn ich Ihnen sagen würde, dass man Optionen verwenden kann, um jeden Monat oder in jedem Quartal Geld zu verdienen? Und was, wenn ich Ihnen sagen würde, dass Sie Optionen beispielsweise als Versicherung einsetzen können, um Ihr Aktienportfolio zu schützen? Tatsächlich ist die Minimierung von Risiken eine der besten Arten, Optionen einzusetzen. Und wenn Sie gelegentlich spekulieren wollen, können Sie damit Ihr Geld hebeln und Ihre Gewinne verdoppeln oder verdreifachen. Das kostet Sie viel weniger, als wenn Sie Aktien kaufen würden. Und schließlich, wenn Sie Aktien shorten möchten, dann ist es sicherer, Optionsstrategien zu nutzen als den Aktienmarkt.

Apropos Sicherheit: Wussten Sie schon, dass der allerbeste Grund, sich für Optionen zu entscheiden, die Tatsache ist, dass man dabei im Voraus weiß, wie viel man verlieren kann? Man hat unter Kontrolle, welche Risiken man eingehen will. Wenn man es richtig macht, kann man Optionen verwenden, um Einkommen zu generieren, um sein Aktienportfolio zu schützen, um es gegen Risiken abzusichern und um zu spekulieren. Wenn Sie das Buch durchgelesen haben, sollten Sie eine gute Vorstellung davon haben, was Optionen für Sie tun können und ob Sie damit handeln wollen.

Zum Beispiel rief mich ein Freund an, der gerade mit dem Trading anfing, um mir zu sagen, er experimentiere mit einer ausgefeilten Optionsstrategie namens Straddle (die später in diesem Buch erklärt wird). Nachdem er 2.000 Dollar investiert hatte, verkaufte er die Option am nächsten Tag für 25.000 Dollar. Das war vielleicht Anfängerglück, aber es zeigt durchaus, dass man gelegentlich einen Volltreffer landen kann. Ein anderer Freund nutzt eine konservative Optionsstrategie, die gedeckte Kaufoption, um damit ein monatliches Einkommen zu erzielen.

Ein Grund, aus dem Ihnen Optionen gefallen werden, ist die Tatsache, dass man damit unabhängig von den Marktbedingungen Geld verdienen kann. Das gilt jedoch nicht für alle mittelschweren und fortgeschrittenen Strategien, die in diesem Buch besprochen werden. Optionen sind leistungsfähige Werkzeuge, die man bei richtiger Anwendung zusammen mit dem Aktienmarkt benutzen kann, um sein Portfolio aufzuwerten oder zu schützen.

Zumindest ist es klug, alles über dieses faszinierende und flexible Finanzinstrument zu lernen, was man darüber lernen kann. Wenn Sie hören, Optionen seien flexibel, dann heißt das einfach, dass man sie unter beliebigen Marktbedingungen handeln kann und dass die Strategien so einfach oder so kompliziert sein können, wie man sie haben will.

Glauben Sie, dass der Preis einer bestimmten Aktie explodieren wird? Dafür gibt es eine Optionsstrategie, die keine große Vorauszahlung kostet. Und wenn es zum Crash kommt? Auch dafür gibt es eine Optionsstrategie. Und wenn Sie glauben, dass der Markt seitwärts laufen wird, gibt es Optionsstrategien, die dann Einkommen abwerfen. Kennen Sie von Aktien abgesehen noch ein anderes Finanzinstrument, das die Bedürfnisse der Anleger unabhängig von ihrem Einkommensniveau oder ihren finanziellen Zielen befriedigt?

Und es gibt noch einen Grund, weshalb Sie etwas über Optionen lernen sollten: Sie können helfen, Ihre finanziellen Ängste einzudämmen. Zum Beispiel sagen mitten in einer Baisse viele Menschen das Schlimmste voraus. Man kann mit Optionen sein Aktienportfolio schützen, wenn man sich mit dem Markt nicht wohlfühlt. Optionen sind nicht perfekt, aber in den Händen sachkundiger Anleger sind sie leistungsfähige Werkzeuge.

WIE DIESES BUCH AUFGEBAUT IST

Dieses Buch besteht aus sechs Teilen. Der erste Teil, „Was Sie als Erstes wissen müssen“, bietet eine gründliche Übersicht über Optionen. In den Teilen 2 bis 4 ist das Buch genauso aufgebaut, wie man traden würde, von Anfängerstrategien der Stufe 1 bis hin zu fortgeschrittenen Strategien der Stufe 4. Ich beginne langsam und bringe Ihnen geduldig bei, wie man gedeckte Kaufoptionen erstellt und wie man Calls und Puts kauft.

In Teil 5 lernen Sie mittelschwere Strategien wie Spreads, Straddles, Strangles, bargeldbesicherte und ungedeckte Puts, die „Griechen", Wochen-Optionen und Mini-Optionen kennen. Ich habe mich sehr bemüht, diese Strategien einem Trading-Neuling verständlich zu machen. Wenn ich jedoch fortgeschrittene Optionsstrategien wie den Iron Condor, Calendar Spreads und den Butterfly Spread vorstelle, zieht das Tempo an.

In Teil 6 können Sie sich über das lesenswerte Interview mit Sheldon Natenberg freuen, einem Bestsellerautor und anerkannten Optionsexperten. Am Ende finden Sie eine aktualisierte Liste mit Büchern, Kursen, Software und anderen Ressourcen für diejenigen, die noch mehr über Optionen erfahren wollen. (Wenn beim Lesen dieses Buches Fragen auftauchen, finden Sie in Kapitel 26 eine gebührenfreie Telefonnummer, unter der Sie sofort Antworten bekommen.)

Manche von Ihnen fragen sich vielleicht, wie es möglich ist, ein relativ kurzes Buch über Optionen zu schreiben, wo doch viele Bücher über Optionen mehr als 500 Seiten lang sind. Erstens richten sich viele dieser Bücher an erfahrene Trader, nicht an Anfänger. Zweitens verwenden andere Autoren Hunderte von Seiten darauf, anhand komplizierter Formeln zu erklären, wie Optionen konstruiert sind. Zwar stelle auch ich Preisberechnungsformeln vor, aber ich vertrete die These, dass man, um Auto zu fahren, nicht lernen muss, wie ein Motor funktioniert.

Die Analyse von Optionsformeln mag vielleicht für Mathematiker interessant sein, ich aber behalte lieber im Auge, worauf es unter dem Strich ankommt: Ihnen beizubringen, wie man erfolgreich mit Optionen handelt. Der Optionshandel ist nicht so schwierig, wie manche Menschen meinen, aber er ist auch nicht so leicht, wie manche Sie glauben machen wollen.

SO ERREICHEN SIE MICH

Ich beglückwünsche Sie dazu, dass Sie sich die Zeit nehmen, etwas über Optionen zu erfahren. Der Aktienhandel ist wie ein Damespiel, der Optionshandel hingegen wie ein Schachspiel. Wenn dies Ihr erstes Buch über Optionen ist, dann ist es mir eine Ehre, der Erste zu sein, der Ihnen etwas über dieses faszinierende Produkt beibringt. Nachdem Sie mein Buch gelesen haben, werden Sie andere Bücher über Optionen viel besser verstehen.

Schätzungsweise verstehen nur fünf Prozent der Bevölkerung wirklich, wie Optionen funktionieren. Verständlich, denn schließlich braucht man Geschick, Wissen, Erfahrung und Beharrlichkeit, um ein erfolgreicher Optionshändler zu sein. Wenn Sie das Buch zu Ende gelesen haben, werden Sie zu dieser kleinen Gruppe sachkundiger Trader gehören.

Nochmals danke, dass Sie dieses Buch lesen. Ich habe mich sehr bemüht, es zum nützlichsten Buch über Optionen zu machen, das Sie je gelesen haben. Es kann trotzdem sein, dass Sie es mehrmals lesen müssen, bevor Sie Optionen wirklich verstehen.

Und schließlich, wenn Sie Fragen zu meinem Buch haben oder darin Fehler finden, schreiben Sie mir gern eine E-Mail an msincere@gmail.com oder besuchen Sie meine Website www.michaelsincere.com. Ich freue mich immer, von Ihnen zu hören.

TEIL 1

WAS SIE ALS ERSTES WISSEN MÜSSEN

1

WILLKOMMEN AUF DEM OPTIONSMARKT

Ich freue mich, dass Sie sich entschieden haben, gemeinsam mit mir mehr über Optionen und den Optionshandel zu erfahren. Optionen können tückisch sein – etwa so, wie wenn man durch Treibsand läuft. Am Anfang kann es einem einfach und unkompliziert vorkommen. Aber wenn man tiefer hineinkommt, kann es trüber werden und schon bald merkt man, dass man unter der Last der Optionsterminologie versinkt.

Sobald man besser mit der Strategie vertraut ist, wird es allerdings leichter. Aber verstehen Sie mich nicht falsch: Etwas über Optionen zu lernen, ist wie eine neue Sprache zu lernen. Das Gute ist, dass man kein Mathematikstudium braucht, um erfolgreich mit Optionen zu handeln. Die meisten Berechnungen sind einfach. Wenn anspruchsvolle Berechnungen nötig sind, finden Sie die Lösungen auf Ihrem Computer oder in Ihrem Smartphone.

Am besten erlernt man den Optionshandel in kleinen Schritten und genau so präsentiere ich die Informationen. Wenn Sie so sind wie meine spekulierenden Freunde, dann möchten Sie sich sofort in den Optionshandel stürzen. Ich rate Ihnen aber dringend, sich die Zeit zu nehmen, um den Sinn und Zweck von Optionen sowie ihren Einsatz zu verstehen, bevor Sie zum ersten Mal richtiges Geld in diesen Markt stecken.

Empfehlung: Bevor Sie mit Optionen handeln, sollten Sie außerdem ausreichende Kenntnisse des Aktienmarkts besitzen. Da Aktien und Optionen miteinander zusammenhängen, sollten Sie wissen, wie man Aktien kauft und verkauft, bevor Sie mit Optionen handeln. Wenn Sie neu am Aktienmarkt sind, empfehle ich Ihnen mein vorheriges Buch,

„Understanding Stocks“ (McGraw-Hill, 2. Aufl.), das schnell und leicht abhandelt, was man über den Aktienmarkt wissen muss. Bei Ihrem örtlichen Buchhändler oder online gibt es noch weitere Bücher zu diesem Thema.

DIE VORTEILE DES OPTIONSHANDELS

Bevor wir die Optionen detailliert besprechen, lassen Sie uns einen genaueren Blick auf die Gründe werfen, aus denen Sie daran teilhaben wollen. Wussten Sie, dass die Optionen schon vor Tausenden von Jahren erfunden wurden? Und dass sie bereits populär waren, lange bevor die erste Aktienbörse gegründet wurde? Vielleicht überrascht es Sie auch, zu erfahren, dass sich Optionen fast in jedermanns Portfolio integrieren lassen, vom defensiven, risikoscheuen Anleger bis zum Spekulanten. Viele Trader lieben den Optionshandel, weil Optionen so flexibel und so billig sind. Egal, welche Gründe Sie haben, Sie können eine Möglichkeit finden, Optionen einzusetzen – um Einkommen zu generieren, als Versicherung, als Absicherung oder als Spekulation.

Einkommen

In Teil 2 befasse ich mich ausführlich mit Einkommensstrategien, erinnere jetzt aber nur daran, dass man Optionen sehr effizient einsetzen kann, um Einkommen oder einen Cashflow zu generieren. Im Prinzip kauft man dafür keine Optionen, sondern man verkauft Optionen auf Aktien, die man bereits besitzt. Dadurch vermietet man gewissermaßen seine Aktien an andere Menschen (die Optionskäufer) und diese bezahlen einen für dieses Privileg. Das kann eine profitable Einsatzmöglichkeit von Optionen sein, so ähnlich wie eine Rente, bei der man monatliche Zahlungen erhält, nur weil man die Aktien besitzt.

Schutz

Ein weiterer wirksamer Einsatz von Optionen ist der Schutz beziehungsweise die Versicherung von Geldanlagen. Nehmen wir einmal an, Sie haben eine ziemlich große Position in einer Aktie. Wenn Sie Ihr Risiko senken möchten, können Sie Optionen einsetzen, um Ihre Aktienposition im Falle einer Katastrophe zu schützen. Ebenso wie bei einer Versicherungspolice hoffen Sie dabei natürlich, dass Sie sie nicht brauchen. Ursprünglich wurden Optionen für genau diesen Zweck erfunden. Die Verwendung von Optionen, um seine Aktien zu schützen, ist eine der eher konservativen Arten, den Optionsmarkt zu nutzen.

Absicherung/Hedging

Ähnlich wie beim Kauf einer Aktienversicherung kann man sich auch gegen Risiken absichern. Nehmen wir an, Sie befürchten, dass der Markt im Laufe des nächsten Jahres abstürzen und so ein Loch in Ihre Gewinne aus Aktien und aus Investmentfonds reißen könnte. Sie können Ihr gesamtes Portfolio dadurch absichern, dass Sie Optionen auf börsennotierte Fonds (ETFs) kaufen, die bedeutende Indizes wie den S&P 500, den Dow Jones Industrial Average, den Nasdaq 100 oder den Russell 2000 nachbilden. Wenn der Markt fällt, legt der Wert der Optionen zu. Profis verwenden routinemäßig Optionen, um ihre Aktienportfolios abzusichern, und Sie können das auch tun.

Spekulation

Optionen stehen in dem Ruf, eine Art Casino für schnelles Geld zu sein, weil Spekulanten von den Medien so viel Aufmerksamkeit bekommen. Gegen eine geringe Anzahlung kann man seine Investments hebeln und hat die Chance, ein Vielfaches dessen zu gewinnen, was man investiert hat. Bei dieser Strategie kontrolliert man für wenig

Geld eine große Anzahl von Aktien. Das Beste an solchen Optionsstrategien ist, dass man immer von vornherein weiß, wie viel man verlieren kann.

Ein weiterer Vorteil des Optionshandels ist, dass man damit in allen Marktumfeldern Geld verdienen kann. Man kann Optionsstrategien erstellen, die von Haussen, Baissen oder Seitwärtsmärkten profitieren.

MÖGLICHST EINFACH

Vielleicht meinen Sie, die einzigen Menschen, die mit Optionen Geld verdienen, seien diejenigen, die fortgeschrittenere Strategien verwenden. Das stimmt aber nicht! Für private Optionshändler gilt, dass sie manchmal umso mehr Geld verdienen, je einfacher die Strategie ist. Und die komplizierteren Strategien bergen größere Risiken. Halten Sie sich einfach an Strategien, mit denen Sie sich wohlfühlen – solche, die Ihnen keine schlaflosen Nächte bereiten. Für den Aktienmarkt gilt das genauso wie für Optionen.

Mit größter Wahrscheinlichkeit ist es noch zu früh, um zu wissen, auf welche Weise Sie Optionen am besten einsetzen sollten. Viele Optionshändler kombinieren verschiedene Strategien: Sie setzen Optionen ein, um ein regelmäßiges Einkommen oder einen Cashflow zu erzielen und auch als Absicherung gegen mögliche Katastrophen. Und natürlich fühlen sich viele Menschen deshalb zu Optionen hingezogen, weil sie damit ein Vielfaches ihrer anfänglichen Investition verdienen können.

EINE OPTION AUF EIN HAUS KAUFEN

Die nun folgende kurze Geschichte soll Ihnen besser verständlich machen, wie Optionen funktionieren.

Nehmen wir an, Sie denken daran, ein bestimmtes Haus mit zwei Schlafzimmern zu kaufen, das für 100.000 Dollar angeboten wird. Ihnen gefällt das Haus richtig gut und der Preis ist gerechtfertigt. Sie möchten sich den Preis von 100.000 Dollar für den Fall sichern, dass der Preis steigt. Wenn Sie sich den Preis sichern können, haben Sie Zeit, sich nach anderen Häusern umzusehen, und auch die Zeit, etwas zu unternehmen, falls Sie beschließen, das Haus zu kaufen.

Deshalb treten Sie an die Besitzerin des Hauses heran und fragen sie, ob sie eine Vereinbarung über eine Kaufoption unterschreibt. Ist sie einverstanden, setzen Sie sich zusammen und handeln die Konditionen aus. Nach einem kurzen Gespräch ist die Eigentümerin bereit, das Haus drei Monate lang für Sie zurückzuhalten. Während dieser Zeit darf niemand anders das Haus kaufen. Das heißt auch, dass Sie unabhängig davon, wie hoch etwaige andere Gebote sein mögen, das Haus für 100.000 Dollar kaufen können. Selbst wenn ein Immobilienmakler das Haus innerhalb der nächsten drei Monate für 120.000 Dollar anbietet, können Sie – und nur Sie – es für 100.000 Dollar kaufen. Die Besitzerin bezahlt weiterhin die Rechnungen, aber Sie haben es in der Hand, wann, ob und für wie viel das Haus verkauft wird. Ein tolles Geschäft!

Aber was ist, wenn der Wert des Hauses auf 90.000 Dollar sinkt? Gemäß den Regeln des Optionskontrakts, den Sie unterzeichnet haben, können Sie es dann einfach sausen lassen. Sie haben also das Recht, das Haus für 100.000 Dollar zu kaufen, nicht aber die Pflicht. Das bedeutet, dass Sie unabhängig davon, ob das Haus weniger oder mehr wert sein wird, es für 100.000 Dollar kaufen oder es lassen können. (Das Wort „Recht“ werden Sie übrigens noch oft lesen, denn Optionen geben einem das Recht, zu kaufen oder zu verkaufen.)

Vielleicht fragen Sie sich jetzt, was wohl die Hausbesitzerin von diesem Geschäft hat. Das ist eine gute Frage. Da die Besitzerin das Haus für Sie zurückhält und es vorläufig an keinen anderen verkaufen kann, will sie eine Entschädigung haben – also Geld. Normalerweise verlangt die Hausbesitzerin dafür einen kleinen prozentualen Anteil des Kaufpreises, beispielsweise zwei Prozent, in diesem Fall also 2.000 Dollar. Im Austausch gegen 2.000 Dollar hält sie also das Haus drei Monate lang für Sie zurück. (Anmerkung: Die 2.000 Dollar, die Sie der Hauseigentümerin bezahlen, bezeichnet man als „Prämie“.)

Die Besitzerin freut sich, weil sie 2.000 Dollar bekommt, mit denen sie machen kann, was sie will. Sie freuen sich, weil Sie für drei Monate wissen, dass Sie nicht mehr als 100.000 Dollar für das Haus bezahlen müssen. Ihrer Meinung nach sind 2.000 Dollar ein geringer Preis für das Recht, das Haus zu bekommen. Und wenn Sie in den nächsten drei Monaten Ihre Meinung ändern, verlieren Sie zwar die Prämie, die Sie an die Besitzerin bezahlt haben, aber es steht Ihnen frei, sich ein anderes Haus zu suchen.

Schauen wir uns an, was im wirklichen Leben passieren könnte. Wenn der Wert des Hauses auf 120.000 Dollar klettert, beschließen Sie, das Haus wie zuvor vereinbart für 100.000 Dollar zu kaufen. Dann haben Sie einen Buchgewinn von 18.000 Dollar erzielt.

Wenn Sie Ihre Meinung ändern oder der Preis des Hauses unter 100.000 Dollar fällt, sind Sie weder verpflichtet noch gezwungen, es zu kaufen. Sie lassen das Geschäft unter 2.000 Dollar Verlust sausen, aber das ist besser, als ein Haus zu besitzen, dessen Wert gefallen ist. Und wie ergeht es der Besitzerin? Ihr ist es egal, ob Sie das Haus kaufen, sie freut sich über die 2.000 Dollar. Und wenn Sie nach Ablauf der drei Monate das Haus nicht kaufen, kann sie mit jemand anderem eine neue Optionsvereinbarung treffen. Auf diese Weise erhält sie weiterhin hübsche kleine Prämienschecks von potenziellen Käufern.

Anmerkung: Wenn der Preis des Hauses steigt, haben Sie noch eine weitere Möglichkeit: Sie können den profitablen Optionskontrakt jemand anderem verkaufen. In diesem Fall stecken Sie die 18.000 Dollar Gewinn ein und gehen aus dem Geschäft, ohne das Haus zu besitzen. Wieso 18.000 Dollar? Die Differenz zwischen dem Kaufpreis und dem Verkaufspreis (abzüglich 2.000 Dollar Prämie) ist Ihr Gewinn.

DER KAUF VON OPTIONEN AUF SCHNEESCHAUFELN IN CHICAGO

Um Ihnen ein weiteres Beispiel dafür zu geben, wie die Menschen im richtigen Leben Optionen einsetzen, habe ich noch eine Geschichte zu bieten. Nehmen wir an, Sie haben einen Eisenwarenladen in Chicago. Sie wissen, dass Sie im Dezember wahrscheinlich Schneeschaufeln brauchen werden. Schließlich gab es im Dezember letzten Jahres einen schweren Schneesturm. Schon nach Wochen waren Ihre Schneeschaufeln ausverkauft, wodurch Ihnen Gewinne entgingen und die Kunden sich ärgerten. In diesem Jahr treffen Sie im August eine Optionsvereinbarung mit demselben Schaufelhersteller namens Shovels, Inc.

Die Optionsvereinbarung legt fest, dass Ihnen Shovels, Inc. 100 Schaufeln à 15 Dollar liefern wird, obwohl das Unternehmen normalerweise viel mehr dafür verlangt. Außerdem legt die Optionsvereinbarung fest, dass Sie bis zum dritten Freitag im Dezember das Recht haben, die Schneeschaufeln zu kaufen. Sie müssen die Schaufeln nicht kaufen, aber Sie können es, wenn Sie wollen.

Wenn es bis zum dritten Freitag im Dezember nicht schneit, kaufen Sie die Schneeschaufeln wahrscheinlich nicht. Erinnern Sie sich an die Prämie aus der ersten Geschichte? Der Hersteller verlangt von Ihnen dafür, dass er die 100 Schneeschaufeln zu je 15 Dollar zurückhält, eine Prämie von 300 Dollar. Egal, was passiert – ob Sie sich die Schneeschaufeln liefern lassen oder nicht –, Sie bezahlen diese 300 Dollar.

Warum sollte Ihnen Shovels, Inc. eine Option auf Schneeschaufeln verkaufen? Erstens bekommt das Unternehmen von Ihnen 300 Dollar Prämie. Zweitens weiß es, dass die Möglichkeit besteht, dass Sie die Schaufeln vielleicht nicht kaufen, und deshalb ist eine Kaufoption besser als nichts.

Schauen wir einmal, was im richtigen Leben passiert. Kommt im November ein brutaler Schneesturm und alle brauchen Schneeschaufeln, dann steigt der Preis für Schneeschaufeln. Sie freuen sich, weil Sie das Recht haben, die Schneeschaufeln für 15 Dollar das Stück zu kaufen. Sie lassen sich die Schneeschaufeln liefern und verkaufen sie Ihren Kunden für einen höheren als den üblichen Preis. Das bringt Ihnen viel Gewinn.

Nehmen wir an, der Winter fällt in Chicago sehr mild aus. In diesem Fall möchten Sie die Schneeschaufeln überhaupt nicht kaufen. Sie lassen sich die Schaufeln nicht liefern und der Optionskontrakt verfällt. In diesem Worst-Case-Szenario haben Sie 300 Dollar verloren, aber zumindest sitzen Sie nicht auf einer Lieferung von 100 unnötigen Schneeschaufeln. Der Optionskontrakt war gewissermaßen eine Versicherungspolice.

Wenn der Winter mild ist, behält Shovels, Inc. Ihre 300 Dollar und die 100 Schaufeln. Tatsächlich wird das Unternehmen versuchen, jemand anderem eine ähnliche Option zu verkaufen, sobald Sie die Lieferung der 100 Schaufeln nicht annehmen. Das Geld, das der Hersteller durch diese Optionskontrakte einnimmt, wird ihm helfen, durch den milden Winter zu kommen.

Vielleicht ist es Ihnen nicht klar, aber es werden Optionskontrakte auf Tausende Produkte ausgestellt, von Mais über Sojabohnen, Öl, Häuser und Schneeschaufeln bis hin zu Aktien.

EINE SEHR WICHTIGE FRAGE

Denken Sie einmal über folgende Frage nach: Wären Sie lieber der Optionskäufer oder der Optionsverkäufer? Der Käufer hat die Kontrolle darüber, wann (oder ob) das Eigentum oder Produkt gekauft oder verkauft wird. Aber der Verkäufer bekommt die Prämie und muss sich an die Vertragsbedingungen halten. Während wir uns ausführlicher mit Optionen befassen, werden Sie Strategien sowohl für Käufer als auch für Verkäufer lernen. Überlegen Sie sich zwischenzeitlich, was Sie lieber sein wollen – der Optionskäufer oder der Optionsverkäufer.

Die Frühzeit

Das erste verzeichnete Optionsgeschäft findet sich in der Bibel (im Buch Genesis). Dabei geht es um die Vereinbarung über die Heirat von Jakob und Rahel, einer der Töchter Labans. Der Zeitpunkt dieser Transaktion wird auf 1700 v. Chr. geschätzt. Gemäß den Bedingungen dieses Optionsvertrags hatte Jakob das Recht, Rahel zu heiraten, dies aber nur, wenn er sieben Jahre für Laban arbeiten würde. Offenkundig änderte Laban die Vertragsbedingungen und bestand darauf, dass Jakob stattdessen die ältere Tochter heiratete. Jakob war derart entschlossen, Rahel zu heiraten, dass er eine weitere Optionsvereinbarung über weitere sieben Jahre Dienst annahm. Am Ende durfte Jakob, nachdem er die Vertragsbedingungen erfüllt hatte, Rahel heiraten.

Viele Jahre später schrieb Aristoteles (384 bis 322 v. Chr.) eine Geschichte über Thales von Milet, einen armen griechischen Astronom, Mathematiker und Philosophen, und das ist die erste schriftliche Aufzeichnung über eine Optionsspekulation.

Laut Aristoteles beobachtete Thales die Sterne, um daraus ungewöhnlich zutreffende Wettervorhersagen abzuleiten. Er kam zu dem Schluss, es werde eine reiche Olivenernte geben, also einen ausgezeichneten Herbst. Thales war schlau genug, aus dieser Vorhersage Nutzen zu ziehen. Er hatte zwar nicht viel Geld, aber er trat in aller Stille an die Besitzer der Olivenpressen (mit denen aus Oliven Öl erzeugt wurde) heran und machte ihnen ein Angebot.

Er hinterlegte bei jedem Besitzer eine Anzahlung (oder Prämie), um sich die Olivenpressen in der Erntezeit zu reservieren. Gegen diese Anzahlung hielten die Besitzer die Pressen im Herbst ausschließlich für Thales bereit. Da niemand glaubte, dass Thales das Wetter auf neun Monate vorhersagen konnte, hielt niemand mit höheren Geboten dagegen. Daher bezahlte Thales für das Recht, die Olivenpressen zu reservieren, sehr wenig.

Es stellte sich heraus, das Thales' Prognose zutreffend gewesen war. Es war ein hervorragendes Olivenjahr und die Nachfrage nach Olivenpressen war enorm. Thales verkaufte seinen Optionskontrakt (der das Recht darstellte, die Olivenpressen zu nutzen) mit einem riesigen Gewinn an die Olivenbauern.

Die Moral von der Geschichte: Thales bewies der Welt (und sich selbst), dass Philosophen oder Spekulanten reich werden können, wenn sie klug genug sind, herauszufinden, wie man Optionen im richtigen Leben einsetzt. (Dabei ist es auch sinnvoll, Nachforschungen anzustellen, bevor man investiert.)

Das 18. Jahrhundert

Der erste Optionsmarkt der Vereinigten Staaten entstand 1791, als die New York Stock Exchange (NYSE) eröffnete. Da Optionen damals noch nicht als Teil des regulären Marktes galten, wurden entsprechende Transaktionen im weniger angesehenen Freiverkehr (auch OTC-Markt genannt, „over the counter", „über den Ladentisch") abgewickelt. Natürlich war es damals nicht leicht, Käufer und Verkäufer zusammenzubringen, vor allem da es noch keine Computer und keine Telefone gab. Es gab keinen zentralen Ort, an dem sich Käufer und Verkäufer treffen konnten, um mit Optionen zu handeln. Damit Käufer und Verkäufer zusammengebracht werden konnten, trafen sich Makler und Händler auf einem Freiverkehrsmarkt. Manchmal schalteten Makler und Händler Anzeigen in Finanzzeitungen, um das Interesse an einem bestimmten Optionskontrakt zu wecken.

Das 19. Jahrhundert

Um die Jahrhundertwende wurden Aktienoptionen über eine lockere Organisation von Freiverkehrshändlern gehandelt, die „Put and

Call Broker Dealers Association". Dabei bestand unter anderem das Problem, dass niemand wusste, was als angemessener Preis für eine Option zu betrachten sei. Deshalb passierte es leicht, dass man ein schlechtes Geschäft machte und Geld verlor. Außerdem waren die Händler, da niemand für den Optionskontrakt bürgte, prinzipiell auf sich gestellt. Und schließlich war es schwierig, einen Optionskontrakt auszuhandeln, weil die Bedingungen jedes Kontrakts einzigartig waren. Leider mussten die Händler noch weitere 100 Jahre warten, bevor die erste organisierte Optionsbörse geschaffen wurde.

Nun, da Sie eine allgemeine Vorstellung davon haben, wie man Optionen verwendet, werden Sie im nächsten Kapitel erfahren, wie man ein Optionsdepot eröffnet.

2

WIE MAN EIN OPTIONSDEPOT ERÖFFNET

Die beiden häufigsten Fragen, die Menschen stellen, wenn sie sich für Optionen interessieren, sind „Wie eröffnet man ein Depot?“ und „Wie viel Geld brauche ich am Anfang?“ Beide Fragen werden in diesem kurzen, aber wichtigen Kapitel beantwortet.

Inzwischen sind Sie vielleicht schon begierig darauf, Ihr erstes Optionsgeschäft zu tätigen. Kluge Trader warten jedoch geduldig auf die besten Anlage- oder Trading-Chancen. Wenn man sich ohne Wissen oder Erfahrung auf Optionen einlässt, kann man damit Geld verlieren. Nehmen Sie sich die Zeit, sich gründlich mit Optionen zu befassen, bevor Sie Ihre erste Order platzieren. Fangen wir mit diesen Gedanken im Kopf nun an, zu lernen, was man braucht, um ein Optionsdepot zu eröffnen.

DIE FÜNF SCHRITTE ZUR ERÖFFNUNG EINES OPTIONSDEPOTS

Da Ihre Brokerfirma alle Ihre Options-Trades abwickelt, brauchen Sie als Erstes ein Maklerdepot. Nachdem Sie ein Maklerdepot eröffnet haben, können Sie ein Optionsdepot eröffnen. Sie können die Formulare online ausfüllen oder sie sich per Post schicken lassen. Wie bereits eingangs erwähnt, um erfolgreich mit Optionen zu handeln, brauchen Sie zumindest Grundkenntnisse des Aktienmarkts.

Nachdem Sie Ihr Maklerdepot mit der erforderlichen Mindestsumme eröffnet haben (der konkrete Betrag ist bei jedem Broker anders, aber normalerweise braucht man mindestens 2.500 Dollar), ermittelt die Brokerfirma, welchen exakten Geldbetrag Sie brauchen, um ein Optionsdepot zu eröffnen.

Schritt 1: Die Brokerfirma

In früheren Zeiten brauchte man einen Börsenmakler, der die Optionsgeschäfte für einen abwickelte, aber dafür bezahlte man viel Geld. Aufgrund des Internets ist es fast schon Pflicht, dass man seine Trades selbst tätigt. Das ist einer der Gründe, weshalb die Optionskommissionen in den letzten Jahren so dramatisch gefallen sind, teils auf zehn Dollar pro Trade (oder noch weniger).

Es ist allerdings nichts dagegen einzuwenden, wenn man als Optionsanfänger seine Trades von einem Vertreter der Brokerfirma (der nicht mehr als Börsenmakler, sondern als Broker bezeichnet wird) platzieren lässt. Der Broker bestätigt auch die Trades, die Sie tätigen. (Wenn ein Broker die Trades tätigt, kostet es ein bisschen mehr.)

Zwar sollten Sie bei der Wahl eines Onlinebrokers die Höhe der Gebühren berücksichtigen, aber Sie wollen ja auch kompetente Kundendienstmitarbeiter haben, die Ihnen bei den Trades helfen und mit Ihnen Optionsstrategien besprechen. Auch wollen Sie eine Brokerfirma haben, die ausgefeilte Software und Tools anbietet, die Ihre Trades schnell sowie zu den besten Geld- und Briefkursen an den Markt leitet. Außerdem wollen Sie Zugang zu Online-Schulungsmaterialien wie Webinaren und Artikeln haben. Auch ist es nützlich, wenn die Kundenservice-Mitarbeiter mindestens zwölf Stunden am Tag zur Verfügung stehen, um Fragen zu beantworten.

Wählen Sie einen Broker, der alles Erwähnte bietet. Allgemein bekannte Brokerhäuser haben Optionsfachleute, die Ihnen gerne dabei helfen, Ihr Optionskonto einzurichten und zu verwalten.

Schritt 2: Der Einschusskredit

Wenn man sich von einer Brokerfirma Geld leiht, um Aktien zu kaufen, dann kauft man „auf Margin“ beziehungsweise nutzt einen „Einschusskredit“ und dafür braucht man ein Einschusskonto.

Wenn Sie beschließen, bei Ihrem Broker ein Einschusskonto zu eröffnen, müssen Sie zuvor einen Einschuss-Kreditvertrag abschließen. Das geht ähnlich wie bei einem üblichen Kreditantrag. Die Brokerfirma nimmt eine Bonitätsprüfung vor und verlangt, dass Sie einen ausführlichen Fragebogen wahrheitsgemäß ausfüllen. Das Brokerhaus will wissen, ob Sie die nötigen Finanzmittel und das nötige Wissen haben, um mit Einschüssen umzugehen. Es möchte auch, dass Sie die möglichen Risiken kennen. Bei guter Bonität dürfte es kein Problem sein, den Antrag genehmigt zu bekommen.

Wenn Sie Optionsstrategien der Stufen 1 und 2 einsetzen (wird unten erläutert), brauchen Sie keinen Einschusskredit zu beantragen. Beim Optionskauf ist kein Einschuss im Spiel, denn man muss den vollen Kaufpreis bezahlen. Wenn Sie hingegen fortgeschrittenere Strategien einsetzen wollen, brauchen Sie ein Einschusskonto (das werden Sie verstehen, wenn wir zu diesen fortgeschrittenen Strategien kommen). Wenn Sie Optionsneuling sind, brauchen Sie eigentlich kein Einschusskonto zu eröffnen.

Ein weiterer interessanter Punkt: Einschussverträge sind normalerweise für Individual Retirement Accounts (IRAs), steuerbegünstigte 401(k)s oder Treuhandkonten nicht zulässig (dafür braucht man ein sogenanntes Kassakonto). Manche Firmen lassen es allerdings zu. Es ist hingegen zulässig, im Rahmen eines IRA oder eines steuerbegünstigten Kontos ein Optionsdepot zu führen. Der einzige Haken daran ist, dass man dabei möglicherweise auf einfache Optionsstrategien beschränkt ist. Später werden Sie noch erfahren, dass das nicht unbedingt ein Nachteil ist. Ein guter Rat: Sehen Sie sich die Einschuss-Richtlinien Ihrer Brokerfirma an.

Anmerkung: Die Tatsache, dass man mit einem Konto für die Altersvorsorge Optionen handeln darf, heißt noch nicht, dass man es auch tun sollte. Es gibt defensive Optionsstrategien, die sinnvoll sein können. Spekulieren Sie allerdings nicht mit Geld, dessen Verlust Sie sich nicht leisten können.

Schritt 3: Die Optionsvereinbarung

Die Optionsvereinbarung muss ausgefüllt werden, wenn man mit Optionen handeln will. Zweck der Optionsvereinbarung ist es, herauszufinden, wie viel Wissen und Erfahrung Sie besitzen. (Nachdem Sie dieses Buch gelesen haben, werden Sie damit kein Problem haben.)

Die Brokerfirma will wissen, ob Sie die Risiken des Optionshandels vollständig verstanden haben und ob Sie die finanziellen Kapazitäten haben, etwaige Verluste aufzufangen. Sie wird Ihnen Fragen zu Ihrem Vermögen stellen, zu Ihrer Bank, Ihrem Arbeitgeber, Ihren Erfahrungen und Kenntnissen des Aktien- und Optionshandels und wie viel Risiko Sie einzugehen bereit sind.

Wenn Sie noch nie mit Optionen gehandelt haben, werden Sie nur für die Stufen 1 und 2 des Optionshandels zugelassen. Bevor ich Ihnen sage, warum das so ist, gehen wir kurz die Stufen des Optionshandels durch, die je nach Brokerfirma anders aussehen können:

- Stufe 1: Gedeckte Kaufoption
- Stufe 2: Kauf von Calls und Puts, Kauf von Straddles und Strangles, Collars, Verkauf bar besicherter Puts, Kauf von Optionen auf ETFs und Indizes
- Stufe 3: Credit Spreads und Debit Spreads
- Stufe 4: Verkauf ungedeckter Puts, Verkauf von Straddles und Strangles
- Stufe 5: Verkauf ungedeckter Indizes und Index Spreads

Wie bereits erwähnt, wird die Brokerfirma sorgfältig darauf achten, Anfänger höchstens für Level 2 zuzulassen. Sie will sich vergewissern, dass Sie ausreichend Erfahrung und Finanzmittel haben, um fortgeschrittene Strategien einzusetzen.

Am Ende der Vereinbarung müssen Sie das Formular unterzeichnen und datieren. Ich weiß nicht, warum, aber die meisten Menschen unterzeichnen Verträge, ohne sie gründlich zu lesen. Sie sollten das Formular lesen, bevor Sie es unterzeichnen.

Schritt 4: Die Broschüre

Jede Brokerfirma ist verpflichtet, Ihnen ein Exemplar der langweiligen und technischen Broschüre „Characteristics and Risks of Standardized Options" (auch als „Offenlegungsdokument" bezeichnet, das man herunterladen kann) zu überreichen. Das ist keine leichte Kost, aber sie enthält viele nützliche Informationen und Berechnungen. Ich glaube, obwohl jeder einwilligt, die Broschüre zu lesen, lesen sie nur wenige wirklich. Aber wenn man die Broschüre gewissenhaft liest, erfährt man alles über die Risiken, die mit dem Optionshandel verbunden sind. Es könnte sein, dass Sie, nachdem Sie von all den potenziellen Risiken gelesen haben, Ihre Meinung über den Optionshandel ändern!

Empfehlung: Ich empfehle Ihnen nachdrücklich, zuerst das ganze vorliegende Buch zu lesen, bevor Sie die Broschüre lesen. Nach der Lektüre des Buches werden Sie die Broschüre besser verstehen.

Stufe 5: Der standardisierte Optionskontrakt

Alle Optionskontrakte sind standardisiert, das heißt, dass die Bedingungen aller Kontrakte gleich sind. In früheren Zeiten wurden Optionskontrakte individuell erstellt, sodass alle Personen auf sich gestellt waren. Doch sobald die Vertragsbedingungen standardisiert waren, wurde das Spielfeld relativ eben.

Wenn man eine Option kauft oder verkauft, schließt man einen gesetzlichen Vertrag. Im Grunde sind Aktien-Optionskontrakte Verträge, die bei der OCC (Options Clearing Corporation) versichert sind.

Diese Organisation garantiert, dass der Optionskontrakt erfüllt wird. Wenn man die Vorschriften kennt (Rechte und Pflichten), dürfte man kaum Probleme haben. Das ist einer der Gründe, weshalb Sie mein Buch lesen.

Ein befleckter Ruf

In den Vereinigten Staaten wurden Optionen von Systemen genutzt, die das mangelnde Wissen von Anlegern ausnutzten. Damals gab es kaum oder gar keine Regulierungen. Laut dem Buch „Options" vom Options Institute empfahlen Broker arglosen Kunden „faule" Aktien.

Die Optionsspekulanten belohnten Börsenmakler, die an solchen Systemen teilnahmen, durch große Mengen an Call-Optionen. Als immer mehr Kunden die zugrunde liegenden Aktien kauften, stiegen sowohl die Optionen als auch die zugrunde liegenden Aktien (die „Underlyings" oder Basiswerte) im Preis.

Wie bei solchen Kurstreibereien üblich, schlossen die Spekulanten und Börsenmakler ihre Positionen und ließen die Kunden auf den bald wertlosen Aktien sitzen.

Bei einem anderen System wurde ein „Optionspool" geschaffen. Inhaber großer Aktienmengen kauften zahlreiche Optionen auf eine zugrunde liegende Aktie. Mit den Optionen konnten sie den Aktienkurs manipulieren und kontrollieren. Daher stieg oder fiel der Preis einer Option mehr aufgrund von Gerüchten darüber, was die Optionspools gerade kauften oder verkauften, als aufgrund der finanziellen Aussichten des Unternehmens.

Nach dem Börsencrash 1929 wurden viele derartige Systeme aufgedeckt. Zunächst verbot der wütende Kongress Optionen vollständig, weil viele Anleger alles verloren hatten. In der Ermittlungsphase nach dem Crash schickte die Optionsbranche den erfahrenen Trader Herbert Filer als Vertreter, der vor dem Kongress aussagen sollte.

Filer erklärte dem verwirrten Kongress, Optionen seien etwas Ähnliches wie Versicherungsverträge, die gegen Marktschwankungen schützen. Damals verfielen zwar fast die meisten Optionen wertlos, aber wenn man eine Option kaufte, war das so ähnlich, wie wenn man eine Versicherungsprämie für sein Haus bezahlt. „Wenn man eine Brandversicherung für sein Haus abgeschlossen hat und es brennt nicht nieder, dann würde man ja nicht sagen, man habe die Versicherungsprämie aus dem Fenster geworfen", sagte Filer aus.

Aufgrund von Filers überzeugenden Argumenten stimmte der Kongress zu, dass nicht der gesamte Optionshandel manipuliert sei und bei richtigem Einsatz sogar ein nützliches Werkzeug sein könne. Der Investment Act von 1934 legalisierte den Optionshandel und 1935 verlieh die frisch gegründete Börsenaufsicht Securities and Exchange Commission (SEC) dem Chicago Board of Trade (CBOT) die Lizenz, den Optionshandel als Wertpapierbörse registrieren zu lassen. Die Securities and Exchange Commission reguliert die Optionsbranche bis heute. Ironischerweise nutzte die CBOT diese Lizenz zur Registrierung als Optionsbörse erst 1968.

Nachdem Sie nun gelernt haben, wie man ein Optionsdepot eröffnet, werden Sie gleich mehr über die faszinierenden Eigenschaften von Optionen erfahren.

3

DIE FASZINIERENDEN EIGENSCHAFTEN VON OPTIONEN

Wissen Sie noch, dass ich geschrieben habe, etwas über Optionen zu lernen sei so, wie wenn man eine neue Sprache lernt? Wenn Sie dieses wichtige Kapitel gelesen haben, werden Sie verstehen, was ich damit meine. Stellen Sie sich das so vor: Wie wäre es, wenn Sie noch nie ein Auto gesehen oder ein Auto gefahren hätten, aber alles über das Lenkrad gelesen hätten? Egal, wie viel Sie über diese wichtige und leistungsfähige Vorrichtung auch gelesen hätten, Sie wüssten erst dann, wie es ist, ein Lenkrad zu bedienen, wenn Sie anfangen würden zu fahren. Beim Erlernen von Optionen ist es ähnlich.

In diesem Kapitel werden Sie feststellen, dass Optionen wirklich ihre eigene Sprache haben, die einem zumindest anfangs ungewohnt vorkommt. Sobald Sie die Sprache der Optionen beherrschen und mit dem Trading anfangen, wird alles einen Sinn ergeben. Machen Sie sich also auf ein einzigartiges Erlebnis gefasst, wenn ich Sie mit den faszinierenden Eigenschaften eines extrem flexiblen und leistungsfähigen Finanzinstruments – der Aktienoption – bekannt mache.

DIE OFFIZIELLE DEFINITION VON AKTIENOPTIONEN

Die offizielle Definition einer Aktienoption, die von einer Optionsbörse stammt, ist ziemlich technisch. Eine Aktienoption ist demnach „ein Vertrag, der dem Besitzer das Recht, nicht aber die Pflicht gibt, einen bestimmten Vermögenswert (die zugrunde liegende Aktie) innerhalb eines bestimmten Zeitraums (bis zum Ausübungs-, Fälligkeits- beziehungsweise Verfallsdatum) zu einem festgelegten Preis (dem Ausübungspreis, Strike oder Basispreis) zu kaufen oder zu verkaufen.

Außerdem verpflichtet der Kontrakt den Aussteller (oder Stillhalter), die Lieferbedingungen zu erfüllen, wenn er vom Besitzer ausgeübt wird."

Da ist es kein Wunder, dass die Menschen Optionen für kompliziert halten. Eine einfachere Definition wäre, dass eine Aktienoption „das Recht [ist], eine bestimmte Aktie innerhalb eines bestimmten Zeitraums zu einem bestimmten Preis zu kaufen oder zu verkaufen". Das ist eine viel bessere Definition, aber wenn Sie immer noch verwirrt sind, machen Sie sich keine Sorgen. Nach dem Lesen dieses Kapitels werden Sie eine ziemlich gute Vorstellung davon haben, worum es sich bei Optionen handelt.

AKTIENOPTIONEN KURZ ERKLÄRT

Sie wissen bereits, dass Aktienoptionen Verträge – Kontrakte – sind. Erinnern Sie sich noch an die Geschichten über Häuser und Schneeschaufeln? Man hatte das Recht, das Haus zu kaufen, man musste es aber nicht kaufen. Mit anderen Worten: Man hatte das Recht, nicht aber die Pflicht, das Haus zu kaufen. Genauso war es bei den Schneeschaufeln. Gemäß dem Optionskontrakt hatte man das Recht, die Schneeschaufeln zu kaufen, aber man war dazu weder verpflichtet noch gezwungen. Man konnte den Vertrag einfach verfallen lassen.

Aktienoptionen sind dem sehr ähnlich. Zum Beispiel gibt einem ein Optionskontrakt das Recht, eine Aktie zu kaufen, aber man ist nicht dazu verpflichtet. Tatsächlich kaufen viele Menschen die Aktie überhaupt nicht. Sie kaufen und verkaufen bloß die Optionskontrakte. Auch ist ein Optionskontrakt im Unterschied zu einer Aktie, die ja einen realen Besitz darstellt, etwas Immaterielles.

Dies wird Ihnen besser einleuchten, wenn Sie mich eine weitere Geschichte erzählen lassen.

Nehmen wir an, Sie interessieren sich für eine Aktie – die der YYY Manufacturing Company –, von der Sie glauben, sie werde steigen. Sie wird derzeit für zehn Dollar gehandelt. Sie sind sicher, dass sie in ein paar Monaten wesentlich höher stehen wird. Sie beschließen, einen Optionskontrakt zu kaufen.

Laut Optionskontrakt haben Sie das Recht, zu einem beliebigen Zeitpunkt innerhalb der nächsten drei Monate 100 Aktien von YYY für jeweils zehn Dollar zu kaufen. Wenn YYY auf elf, zwölf oder gar 15 Dollar steigt, können Sie die Aktien von YYY trotzdem für zehn Dollar kaufen.

Und wenn Sie sich irren und YYY fällt? Wenn YYY unter zehn Dollar steht, wollen Sie sie natürlich nicht kaufen. Sie kaufen die Aktie nur, wenn sie zu dem Zeitpunkt, zu dem der Optionskontrakt ausläuft, über zehn Dollar steht. Wie bei dem Haus und bei den Schneeschaufeln sieht das nach einem sehr guten Geschäft aus. Der Aktieninhaber besitzt die YYY-Aktien nach wie vor, aber Sie haben sie unter Kontrolle.

Und was bekommt der Verkäufer der Option? Er bekommt von Ihnen Geld. Erinnern Sie sich noch, wie man das Geld nennt, das der Besitzer bekommt? (Falls Sie es vergessen haben: Man bezeichnet es als Prämie.) Im Falle dieser Aktienoption ist die Prämie ziemlich günstig, vielleicht nicht mehr als 50 Dollar.

Man bekommt also für nur 50 Dollar das Recht, innerhalb der nächsten drei Monate 100 Aktien von YYY für zehn Dollar das Stück zu kaufen. Man ist nicht verpflichtet, sie zu kaufen, aber man kann es tun, wenn man es möchte. Würde man Aktien statt Optionen kaufen, würde einen das viel mehr kosten.

Schauen wir, was im richtigen Leben passiert: YYY gibt plötzlich bekannt, dass es ein neues Produkt entwickelt, ein GPS-Gerät, und die Aktie zieht an. Innerhalb eines Tages steigt YYY von zehn auf 18 Dollar. Hervorragend! Laut Optionskontrakt können Sie YYY für zehn Dollar kaufen, auch wenn die Aktie in Wirklichkeit 18 Dollar wert ist. Das ist ein nicht realisierter Gewinn (Buchgewinn) von 750 Dollar. Die Anlage, die Sie gekauft haben, ist mehr wert, als Sie dafür bezahlt haben, aber Sie haben sie noch nicht wieder verkauft.

Nun etwas zum Nachdenken: Die Prämie für die Aktienoption betrug 50 Dollar, als die Aktie zehn Dollar kostete. Nun, da die Aktie 18 Dollar kostet, ist die Prämie um 750 Dollar gestiegen und beträgt 800 Dollar. Der Besitzer von YYY sollte zufrieden sein, weil er die ursprüngliche Prämie von 50 Dollar behalten darf, auch wenn er sich wahrscheinlich ein bisschen ärgert, weil er die Option zu früh und zu billig verkauft hat.

Sie haben noch eine weitere Möglichkeit und die macht Optionen so faszinierend. Man kann als Optionskäufer auch eine Wende vollziehen und jemandem den Optionskontrakt für 800 Dollar verkaufen. In diesem Fall erspart man sich den Aufwand, die Aktie zu kaufen. Innerhalb weniger Wochen haben Sie 750 Dollar Gewinn erzielt, ohne die Aktie je besessen zu haben.

Vielleicht halten Sie es für unmöglich, so schnell Geld zu verdienen. Es ist zwar nicht wahrscheinlich, dass das passiert, aber möglich ist es durchaus. Ein Freund von mir hat innerhalb von drei Tagen über 130.000 Dollar verdient, indem er Optionen eines Biomedizin-Unternehmens gekauft hat. Er hatte gelesen, das Unternehmen werde vielleicht die Zulassung für ein neues Arzneimittel erhalten. Allein auf das Gerücht hin stieg die Optionsprämie um mehr als 400 Prozent. (Was mit seinem Geld passiert ist, erzähle ich Ihnen später im Buch.)

DIE EINZIGARTIGEN EIGENSCHAFTEN VON OPTIONEN

Nun, da Sie eine grundsätzliche Vorstellung davon haben, wie Optionen funktionieren, werfen wir einen Blick auf einige sehr ungewöhnliche Eigenschaften von Optionen. Erinnern Sie sich an das, was ich geschrieben habe. Manchmal wird etwas umso verwirrender, je intensiver man sich damit beschäftigt. Aber um Optionen wirklich zu verstehen, muss man ihre hoch spezialisierte Sprache lernen. Ich kann Ihnen zwar garantieren, dass der nächste Abschnitt lehrreich sein wird, aber es wird schwierig, ihn unterhaltsam zu gestalten. Allerdings verspreche ich Ihnen, mein Bestes zu tun.

Optionen haben einzigartige Eigenschaften, die man unbedingt verstehen muss. Nachdem wir diese Eigenschaften besprochen haben, werde ich Ihnen zeigen, dass die verschiedenen Teile wie ein fein abgestimmtes Finanzinstrument zusammenwirken.

DER BASISWERT: „OHNE MICH BIST DU NICHTS!"

Ohne die zugrunde liegende Aktie – also das Underlying oder den Basiswert – gäbe es keinen Optionskontrakt. Viele Menschen unterschätzen die Bedeutung des Basiswerts. Tatsächlich gehört es zu den entscheidenden Schlüsseln zum Erfolg am Optionsmarkt, die richtige Aktie auszuwählen.

Für sich genommen ist eine Option überhaupt nichts wert. Wenn man darüber nachdenkt, sind Aktienoptionen lediglich papierne Verträge, die einem das Recht geben, etwas zu kaufen oder zu verkaufen. Stellen Sie sich das so vor: Jede Option ist an eine Aktie gebunden oder geknüpft, die man als Basiswert, Underlying oder zugrunde liegende Aktie bezeichnet. (Man bezeichnet Optionen auch als Derivate, weil sie von einem anderen Finanzinstrument abgeleitet sind beziehungsweise darauf basieren. Im Falle von Aktienoptionen leitet sich der Wert von einer Aktie ab.)

Vielleicht fragen Sie sich, bei welchen Aktien es zugelassen ist, dass Optionen auf sie an einer Optionsbörse gehandelt werden. Tatsächlich gibt es über 3.600 Aktien, die an zwölf Optionsbörsen gehandelt werden (und die Liste der Aktien und Börsen wächst weiter). Es gibt Optionen auf die bekanntesten Aktien, zum Beispiel General Electric, IBM, Apple, Google, Home Depot, McDonald's, um nur ein paar zu nennen. Die teilnehmenden Börsen, die Optionshandel erlauben, haben sehr strenge Regelungen, von welchen Aktien Optionen gelistet werden dürfen. Bedenken Sie, dass es nicht auf alle Aktien Optionen gibt, aber jede Option an eine zugrunde liegende Aktie geknüpft ist.

Auch auf Pennystocks, also Aktien, die unter drei Dollar je Aktie gehandelt werden, gibt es manchmal gelistete Optionen, aber für keinen Leser dieses Buches gibt es Gründe, sie zu handeln. Sie wissen vom Aktienmarkt her, dass bei Aktien, die unter drei Dollar gehandelt werden, keine große Liquidität besteht. Genauso ist es bei den Optionen. Normalerweise dürfte man, wenn man sich an bekannte Unternehmen hält, viele Trading-Chancen bekommen.

Es gibt noch etwas, das man über einen Basiswert wissen sollte. Ich habe es zwar schon bei früheren Gelegenheiten erwähnt, aber jetzt müssen Sie aufpassen, denn es ist wichtig. Die nun folgende Formel veranschaulicht, wie Optionen und Aktien miteinander zusammenhängen:

1 Optionskontrakt = 100 Aktien

Sie sehen an dieser Formel, dass ein Optionskontrakt und die zugrunde liegende Aktie in einer Beziehung (Bezugsverhältnis) stehen. Das ist wichtig, wenn man berechnet, welche Prämie man bezahlt oder erhält. Technisch ausgedrückt gibt einem (dem Besitzer der Option) ein Optionskontrakt das Recht, 100 Aktien zu kaufen. Man muss sie nicht kaufen, aber man kann es tun, wenn man will. (Ein Hinweis: Sie werden später noch erfahren, dass die meisten Trader die Aktien nicht kaufen. Das besprechen wir später im Buch noch ausführlicher.)

Das heißt, wenn man zwei Kontrakte kaufen oder verkaufen würde, hätte man das Recht, 200 Aktien zu kaufen oder zu verkaufen. Fünf Kontrakte entsprechen 500 Aktien. Wenn man zehn Kontrakte kaufen oder verkaufen würde, dann entspräche das 1.000 Aktien. Denken Sie immer daran, dass Sie mit dem Faktor 100 multiplizieren müssen, wenn Sie berechnen, wie viele Optionen Sie kaufen oder verkaufen sollen.

Ein Fehler, den viele Anfänger begehen, besteht darin, dass sie Kontrakte und Aktien verwechseln. Wenn es dann darangeht, eine Optionsorder aufzugeben, gehen sie nicht etwa einen Kontrakt ein, sondern kommen durcheinander und gehen 100 Kontrakte ein. Ist Ihnen klar, was das bedeutet? Damit versuchen sie (wenn sie genug Geld im Depot haben), das Recht auf den Kauf oder Verkauf von 10.000 Stücken des Basiswerts zu kaufen! Ich tue mein Bestes, um dafür zu sorgen, dass Sie diesen Fehler nicht machen, wenn wir die Aufgabe von Orders besprechen.

Wenn Sie gerade erst anfangen, werden Sie üben, indem Sie mit nur einem Optionskontrakt (100 Aktien) handeln. Das heißt, wenn etwas schiefgeht, verlieren Sie nicht sehr viel. Sie verdienen zwar auch nicht viel, aber das ist ein geringer Preis für das Sammeln von Erfahrungen.

Anmerkung für Fortgeschrittene: Man kann nicht nur Optionen auf einzelne Aktien handeln, sondern auch auf börsennotierte Fonds (ETFs) wie etwa den SPY (S&P 500), den QQQ (Nasdaq 100), den DIA (Dow Jones Industrial Average) oder den IWM (Russell 2000). Diese besprechen wir in Kapitel 23 ausführlicher.

Anmerkung: Auf manche teuren Aktien kann man auch Mini-Kontrakte handeln. Bei Mini-Optionen entspricht ein Optionskontrakt zehn Aktien. Auch die Mini-Optionen besprechen wir in Kapitel 23.

DAS GEHEIMNIS DER OPTIONEN WIRD ENTHÜLLT

Es gibt noch etwas, das Sie über den Basiswert einer Option wissen sollten. Wenn der Basiswert steigt, dann steigt auch die Option. Jetzt kennen Sie das Geheimnis der Optionen. Anders gesagt: Wenn Sie sich einen Basiswert aussuchen, der steigt, dann wird gewöhnlich auch Ihre Option wertvoller. Wenn die Aktie weit genug steigt, dann bewegen sich irgendwann Aktie und Option im Verhältnis eins zu eins gemeinsam. Etwas Schöneres gibt es für Optionsbesitzer nicht.

Anmerkung für Fortgeschrittene: Das obige Beispiel bezieht sich auf Call-Optionen oder Kaufoptionen, von denen Sie gleich noch hören werden. Und es gibt auch Fälle, in denen die Aktie steigt, aber die Call-Option nicht.

Egal, ob man Optionen kauft oder verkauft, der Schlüssel zum Erfolg mit Optionen liegt darin, den richtigen Basiswert zu wählen. Dahin, wohin sich die Aktie bewegt, folgt ihr die Option fast immer nach. Das ist das Geheimnis der Optionen, das viele Menschen vergessen.

DAS FÄLLIGKEITSDATUM

Kurz vor Schlag Mitternacht (New Yorker Zeit) am Samstag nach dem dritten Freitag des Monats verschwinde ich für immer.

Ein weiteres einzigartiges Merkmal von Optionen ist, dass sie immer verfallen. Ab einem bestimmten Datum zu einer bestimmten Uhrzeit, dem Fälligkeitsdatum (Verfallsdatum), sind Optionen nur noch ein wertloses Stück elektronisches Papier. Optionen sind verderbliche Vermögenswerte, denn sie verlieren im Laufe der Zeit an Wert und existieren irgendwann nicht mehr. Sobald man einen Optionskontrakt kauft oder verkauft, beginnt die Uhr zu ticken – wie bei einem Sporttaucher, der nur noch eine bestimmte Menge Pressluft in der Flasche hat.

Das Fälligkeitsdatum ist in jedem Optionskontrakt angegeben. Wann ist das Fälligkeitsdatum? Offiziell ist es um 23:59 Uhr ET (Eastern Time = New Yorker Zeit) am Tag der Fälligkeit (normalerweise, aber nicht immer, ein Freitag). Bei den meisten Optionen endet der Handel am dritten Freitag des Monats um 16:00 Uhr ET, also zum Börsenschluss. Manche Optionen, vor allem solche auf bar glattgestellte Indizes und manche ETFs, werden bis 16:15 Uhr gehandelt (insbesondere der SPY). Falls Sie den Aktienmarkt verfolgen, werden Sie hören, dass Fernsehberichterstatter vom Verfallstag der Optionen sprechen. [Auch der Begriff „Ausübungsdatum" ist hierzulande üblich, aber da es in diesem Buch um amerikanische Optionen geht, die man im Unterschied zu europäischen nicht nur zum Ausübungsdatum ausüben kann, sondern bereits vorher, wird hier vorwiegend „Fälligkeitsdatum" verwendet; Anm. d. Ü.].

Eine weitere interessante Tatsache ist, dass der dritte Freitag jedes *Quartals* als „dreifacher Hexensabbat" bezeichnet wird, weil dann Tausende von Aktienoptionen, Indexoptionen und Future-Optionen gleichzeitig ablaufen. An diesem Tag schwankt der Aktienmarkt oft stark.

Anders als Aktien, die ewig existieren (außer wenn das Unternehmen bankrottgeht oder fusioniert), verfällt jeder Optionskontrakt, manchmal nach einem Monat, manchmal später. Da alle Optionskontrakte irgendwann verfallen, sind sie übrigens auch ein bisschen riskanter als Aktienbesitz. Da man von vornherein weiß, dass die Option verfallen wird, muss man seinen Gewinn schnell erzielen. In Teil 2 des Buches bespreche ich, wie man diesen Zeitdruck zu seinem Vorteil nutzt.

Ein Geheimnis zum Fälligkeitsdatum: Je länger die Restlaufzeit eines Optionskontrakts, umso volatiler ist er.

ART/TYP: CALL, PUT, KAUF, VERKAUF (MEHR BRAUCHEN SIE NICHT ZU WISSEN)

Ob Sie es glauben oder nicht, es gibt nur zwei Arten von Optionen, nämlich Call und Put. Und mit diesen zwei Arten von Optionen kann man nur zwei Dinge tun: kaufen oder verkaufen. So ist das. Alle Optionsstrategien basieren darauf, dass man Calls oder Puts kauft oder verkauft. Es gibt zwar Dutzende Optionsstrategien mit ausgefallenen Namen, aber alle beruhen auf dem Kauf oder Verkauf von Calls oder Puts. Call, Put, Kauf, Verkauf – diese vier Wörter sollten Sie nicht vergessen.

Auch wenn das gesamte Buch dem Kaufen oder Verkaufen von Calls oder Puts gewidmet ist, hier zum Einstieg eine kurze Erläuterung.

Call (Kaufoption)

Eine Call-Option oder Kaufoption ist so ähnlich, wie wenn man auf eine Aktie „long geht“ (das heißt, man glaubt, dass die Aktie steigen wird). Wenn man glaubt, dass die einer Option zugrunde liegende Aktie steigen wird, kauft man einen Call. Erinnern Sie sich noch an das Geheimnis der Optionen? Wenn der Basiswert steigt, folgt ihm die Kaufoption gewöhnlich nach. Das Attraktive an Call-Optionen ist, dass man mit ihnen an der Aufwärtsbewegung einer Aktie teilhaben kann, ohne sie überhaupt zu besitzen – und das für viel weniger Geld.

Put (Verkaufsoption)

Der Kauf einer Put-Option entspricht der Einnahme einer Short-Position auf eine Aktie (das heißt, man glaubt, dass die Aktie fallen wird). Anders gesagt: Wenn man glaubt, dass der Kurs der zugrunde liegenden Aktie fallen wird, oder wenn man seine Aktie gegen eine Abwärtsbewegung schützen will, kauft man einen Put. Wenn der Basiswert fällt, steigt gewöhnlich die Put-Option. Ein enormer Vorteil des Kaufs von Put-Optionen besteht darin, dass sie weniger riskant sind als der Leerverkauf von Aktien – und weniger kosten.

DER BASISPREIS/AUSÜBUNGSPREIS: FESTSTEHEND

Hoffentlich wissen Sie schon, dass Optionen einem das Recht geben, etwas zu kaufen oder zu verkaufen (zum Beispiel Häuser, Schaufeln oder Aktien). Wenn man über Aktienoptionen spricht, bedeutet „Basispreis" oder „Ausübungspreis" den festgelegten Preis, zu dem man die zugrunde liegende Aktie kaufen oder verkaufen kann. Denken Sie daran: Wenn man eine Kaufoption kauft, kauft man in Wirklichkeit das Anrecht auf die zugrunde liegende Aktie zu einem bestimmten Preis – dem Ausübungspreis, Strike(-Preis) oder Basispreis. Wenn man eine Kaufoption verkauft, verkauft man in Wirklichkeit das Anrecht auf die zugrunde liegende Aktie zu einem bestimmten Preis – dem Ausübungspreis, Strike(-Preis) oder Basispreis. Glauben Sie mir, der Basispreis ist eine sehr wichtige Information. Das werden Sie merken, wenn Sie zum ersten Mal traden und wenn Sie weiterlesen.

Damit Sie den Basispreis verstehen, gehen wir noch einmal unsere Beispiele durch. Erinnern Sie sich noch, wie Sie eine Option auf das Haus gekauft haben? Der Basispreis betrug 100.000 Dollar (auch wenn Sie hofften, der Preis des Hauses würde steigen). Und erinnern Sie sich noch, wie Sie die Schneeschaufeln zum festgelegten Preis von 15 Dollar gekauft haben, egal wie weit der Preis der Schaufeln stieg? Der Basispreis betrug 15 Dollar. Und erinnern Sie sich noch, wie Sie bereit waren, die Aktie von YYY für zehn Dollar pro Stück zu kaufen? Der Basispreis betrug zehn Dollar.

Für sich genommen ist der Basispreis einfach eine Zahl. Man hat die Wahl unter vielen verschiedenen Basispreisen. Zum Beispiel kann man, obwohl YYY derzeit zehn Dollar kostet, unter Strikes von fünf bis 25 Dollar wählen (im Falle dieser Aktie in Abständen von einem Punkt oder zweieinhalb Punkten).

Erster Hinweis für Fortgeschrittene: Wenn eine Aktie für zehn Dollar gehandelt wird und man sich entscheidet, eine Option mit dem hohen Basispreis von 20 Dollar zu kaufen, muss man mutig sein oder etwas wissen, was die anderen nicht wissen. Das heißt nämlich, dass man erwartet, dass sich der Kurs von YYY bis zu dem Zeitpunkt in wenigen Monaten, zu dem die Option verfällt, mindestens auf 20 Dollar verdoppeln wird. Wenn das stimmt, kann man damit ein kleines Vermögen verdienen. Hat man sich geirrt, verliert man das investierte Geld. Empfehlung: Kaufen Sie keine Optionen, die eine Kursverdopplung der Aktie erfordern.

Zweiter Hinweis für Fortgeschrittene: Je höher der Basispreis einer Call-Option, umso weniger kostet die Option. Wenn eine Aktie für zehn Dollar gehandelt wird und man entscheidet sich für einen Basispreis von zehn Dollar, dann wird das vergleichsweise teuer. Ein Basispreis von zwölf Dollar kostet weniger und ein Basispreis von 15 Dollar noch weniger.

Abschließender Hinweis: Vergessen Sie nicht, auf den Basispreis zu achten.

PRÄMIE = PREIS

Wie Sie inzwischen wissen, ist die Prämie für Options-Trader überaus wichtig. Wenn man Käufer ist, ist sie der Preis, den man für die Option bezahlt. Wenn man Verkäufer ist, ist sie der Preis, den man dafür bekommt. Wie bei einer Auktion verändert sich die Prämie ständig. Sie steigt oder fällt je nach Angebot und Nachfrage auf dem Markt. Wenn Sie sich mit dem Aktienmarkt auskennen, werden Sie verstehen, dass es auch am Optionsmarkt Geldkurse und Briefkurse gibt. Der endgültige Transaktionspreis ist die Prämie. Stellen Sie sich die Prämie als den Preis vor, den Sie für den Kontrakt bezahlt oder bekommen haben.

EINFACHE OPTIONSNOTIERUNG

Da Optionsanleger wissen müssen, welche Optionen sie kaufen oder verkaufen, werden vier Merkmale einer Option zu einer Kurzbeschreibung zusammengefasst. Zum Beispiel:

MSFT December 13, 2019 25 Put
Basiswert: Microsoft
Optionstyp: Put
Letzter Handelstag: dritter Freitag im Dezember 2019
Basispreis: 25 US-Dollar

YYY January 15, 2019 15 Call
Basiswert: YYY
Optionstyp: Call
Letzter Handelstag: dritter Freitag im Januar 2019
Basispreis: 15 US-Dollar

AUSFÜHRLICHE OPTIONSNOTIERUNG

Bevor es das Internet gab, war es nicht leicht, an Angaben zu Optionen zu kommen. Man musste auf die Zeitung des nächsten Tages warten, zu einem Broker vor Ort gehen oder seinen Börsenmakler anrufen. Heute kann man Optionsnotierungen augenblicklich auf einem

Computer, einem Smartphone oder einem sonstigen mobilen Gerät abrufen.

Außerdem musste man, bevor es Computer gab, die Buchstaben- und Zahlencodes der Optionen kennen. Heutzutage sind die Angaben so benutzerfreundlich, dass man problemlos findet, was man braucht.

Die Option Chain

Fangen wir damit an, dass wir uns die detaillierte Optionsnotierung in Abbildung 3.1 anschauen. Übrigens bezeichnet man diese Notation als Option Chain – zu Deutsch „Optionskette" –, weil sie eine Reihe von Optionen mit unterschiedlichen Basispreisen zeigt, in diesem Fall Optionen auf Boeing. Auch enthält die Option Chain unterschiedliche Fälligkeitsdaten.

Die Option Chain enthält äußerst wichtige Informationen. Auf allen Websites, die Aktienkurse anbieten, gibt es auch Option Chains, die man sich auf dem Computer oder dem Handy ansehen kann. Die Option Chain ist Ihre Straßenkarte und Sie werden viel Zeit damit verbringen, sie zu studieren. Sie enthält alle Informationen, die man braucht, um mit Optionen zu handeln.

Es ist wichtig, dass Sie lernen, wie man die Option Chain liest. Denn wenn Sie verwirrt sind, könnten Sie ja am Ende die falsche Option kaufen oder verkaufen. So passieren oft verlustbringende Fehler, weil man den falschen Basispreis oder das falsche Fälligkeitsdatum wählt.

Anmerkung: Machen Sie sich mit der Option Chain vertraut, denn Sie werden sie nutzen, um die aktuellen Optionspreise und die richtigen Fälligkeitsdaten zu finden – Dinge, die Sie wissen müssen, wenn Sie eine Order aufgeben. Sie brauchen Erfahrung, um Optionen mit Fälligkeitsdaten zu finden, die Ihren Bedürfnissen entsprechen. Auch braucht man Geschick, um Basispreise zu finden, die einem eine ausreichende Prämie (wenn man verkauft) oder einen guten Wert (wenn man kauft) einbringen.

Es kann zwar sein, dass verschiedene Broker die Option Chain ein bisschen unterschiedlich darstellen, aber Abbildung 3.1 ist ein Beispiel für die Option Chain der Boeing Company.

Sie finden die Option Chain auf der Website Ihres Brokers. Wenn Sie keinen Broker haben, können Sie mehrere Websites besuchen, die Option Chains anzeigen. Die bekanntesten sind die der Chicago Board Options Exchange (CBOE, cboe.com), des Options Industry Council (OIC, optionseducation.org), von Google (google.com/finance) und Yahoo! (finance.yahoo.com). Und es gibt noch Dutzende weitere Finanz-Websites mit kostenlosen Informationen.

Um eine kostenlose Optionsnotierung abzurufen, geben Sie das Aktiensymbol ein, beispielsweise AAPL, GOOG oder IBM. Wählen Sie links „Options" aus, dann sollte eigentlich die Option Chain angezeigt werden. Die Optionen werden in der Reihenfolge der Fälligkeitsdaten angezeigt.

Anmerkung: Die CBOE bietet auch eine ausgezeichnete Option-Chain-App an, die Sie auf dem Handy oder einem sonstigen mobilen Gerät unterwegs nutzen können. Ihre Brokerfirma bietet vielleicht ebenfalls eine App an.

Abbildung 3.1 ist ein Beispiel für eine Option Chain der Boeing Company.

Das Optionssymbol

Vor einigen Jahren modernisierte die Options Clearing Corporation (OCC) die Symbole in der Option Chain. Alle Optionssymbole beinhalten folgende Informationen:

Basiswert	**Fälligkeitsdatum J/M/T**	**Basispreis**	**Call oder Put**
YYY	20/07/20	55	C

Calls for BA Show Symbols | Show Analytics*

Last	Change	Bid	Ask	Volume	Open Int	Action	Strike
Calls for May 18							
4.30	+0.70	**4.40**	**4.50**	485	9,795	Select	**85**
2.85	+0.71	**2.79**	**2.82**	1,157	14,723	Select	**87.5**
1.60	+0.44	**1.55**	**1.57**	1,702	3,289	Select	**90**
0.75	+0.20	**0.77**	**0.79**	27	517	Select	**92.5**
0.36	+0.13	**0.36**	**0.38**	189	1,884	Select	**95**
Calls for Jun 22							
5.15	+0.80	**5.05**	**5.15**	31	510	Select	**85**
3.50	+0.55	**3.50**	**3.60**	72	605	Select	**87.5**
2.31	+0.45	**2.30**	**2.32**	329	3,808	Select	**90**
1.38	+0.29	**1.40**	**1.42**	77	114	Select	**92.5**

Puts for BA Show Symbols | Show Analytics*

Strike	Action	Last	Change	Bid	Ask	Volume	Open Int
Puts for May 18							
85	Select	1.42	-0.29	**1.42**	**1.44**	430	2,412
87.5	Select	2.30	-0.45	**2.31**	**2.34**	192	801
90	Select	3.60	-1.21	**3.60**	**3.70**	114	219
Puts for Jun 22							
85	Select	2.15	-0.40	**2.19**	**2.21**	13	454
87.5	Select	3.20	-0.50	**3.10**	**3.20**	32	231
90	Select	4.30	-0.75	**4.40**	**4.50**	23	238

Abbildung 3.1:
Option Chain von Boeing: a) Call-Option, b) Put-Option

Quelle: Fidelity Investments. © 2002 FMR LLC. Alle Rechte vorbehalten. Nutzung mit freundlicher Genehmigung.

Fasst man das alles zusammen, sieht die Notierung so aus: YYY20072055C. Dieses lange Symbol bedeutet, dass die Call-Option auf YYY einen Basispreis von 55 Dollar hat und am 20. Juli fällig wird.

Zum Glück braucht man sich heute keine Optionssymbole mehr zu merken, denn die meisten Brokerfirmen blenden in ihren Menüs die Optionssymbole aus.

Nachdem Sie nun einen allgemeinen Überblick über den Optionsmarkt bekommen haben, werden Sie lernen, wie man dort handelt. In Teil 2 werden Sie fast alles lernen, was Sie über eine beliebte Strategie wissen müssen: dem *Verkauf einer gedeckten Kaufoption*. Für manche Leser wird dies die einzige Optionsstrategie sein, die sie je einsetzen werden.

TEIL 2

DER VERKAUF GEDECKTER CALLS

4

DAS VERGNÜGEN, GEDECKTE CALLS ZU VERKAUFEN (ZU SCHREIBEN)

Sie warten nun schon eine Weile, um all die einzelnen Wissenselemente, die wir besprochen haben, anzuwenden, damit Sie endlich mit dem Handel beginnen können. Die Schwierigkeit liegt darin, dass man bei jeder Strategie zahlreiche Wahlmöglichkeiten hat. Am Aktienmarkt hat man im Grunde drei Entscheidungsmöglichkeiten: kaufen, halten oder verkaufen. Doch bei Optionen hat man mehr Wahlmöglichkeiten (sie heißen ja nicht umsonst Optionen).

In Teil 2 besprechen wir fast alles, was Sie über die gedeckte Kaufoption wissen müssen. Sie ist nicht unbedingt leicht zu erlernen, auch wenn sie als konservative Optionsstrategie gilt. Die gedeckte Kaufoption wird meistens eingesetzt, um Einkommen oder Cashflow zu generieren, und deshalb ist sie bei Profis und Privatanlegern gleichermaßen beliebt.

Das ist die Strategie, die meine risikoscheuen Freunde zu schätzen wissen werden (auch wenn sie Risiken birgt, wenn der Markt fällt) – das besprechen wir in Kapitel 6. Wenn man mit manchen Spekulanten spricht, behaupten sie womöglich, gedeckte Kaufoptionen seien langweilig. Sie bevorzugen andere Optionsstrategien, bei denen sie größere Hebelwirkungen einsetzen können. Ich entgegne ihnen dann: „Seit wann ist es denn langweilig, Geld zu verdienen?" Um einen Vergleich aus dem Baseball zu ziehen: Warum sollte man beim Warten auf den Homerun nicht ein paar Singles schlagen?

Ich will es Ihnen ganz offen sagen: Teil 2 ist der vielleicht wichtigste Teil dieses Buches. Wieso? Weil Sie so vieles, was Sie über Optionen wissen wollten, durch die Nutzung gedeckter Kaufoptionen lernen können. Wenn man diese Strategie versteht und lernt, sie richtig einzusetzen, fallen einem die anderen Optionsstrategien relativ leicht.

Trotzdem wird dieses Kapitel schwierig. Vielleicht müssen Sie es mehrmals lesen, bevor Sie es wirklich verstanden haben, auch wenn wir eine sogenannte einfache Strategie wie die gedeckte Kaufoption verwenden.

WAS ES BEDEUTET, EINEN GEDECKTEN CALL ZU VERKAUFEN

Erinnern Sie sich daran, dass ich Sie zu einem früheren Zeitpunkt gefragt habe, ob Sie Käufer oder Verkäufer sein wollen? Wenn Sie die gedeckte Kaufoption einsetzen, sind Sie Verkäufer. Sie werden Optionen an Menschen wie meinen spekulierenden Freund verkaufen. Und selbst wenn Sie sich nicht für die gedeckte Kaufoption interessieren, ist es wichtig, zu verstehen, wie ein Verkäufer denkt. Diese Information kann unabhängig davon, welche Seite des Optionskontrakts man einnimmt – Käufer oder Verkäufer –, nützlich sein.

In der Optionssprache bedeutet „eine Option schreiben" oder „Stillhalter einer Option sein" das Gleiche wie „eine Option verkaufen". In der Zeit, bevor Optionen an Börsen gehandelt wurden, mussten Call-Verkäufer die Orders in bestimmte Formulare hineinschreiben, sodass sich der Ausdruck „einen Call schreiben" bei vielen Älteren festgesetzt hat. Am Optionsmarkt gebrauchen die Menschen beide Begriffe synonym und sprechen davon, dass sie eine Kaufoption schreiben oder verkaufen. In diesem Buch spreche ich eher davon, Optionen zu verkaufen, als davon, sie zu schreiben, weil dieses Wort häufiger verwendet wird.

Und noch etwas sollten Sie über den Verkauf von Kaufoptionen wissen. Wenn man eine Kaufoption auf eine Aktie verkauft, die man besitzt, bezeichnet man das als gedeckte Kaufoption. Das Wort „gedeckt" bedeutet, dass man die Aktie besitzt, auf die man Optionen verkauft. Deshalb spreche ich in diesem Abschnitt nur über den Verkauf von Optionen auf Aktien, die man bereits gekauft hat und daher besitzt.

Die offizielle Definition der gedeckten Kaufoption, die vom Options Industry Council (OIC) stammt, lautet: „Eine Optionsstrategie, bei der eine Call-Option gegen eine entsprechende Anzahl von Long-Aktien geschrieben wird.“ Das ist eine gute Definition.

Meine Erklärung dauert ein bisschen länger. Bei der gedeckten Kaufoption verkaufen Sie dem Käufer das Recht, Ihre Aktie zu kaufen. Für viele Menschen hört es sich unheimlich an, ein Recht zu verkaufen. Anders als bei der Anlage in Aktien erhält man kein Zertifikat oder einen Unternehmensanteil. Der einzige Beleg dafür, dass man eine Option gekauft oder verkauft hat, ist das, was in Ihrem Depotauszug oder auf Ihrem Computerbildschirm erscheint.

Bedenken Sie zunächst, dass Sie für eine gedeckte Kaufoption eine Aktie (100 Stücke) besitzen müssen. Im Prinzip übergeben Sie dabei das Recht auf Ihre Aktien bis zum Fälligkeitsdatum an den Käufer der Kaufoption. Wenn Sie es technisch haben wollen: Sie übergeben das Recht, Ihre Aktien zu kaufen, an eine zufällige Person, die genau die Kaufoption besitzt, die Sie verkaufen. Sie sind vom ursprünglichen Käufer entkoppelt.

Es gibt einen Hauptgrund, weshalb man gedeckte Calls verkaufen möchte: Man erhält dafür eine Entlohnung, also Geld. Erinnern Sie sich noch, wie das Geld heißt, das man vom Käufer bekommt? Die Entlohnung, die man vom Käufer bekommt, nennt man Prämie. Der Hauptgrund, weshalb man gedeckte Kaufoptionen verkaufen möchte, besteht darin, dieses Geld zu kassieren.

Vielen Verkäufern gedeckter Calls geht es darum, ein monatliches oder vierteljährliches Einkommen zu beziehen. Die Prämie ist ihre Entlohnung für den Verkauf einer gedeckten Kaufoption an jemand anders. Später, wenn wir die Schritte einer gedeckten Kaufoption durchgehen, werden Sie in der Lage sein, genau zu berechnen, wie viel Prämie Sie einstreichen können.

Und was muss man opfern, um dieses Geld zu bekommen? Wenn man gedeckte Kaufoptionen verkauft, nimmt man die Prämie (Bargeld) im Austausch für die Bereitschaft entgegen, seine Aktien zu verkaufen. Das ist Ihre hauptsächliche Verpflichtung.

Zur Erinnerung: Den Preis, zu dem Sie die Aktien verkaufen werden, nennt man Basispreis. Sie können sich einen aus einem Sortiment von Basispreisen herauspicken. Und hier einer der wichtigsten Punkte, wenn man erfolgreich Calls verkaufen will: Wählen Sie den richtigen Basispreis, dann können Sie einen ordentlichen Profit erzielen. Über die Wahl von Basispreisen reden wir später in diesem Kapitel noch mehr.

DIE VORTEILE DES VERKAUFS GEDECKTER KAUFOPTIONEN

Eigentlich gibt es zwei wesentliche Gründe für den Verkauf gedeckter Kaufoptionen:

1. Einkommen beziehen oder den Cashflow erhöhen.

2. Eine Methode, um Aktien zu verkaufen, die man besitzt.

Wenn die Rede davon ist, sein Einkommen zu steigern, dann heißt das, dass man gedeckte Kaufoptionen an Käufer verkauft, um dafür Geld zu bekommen. Anstatt dass Sie für Geld arbeiten, arbeitet Ihr Geld für Sie. Wenn Sie Glück haben, finden Sie Möglichkeiten, die ein vergleichsweise beständiges Einkommen einbringen.

Das hat noch andere Vorteile. Dann bekommen Sie nämlich nicht nur die Prämie, sondern Sie besitzen auch die Aktie. Das heißt, dass Sie Kapitalerträge erzielen können, wenn die Aktie steigt (je nach dem von Ihnen gewählten Basispreis). Zusätzlich erhalten Sie aus dem Aktienbesitz Dividenden (falls das Unternehmen Dividenden ausschüttet).

Auch ist die Strategie der gedeckten Kaufoption eine sehr kluge Nutzung des Optionsmarkts, wenn man eine Aktie verkauft, die man ohnehin verkaufen will. Da kann man doch gern noch ein paar Dollar extra kassieren.

Der Verkauf gedeckter Kaufoptionen ist so ähnlich, wie wenn man ein Haus kauft und es jemandem vermietet. Nur dass man nicht sein

Haus vermietet, sondern seine Aktien. Man muss denken wie ein Verkäufer – ganz ähnlich wie die Frau, die eine Option auf das Haus verkauft hat, das sie besaß, und wie der Hersteller, der eine Option auf Schneeschaufeln verkauft hat.

Es gibt noch andere gute Gründe, gedeckte Kaufoptionen zu verkaufen. Es ist nämlich eine der wenigen Strategien, die man im Rahmen eines IRA oder eines steuerbegünstigten Depots wie einem 401(k) verwenden darf. Der vielleicht beste Grund, gedeckte Calls im Rahmen eines IRA oder 401(k) zu verkaufen, ist die Tatsache, dass man dann die Einkünfte erst versteuern muss (in Abhängigkeit von den Bedingungen des Plans), wenn man das Geld im Ruhestand entnimmt. Wenden Sie sich auf jeden Fall an einen Steuerberater, um zu klären, ob das für Sie gilt.

Vielleicht meinen Sie, die gedeckte Kaufoption sei zu schön, um wahr zu sein. Natürlich hat diese Strategie auch Nachteile und wir werden die mit dem Verkauf von Calls verbundenen Risiken in Kapitel 6 noch ausführlich besprechen. Deshalb nehme ich mir in den nächsten drei Kapiteln so viel Zeit, um Ihre verschiedenen Optionen zu besprechen (kleiner Scherz am Rande).

Einstweilen können Sie vieles von dem, was Sie über Optionen wissen müssen, anhand von gedeckten Kaufoptionen lernen. Und jetzt werfen wir einen genaueren Blick auf den Verkauf gedeckter Kaufoptionen – eine faszinierende Strategie, die Ihnen bestimmt Spaß machen wird.

Der Hintergrund

Das aktuelle Datum ist der 10. April. Abbildung 4.1 zeigt die aktivsten April-Call-Optionen auf die Boeing Company (NYSE: BA). Der aktuelle Aktienkurs von Boeing beträgt 88,10 Dollar. Sie besitzen 100 Aktien.

So funktioniert die Kaufoption

Sie melden sich beim Account Ihrer Brokerfirma an und geben das Symbol des Basiswerts an – in diesem Fall BA. Sobald Sie es eingegeben haben, erscheint die Option Chain von Boeing auf Ihrem Bildschirm (siehe Abbildung 4.1). Sie finden die Option Chain auf der Website Ihrer Brokerfirma oder auf Websites wie OIC, CBOE, Google oder Yahoo!

Calls for BA Show Symbols | Show Analytics*

Last	Change	Bid	Ask	Volume	Open Int	Action	Strike
Calls for May 18							
4.30	+0.70	**4.40**	**4.50**	485	9,795	Select	**85**
2.85	+0.71	**2.79**	**2.82**	1,157	14,723	Select	**87.5**
1.60	+0.44	**1.55**	**1.57**	1,702	3,289	Select	**90**
0.75	+0.20	**0.77**	**0.79**	27	517	Select	**92.5**
0.36	+0.13	**0.36**	**0.38**	189	1,884	Select	**95**
Calls for Jun 22							
5.15	+0.80	**5.05**	**5.15**	31	510	Select	**85**
3.50	+0.55	**3.50**	**3.60**	72	605	Select	**87.5**
2.31	+0.45	**2.30**	**2.32**	329	3,808	Select	**90**
1.38	+0.29	**1.40**	**1.42**	77	114	Select	**92.5**
Calls for Aug 17							
6.04	+1.14	**5.95**	**6.05**	58	8,932	Select	**85**
4.58	+0.48	**4.50**	**4.60**	38	1,128	Select	**87.5**
3.20	+0.40	**3.25**	**3.35**	35	3,702	Select	**90**
2.33	+0.33	**2.30**	**2.34**	29	1,084	Select	**92.5**
1.54	+0.24	**1.55**	**1.58**	30	1,612	Select	**95**

Abbildung 4.1: Option Chain: Boeing-Calls

Quelle: Fidelity Investments. © 2002 FMR LLC. Alle Rechte vorbehalten. Nutzung mit freundlicher Genehmigung.

Die Prämie

Die Option Chain enthält eine Menge Informationen. Als Erstes schauen wir uns die Prämie an, die in Form eines Geld- und eines Briefkurses angegeben ist. Als Verkäufer richten wir uns nach der Prämie, die wir erhalten (dem Geldkurs). Der Geldkurs gibt einfach das derzeit höchste bekannt gegebene Gebot an. Betrachten Sie ihn als Anhaltspunkt und erwarten Sie nicht, dass das der Geldbetrag ist, den Sie für Ihre gedeckten Calls bekommen. Ebenso wie am Aktienmarkt schwanken auch hier die Geld- und Briefkurse ständig, vor allem bei aktiv gehandelten Optionen.

Die Mindestprämie, mit der Sie rechnen (Geldkurs), wird je Aktie angegeben – in diesem Beispiel von 0,36 bis 5,95 Dollar, aber sie reicht in Abhängigkeit von vielen Faktoren von Centbeträgen bis hin zu Hunderten von Dollar. Vielleicht fragen Sie sich, wieso die Spanne der Prämien so groß ist. Willkommen im Optionsmarkt! Zu verstehen, wie die Prämien ermittelt werden, gehört zu den Schlüsselfaktoren, um ein erfolgreicher Optionsverkäufer (oder Optionskäufer) zu werden.

Erinnern Sie sich daran, dass der aktuelle Preis des Basiswerts Boeing 88,10 Dollar beträgt. Wir wählen den Juni-Call mit Basispreis 90 Dollar, weil er leicht über dem aktuellen Kurs von Boeing liegt. Wenn Sie sich Abbildung 4.1 ansehen, dann sehen Sie, dass die entsprechende Prämie derzeit mit 2,30 Dollar pro Aktie angegeben wird. So viel bekommen Sie, wenn Sie zum Geldkurs verkaufen.

Finden wir nun heraus, wie viel Sie bekommen, wenn Sie den Call verkaufen. Bedenken Sie dabei, dass ein Optionskontrakt 100 Aktien entspricht.

Die Berechnung der Prämie (Juni-Call 90)

2,30 Dollar Prämie je Aktie (Juni-Call 90)
x 100 Boeing-Aktien (ein Optionskontrakt)

Ergibt: 230 Dollar Prämie

Erläuterung: Da die Prämie 2,30 Dollar je Aktie beträgt und ein Kontrakt 100 Aktien entspricht, beträgt die Prämie 230 Dollar. Würde man zwei Kontrakte verkaufen, bekäme man 460 Dollar. Würde man fünf Kontrakte verkaufen, bekäme man 1.150 Dollar. Würde man zehn Kontrakte verkaufen, bekäme man 2.300 Dollar. Bedenken Sie dabei, dass Sie 1.000 Boeing-Aktien besitzen müssen, um zehn Kontrakte zu verkaufen.

Nehmen wir an, Sie wollen gedeckte Calls verkaufen, die in einem späteren Monat fällig werden. Schauen Sie sich einmal die 90er-August-Calls auf Boeing an. Ihre Prämie ist höher als die der 90er-Juni-Calls – 3,25 Dollar je Aktie. Wissen Sie, warum die Prämie höher ist?

Zur Erinnerung: Je später der Fälligkeitsmonat, umso höher die Prämie.

Die Berechnung der Prämie (August-Call 90)

3,25 Dollar Prämie je Aktie (August-Call 90)
x 100 Boeing-Aktien (ein Optionskontrakt)

Ergibt: 325 Dollar Prämie

Bedenken Sie, dass die Berechnung, wie viel Geld man potenziell verdienen kann, nicht das Gleiche ist wie Geld zu verdienen. Trotzdem fließt einen Tag, nachdem Sie den gedeckten Call verkauft haben, das Geld (die Prämie) als Gutschrift auf Ihr Brokerage-Konto.

Wenn man zum ersten Mal so eine saftige Prämie erhält, ist man begeistert. Ein Leser schrieb mir einmal: „Es kommt mir vor, als würde ich dafür bezahlt, dass ich eine Aktie besitze." Aber wie bei allen Strategien gibt es hier neben dem Nutzen auch Risiken.

ES GEHT NUR UMS GELD

Vor ein paar Jahren entdeckte ich, wie schön es ist, gedeckte Kaufoptionen zu verkaufen. Ich setzte mich an meinen Computer, schaute mir die Prämien von Dutzenden Optionen an und berechnete, wie viel Geld ich damit verdienen würde. Das erschien mir als eine sehr leichte Art, Extrageld zu verdienen (und das auch noch bequem von zu Hause aus).

Ich stellte mir vor, ich könnte alle paar Monate ein paar Tausender zusätzlich einnehmen, indem ich gedeckte Calls auf Aktien verkaufte, die ich besaß. Aber nachdem ich mich ein bisschen zu schnell hineingestürzt hatte, begriff ich, dass am Verkauf von gedeckten Calls doch ein bisschen mehr dranhängt, als ich anfangs gedacht hatte. Ich verdiente zwar alle paar Monate Geld, aber leicht war das nicht. Leider waren die Bücher, die es damals gab, entweder zu technisch oder zu unrealistisch. Ich bin entschlossen, Sie davon abzuhalten, die gleichen Fehler zu begehen wie ich damals.

Und jetzt werde ich Ihnen ein paar wichtige Begriffe vorstellen.

AM GELD, AUS DEM GELD UND IM GELD

Es ist wichtig, dass Sie die Ausdrücke „am Geld", „aus dem Geld" und „im Geld" lernen. Zum Glück werden Sie, wenn Sie das Buch zu Ende gelesen haben, mit diesen Begriffen gut vertraut sein. Wenn man mit dem Trading anfängt, gehört zu den Faktoren, die bestimmen, welche Option Sie kaufen oder verkaufen, die Frage, ob sie im, am oder aus dem Geld ist.

Damit diese Begriffe leichter verständlich sind, zeige ich noch einmal die Option Chain von Boeing. Siehe Abbildung 4.2.

Calls for BA Show Symbols | Show Analytics*

Last	Change	Bid	Ask	Volume	Open Int	Action	Strike
Calls for May 18							
4.30	+0.70	**4.40**	**4.50**	485	9,795	Select	**85**
2.85	+0.71	**2.79**	**2.82**	1,157	14,723	Select	**87.5**
1.60	+0.44	**1.55**	**1.57**	1,702	3,289	Select	**90**
0.75	+0.20	**0.77**	**0.79**	27	517	Select	**92.5**
0.36	+0.13	**0.36**	**0.38**	189	1,884	Select	**95**
Calls for Jun 22							
5.15	+0.80	**5.05**	**5.15**	31	510	Select	**85**
3.50	+0.55	**3.50**	**3.60**	72	605	Select	**87.5**
2.31	+0.45	**2.30**	**2.32**	329	3,808	Select	**90**
1.38	+0.29	**1.40**	**1.42**	77	114	Select	**92.5**
Calls for Aug 17							
6.04	+1.14	**5.95**	**6.05**	58	8,932	Select	**85**
4.58	+0.48	**4.50**	**4.60**	38	1,128	Select	**87.5**
3.20	+0.40	**3.25**	**3.35**	35	3,702	Select	**90**
2.33	+0.33	**2.30**	**2.34**	29	1,084	Select	**92.5**
1.54	+0.24	**1.55**	**1.58**	30	1,612	Select	**95**

Abbildung 4.2: Option Chain: Boeing-Calls

Quelle: Fidelity Investments. © 2002 FMR LLC. Alle Rechte vorbehalten. Nutzung mit freundlicher Genehmigung.

Optionen am Geld (ATM = At The Money)

Regel: Entspricht der aktuelle Aktienkurs dem Basispreis, sagt man von einer Option, sie sei „am Geld“. Auch wenn der Preis um ein paar Cent abweicht, ist sie noch am Geld.

Sehen Sie sich die Option Chain in Abbildung 4.2 an. Stünde Boeing bei 87,50 Dollar, wären die Optionen mit Basispreis 87,50 mit den Fälligkeiten Mai, Juni und August am Geld. Und noch ein Beispiel: Wenn der Aktienkurs von General Electric (GE) derzeit 35 Dollar beträgt, welcher Strike-Preis ist dann am Geld? Wenn Sie „35 Dollar“ geantwortet haben, liegen Sie richtig. Das können die im Februar, im März oder im April fälligen Optionen mit Strike 35 sein, auf jeden Fall sind 35 Dollar am Geld.

Optionen aus dem Geld (OTM = Out of The Money)

Regel: Wenn der Basispreis der Call-Option über dem Kurs des Basiswerts liegt, ist die Option aus dem Geld.

Nehmen wir Boeing (dessen Aktie bei 88,10 Dollar steht) als Beispiel, ist der nächste Basispreis über 88,10 Dollar, der am nächsten am Aktienkurs liegt, bezüglich Kaufoptionen aus dem Geld. (Man sagt auch, die Option ist „einen Strike drüber".) Somit ist der 90er-Mai-Call aus dem Geld, ebenso der 90er-Juni-Call. Tatsächlich sind alle Call-Optionen mit Basispreisen ab 90 Dollar aus dem Geld. Der 92,5er-Mai-Call ist vier Punkte aus dem Geld. Der 95er-Mai-Call ist sieben Punkte aus dem Geld. Und was ist mit dem 95er-August-Call? Der ist auch sieben Punkte aus dem Geld.

Hinweis: Je weiter eine Kaufoption aus dem Geld ist, also je höher der Basispreis, desto niedriger ist die Prämie. Beispielsweise beträgt die Prämie des 90er-Mai-Calls 1,55 Dollar, während die Prämie des 95er-Mai-Calls nur 0,36 Dollar beträgt. Der 90er-Mai-Call ist mehr wert.

Optionen im Geld (ITM = In The Money)

Regel: Wenn der Basispreis einer Call-Option unter dem Preis des Basiswerts liegt, ist die Call-Option im Geld.

In dem Beispiel in Abbildung 4.2 ist der nächstgelegene Basispreis unter 88,10 Dollar für Call-Optionen im Geld. Somit ist der 85er-Mai-Call im Geld, ebenso der 85er-Juni-Call. Der 85er-Mai-Call ist drei Punkte im Geld. Der 80er-August-Call (nicht gezeigt) ist acht Punkte im Geld.

Hinweis: Je mehr eine Option im Geld ist, also je niedriger der Basispreis, umso höher ist die Prämie. Zum Beispiel ist der 85er-Juni-Call mehr wert als der 90er-Juni-Call.

Welche Option sollte man wählen?

Nehmen wir an, die zugrunde liegende Aktie steht bei 40 Dollar. Man entscheidet sich, ob man eine Option will, die im Geld, aus dem Geld oder am Geld ist. Für jede Wahl gibt es Gründe.

Die unten stehende Tabelle zeigt einige Optionen auf eine Aktie, die einen Monat vor Fälligkeit bei 40 Dollar steht. Denken Sie daran, dass wir Call-Optionen verkaufen.

Aktienkurs	Basispreis	Call-Option	Prämie
$40	$50	Weit aus dem Geld	$0,10
$40	$45	Aus dem Geld	$0,40
$40	$42	Leicht aus dem Geld	$1,30
$40	$40	Am Geld	$2,70
$40	$35	Im Geld	$6,80
$40	$30	Tief im Geld	$9,90

Ich weiß, was manche von Ihnen denken. Warum nicht die Option mit der saftigsten Prämie verkaufen? Würde man sich für einen Basispreis von 30 oder 35 Dollar entscheiden, dann wäre es ja schön, wenn man für jeden Kontrakt eine Prämie von 6,80 beziehungsweise 9,90 Dollar bekäme.

Tatsächlich ist es für Anfänger nicht empfehlenswert, einen Call zu wählen, der tief im Geld ist, denn dann ist der Gewinn minimal. Warum sollte man seine 40-Dollar-Aktie für 30 oder 35 Dollar verkaufen, nur weil der Optionspreis hoch ist? (Es stimmt allerdings, dass manche erfahrenen Trader Calls im Geld verkaufen und von dieser Strategie überzeugt sind.)

Fazit: Im obigen Beispiel ist der mit 42 Dollar aus dem Geld befindliche Basispreis bei einer Prämie von 1,30 Dollar die geeignete Wahl (wenn Sie Erfahrung sammeln, haben Sie vielleicht andere Vorstellungen davon, was für Sie geeignet ist). Wenn Sie sich für den Basispreis von 42 Dollar entscheiden, sind Sie vielleicht gezwungen, die Aktie für 42 Dollar zu verkaufen, und darauf hoffen Sie ja. Außerdem bekommen Sie für den Verkauf eines gedeckten Calls 130 Dollar.

Wichtige Anmerkung: Viele meinen, wenn man eine Option besitzt, die im Geld ist, dann bedeute dies, dass man (als Optionskäufer) Gewinn erzielt habe. Manche erinnern sich vielleicht noch an den alten Song „We're in the Money". In der Welt der Optionen bedeutet die Tatsache, dass eine Option im Geld ist, nicht unbedingt, dass man damit Gewinn macht.

Der einzige Faktor, der darüber entscheidet, ob man Gewinn macht, ist die Frage, ob der derzeitige Preis höher ist als der Preis, den man für die Option bezahlt hat. Der Begriff „im Geld" bezieht sich lediglich auf die Beziehung zwischen dem Basispreis und dem Aktienkurs. Mit Gewinnen und Verlusten hat das nichts zu tun.

Bevor wir zum nächsten Kapitel kommen, möchte ich Sie noch mit einem sehr wichtigen Begriff vertraut machen: Zuteilung. Sie werden diesen Begriff noch oft hören, wenn Sie sich mit den verschiedenen Optionsstrategien befassen.

DIE ZUTEILUNG VERSTEHEN

Als Verkäufer einer gedeckten Kaufoption hat man eine wichtige Verpflichtung. Steht der Basiswert bei Fälligkeit über dem Basispreis (sodass die Option im Geld ist), ist man verpflichtet, den Basiswert zum Basispreis zu verkaufen. Das passiert, wenn Optionsbesitzer ihre Rechte ausüben. Ihnen (als Verkäufer der Option) wird eine Ausübungsanzeige zugeteilt.

Es gibt einen offiziellen Begriff für das, was mit Ihrer Aktie passiert, wenn der Käufer die Kaufoption ausübt. Ihr Depot wird zugeteilt oder die Aktie wird „abgerufen". Das bedeutet, dass man die Aktie zum Basispreis verkauft. Da „abrufen“ so schön beschreibt, was mit Ihren Aktien passiert, verwende ich diesen Ausdruck.

Noch einmal: Zu welchem Preis kann der Besitzer der Kaufoption Ihre Aktien kaufen? Wenn Sie gesagt haben „zum Basispreis“, ist das richtig. Wenn der Käufer beschließt, die Option auszuüben, erfolgt die Aktientransaktion stets zum Basispreis (Ausübungspreis). Dies entspricht den Regeln des Optionskontrakts.

Als Verkäufer einer Kaufoption kann es einem theoretisch jederzeit passieren, dass die Aktien vom Käufer der Kaufoption abgerufen werden, allerdings geschieht dies meistens erst zum Fälligkeitsdatum. Rechnen Sie nicht damit, dass Ihre Aktien vor der Fälligkeit abgerufen (von Ihnen zum Basispreis verkauft) werden, auch wenn es manchmal vorkommen kann. Für den Verkäufer einer Kaufoption ist die Zuteilung ein gutes Ergebnis. Sie bedeutet, dass die Strategie funktioniert hat.

Der wichtigste Punkt ist folgender: Wenn man gedeckte Kaufoptionen verkaufen will, sollte man darauf gefasst sein, seine Aktien zum Basispreis zu verkaufen. Das ist einer der Gründe, weshalb es so wichtig ist, den richtigen Basispreis zu wählen.

Wenn Sie es nicht ertragen können, dass Ihre Aktien zum Fälligkeitsdatum zum Basispreis verkauft werden, sollten Sie sich eine andere Strategie suchen. Viele Menschen verkaufen gedeckte Calls auf Aktien, die sie ohnehin verkaufen wollen. Die Aktien werden verkauft und man erzielt ein Einkommen. Genau deshalb ist diese Strategie mitunter so beliebt bei Verkäufern.

Wichtig: Technisch gesehen können die Aktien jederzeit abgerufen werden, auch wenn dies fast immer zur Fälligkeit geschieht. Wenn Ihre Aktien abgerufen werden, teilt Ihnen Ihr Broker (spätestens zu Handelsbeginn am nächsten Handelstag) mit, dass Ihr Depot zugeteilt wurde und Ihnen die Aktien nicht mehr gehören.

Anmerkung: Sie können die Aktien jederzeit erneut kaufen und wieder gedeckte Calls für den nächsten Monat verkaufen.

Anmerkung: Damit es zu einer Zuteilung kommt, muss der Käufer (oder Inhaber) des Calls zuerst die Option ausüben. Zunächst übermittelt der Käufer seinem Broker eine Ausübungsmitteilung. Dann teilt der Broker dies der OCC (Options Clearing Corporation) mit, die dann die Mitteilung einer zufällig ausgewählten Person zuteilt. Wenn eine Ausübungsmitteilung zufällig Ihrem Depot zugeteilt wird, werden Ihre Aktien abgerufen. Bedenken Sie, dass Sie mit dem Verkauf eines Calls auf das Recht verzichten, darüber zu entscheiden, ob die Aktien verkauft werden; somit kann der Besitzer der Option jederzeit beschließen, auf Ihre Aktien zuzugreifen.

Wenn der Optionsinhaber Ihnen die Aktien abkauft, übt er die Option aus. Wenn der Optionsinhaber die Option ausübt und Ihrem Depot eine Ausübungsanzeige zugeteilt wird, sind Sie verpflichtet, die Aktien zu liefern, auf die Sie Calls verkauft haben. Keine Sorge – das wird alles automatisch von der OCC und Ihrem Broker abgewickelt und Sie brauchen überhaupt nichts zu tun. Falls Sie noch nicht recht verstanden haben, wie die Zuteilung funktioniert: In Kapitel 8 erkläre ich sie noch ausführlicher.

Endlich wird dem Optionsmarkt Respekt gezollt

Es dauerte fast 100 Jahre, bis auf der Grundlage der erfolgreichen Handelsplattform des Futures-Markts endlich ein organisierter Optionsmarkt geschaffen wurde. Hier folgt nun ein knapper Bericht darüber, wie der Optionsmarkt nach dornigen Anfängen endlich den Respekt erhielt, den er verdient.

Die 1960er-Jahre

Während des größten Teils des 20. Jahrhunderts ging der Freiverkehrshandel mit Optionen ziemlich langsam und mühsam vonstatten. Da es keine geregelte Optionsbörse gab, wurden die Trades telefonisch abgewickelt. Ein Optionshändler arrangierte das Geschäft zwischen Käufer und Verkäufer. Leider gab es keine Organisation, die für die Optionskontrakte bürgte. Auch kannten die Händler den angemessenen („fairen") Preis von Optionen nicht wirklich. Aufgrund dieser Beschränkungen interessierte sich die Allgemeinheit kaum für den Optionshandel.

Eine der unangenehmsten damaligen Regelungen war die Verpflichtung, dass die Ausübung eines Optionskontrakts persönlich erfolgen musste. Das heißt, wenn man die Ausübungsfrist einer Option verpasst hatte, wurde die Option auch dann annulliert, wenn sie profitabel war.

Im Jahr 1968 sah sich das Chicago Board of Trade (CBOT) den Freiverkehrs-Optionsmarkt an und kam zu dem Schluss, es seien Änderungen nötig. Ihm war klar, dass zumindest alle Optionskontrakte standardisiert werden mussten, dass also die Bedingungen aller Kontrakte gleich sein mussten. Auch wurde die Regel der persönlichen Ausübung abgeschafft.

Seit den 1970er-Jahren

Im Jahr 1973 stellte die CBOT nach vier Jahren Prüfung und Planung bei der Börsenaufsicht SEC den Antrag, die erste Optionsbörse der Welt zu gründen, die Chicago Board Options Exchange (CBOE). Die CBOE und die American Stock Exchange (die den Optionshandel auf ihrem Parkett zugelassen hatte) gründeten eine Organisation, die die Kontrakte emittieren und die „Abrechnung und Erfüllung" der Kontrakte verbürgen sollte. Und so wurde die Options Clearing Corporation (OCC) geschaffen, um Optionskontrakte zu emittieren, abzurechnen und zu garantieren. Offiziell ist die OCC ein Unternehmen im Besitz mehrerer US-amerikanischer Börsen, an denen gelistete Aktienoptionen gehandelt werden.

Nachdem der Papierkram und die Politik abgehakt waren, nahm die CBOE am 26. April 1973 den Geschäftsbetrieb auf. Der erste Options-Handelssaal war der Rauchsalon der CBOT-Mitglieder. Laut den Autoren von „Options" (vom Options Institute) fragten sich

Kritiker, wieso eine Meute von „Getreidehändlern aus Chicago dachte, sie könne ein neues Handelsinstrument vermarkten, das nach dem Urteil der New York Stock Exchange zu komplex für die Anlegeröffentlichkeit ist".

Es wurden Kaufoptionen auf 16 der bekanntesten US-amerikanischen Unternehmen gelistet. Es sollte weitere vier Jahre dauern, bis Put-Optionen eingeführt wurden. Am ersten Tag belief sich das gesamte Handelsvolumen auf 911 Optionskontrakte. Im Jahr danach belief sich das durchschnittliche tägliche Handelsvolumen auf 6.000 Kontrakte und das Jahresvolumen auf eine Million Kontrakte.

Ende 1974 – nachdem Banken und Versicherungen Optionen in ihre Portfolios aufgenommen hatten – kletterte das durchschnittliche tägliche Options-Handelsvolumen auf mehr als 200.000 Kontrakte. Schon bald begannen auch andere Aktienbörsen, mit gelisteten Optionen zu handeln. Und als die Tageszeitungen anfingen, Optionskurse zu veröffentlichen, vervielfachte sich das Volumen noch weiter.

Mit der Einführung von Computern, mobilen Geräten und zusätzlichen Optionsprodukten wie Indexoptionen, LEAPS, Wochenoptionen, Mini-Optionen und Optionen auf ETFs stieg das durchschnittliche Handelsvolumen an den Optionsbörsen auf mehr als 16 Millionen Kontrakte und es wächst weiter. Der Jahresumsatz beträgt nun über vier Milliarden Kontrakte. Allein das Handelsvolumen in der ersten halben Stunde ist manchmal größer als im gesamten Jahr 1974.

Nachdem Sie nun die Strategie der gedeckten Kaufoption kennengelernt haben, werden Sie gleich lernen, wie man die richtigen gedeckten Kaufoptionen auswählt.

5

WIE MAN DIE RICHTIGE GEDECKTE KAUFOPTION AUSWÄHLT

Vielleicht fühlen Sie sich inzwischen schon recht wohl mit der Vorstellung, gedeckte Kaufoptionen zu verkaufen. Vielleicht meinen Sie, die Kunst, den richtigen Call auszuwählen, bestehe lediglich darin, die Option mit der höchsten Prämie auszusuchen und diese zu verkaufen. Unglücklicherweise tun dies manche Menschen, aber es ist nicht die beste Methode. Manche Menschen meinen, der schwierigste Teil bestehe darin, zu entscheiden, wie viel Geld sie verdienen wollen!

Vielleicht ist Ihnen nicht klar, dass es eine Kunst ist, die richtige gedeckte Kaufoption auszuwählen, und dass die Prämie nur ein Teil der Gleichung ist. In diesem Kapitel sehen wir uns alle Faktoren, die uns dazu bringen, den richtigen gedeckten Call auszusuchen, genauer an.

Bis jetzt haben wir uns größtenteils mit Definitionen befasst. Aber in diesem Kapitel geht es um das Nachdenken und Analysieren. Deshalb sind Optionen eine so große Herausforderung. Der Verkauf von gedeckten Kaufoptionen ähnelt ebenso wie andere Optionsstrategien einem Schachspiel. Warum das so ist, werden Sie sehen, wenn wir die wichtigsten Faktoren betrachten, die sich auf die gedeckte Kaufoption auswirken:

Marktumfeld
Basiswert
Basispreis
Prämie
Fälligkeitsdatum
Zinsen*
Dividenden*

**Anmerkung für Fortgeschrittene:* Zinsen und Dividenden sind weniger wichtig. Sie werden in Kapitel 11 besprochen.

Wenn Sie verstehen, wie sich jeder dieser Faktoren auf die gedeckte Kaufoption auswirkt, sind Sie auf dem besten Weg, kompetent mit gedeckten Kaufoptionen zu handeln.

DAS IDEALE MARKTUMFELD FÜR DEN VERKAUF GEDECKTER CALLS

Wenn man mit Aktien handelt oder am Aktienmarkt Geld anlegt, möchte man, dass der Markt steigt – und zwar nicht nur ein bisschen, sondern kräftig. Das Marktumfeld hingegen, das die meisten hassen, ist ein flach verlaufender, leicht steigender Markt, der sich im Kreis zu drehen scheint. In einem solchen Marktumfeld scheinen die Aktien lustlos und erschöpft zu sein und es scheint, als verdiene niemand Geld. Der Aktienmarkt wirkt einschläfernd.

Es gibt aber eine Gruppe von Menschen, die einen seitwärts verlaufenden, gewissermaßen langsamen Markt begrüßen. Wissen Sie, wer das ist? Wenn Sie geraten haben, dass es die Verkäufer gedeckter Kaufoptionen sind, haben Sie recht. Das ideale Marktumfeld für den Verkauf von Calls herrscht dann, wenn der Markt langsam zu steigen scheint. Bei einem derartigen Marktumfeld ist die Gefahr geringer, dass der Markt oder Ihre zugrunde liegenden Aktien fallen werden. Natürlich gibt es dafür keine Garantie, aber Ihr Trade könnte erfolgreicher sein, wenn der Markt ein wenig langsam ist. Während sich andere Leute beklagen, sie könnten an der Börse kein Geld verdienen, könnten Sie vielleicht abräumen.

Frage: Wenn der Verkäufer eines gedeckten Calls einen langsam steigenden Markt bevorzugt, dann gehen Sie zu Recht davon aus, dass er auch Aktien mag, die sich so verhalten. Wissen Sie, warum? Wenn Sie sich nicht ganz sicher sind, so werden Sie es am Ende dieses Kapitels sein.

DIE SUCHE NACH DEM RICHTIGEN BASISWERT

An diesem Punkt besitzen Sie entweder bereits Aktien oder denken darüber nach, eine Aktie zu kaufen, die es Ihnen ermöglicht, Kaufoptionen zu verkaufen. Sie wissen bereits, dass die zugrunde liegende Aktie – der Basiswert oder das Underlying – wichtig ist, aber viele Menschen unterschätzen, *wie* wichtig das ist. Tatsächlich liegt der Schlüssel zum Finden der richtigen gedeckten Kaufoption darin, einen geeigneten Basiswert zu finden.

Und tatsächlich ist die zugrunde liegende Aktie von wesentlicher Bedeutung – unabhängig von der eingesetzten Optionsstrategie. Die meisten Menschen sehen das fälschlicherweise andersherum. Sie schauen sich zuerst die Option an, dann die Aktie. Sie lassen sich zu der Überzeugung verleiten, es gebe eine gewinnbringende Option, die auf ihre Entdeckung wartet wie ein Lotterielos. Leider suchen sie dabei am falschen Ort. Der richtige Ort ist natürlich die zugrunde liegende Aktie.

Und welche zugrunde liegenden Aktien haben nun die richtigen Merkmale für den Verkauf von Kaufoptionen? Viele Jahre lang verkauften Anleger und Institutionen gedeckte Calls auf Unternehmen wie General Electric, Microsoft, Coca-Cola, IBM und Home Depot. Diese Aktien passten in das Profil für gedeckte Kaufoptionen. Auch viele der im Dow Jones Industrial Average (DJIA) enthaltenen Aktien waren perfekt für diese Strategie geeignet. Doch auch wenn diese Aktien in der Vergangenheit gut funktioniert haben, so gibt es doch keine Garantie, dass sie auch in Zukunft funktionieren werden.

Um den idealen Basiswert zu finden, muss man Nachforschungen anstellen. Und wenn man die ideale Aktie gefunden hat, kann man Monat für Monat, Quartal für Quartal gedeckte Kaufoptionen auf sie verkaufen. Vielleicht haben Sie schon eine solche Aktie. Falls ja, dann erspart Ihnen das die Mühe, nach einer anderen zu suchen.

Wie findet man solche idealen Aktien? Bei den meisten Brokerfirmen gibt es Suchfunktionen, die einem helfen, bestimmte Eigenschaften zu finden. Mit wachsender Erfahrung können Sie auch die Instrumente des Aktienmarkts verwenden, also die Fundamentalanalyse und die Technische Analyse, um Aktien zu finden, die Ihren Kriterien entsprechen.

Vielleicht ist Ihnen noch nicht so recht klar, weshalb es bei dieser Strategie so wichtig ist, dass der Markt stagniert oder leicht steigt und dass man leicht steigende Aktien braucht. Werfen wir im Zuge der Erklärung erst einmal einen Blick darauf, welche Arten von Aktien man bei einer Strategie der gedeckten Kaufoption nicht einsetzen will.

DER FALSCHE BASISWERT

Diejenigen Aktien, die man meiden will, wenn man gedeckte Calls verkauft, sind solche, die um große Beträge steigen oder fallen und zu sehr schwanken. Anders gesagt bewegen sie sich zu schnell in die eine oder die andere Richtung.

Beispielsweise ist es zu riskant, Calls auf Achterbahn-Technologie-Aktien wie Apple zu verkaufen. Dass Apple nicht unseren Kriterien für einen Kandidaten für gedeckte Kaufoptionen entspricht, hat allerdings nichts mit dem Wert des Unternehmens zu tun.

Aber was ist nun das Problem mit volatilen Aktien? Optionen auf Aktien mit hohem Handelsvolumen und hoher Volatilität wie Apple haben hohe Prämien. Die Menschen bezahlen mehr für Optionen auf ein Unternehmen, dessen Aktie volatil ist. Doch als Verkäufer gedeckter Calls will man ja gar keine Aktien, die riesige prozentuale Bewegungen in die eine oder andere Richtung vollführen – die Sorte Aktien, die einen womöglich am Montagmorgen überrascht.

Volatile Aktien bringen zwar üppige Prämien, aber als Verkäufer gedeckter Calls sollte man solche Aktien grundsätzlich meiden. Der Grund dafür ist, dass ihr Verlustrisiko zu hoch ist. Wenn man zum Beispiel Calls auf eine wilde Aktie wie Apple verkauft (zumindest war sie in der Vergangenheit wild), dann könnte die Aktie um mehrere Prozentpunkte fallen.

(*Anmerkung:* Es gibt auch eine Strategie mit gedeckten Calls, die bewusst volatile Aktien im Austausch gegen kleine Gewinne wählt. Ich bespreche diese Strategie weiter hinten in diesem Kapitel.)

Somit besteht die größte Gefahr beim Verkauf von gedeckten Kaufoptionen darin, dass der Basiswert zu weit fällt und man Verlust macht, obwohl man die Prämie behalten darf, weil die Aktie so tief fällt. Darum lässt man lieber die Finger von Aktien, deren Wert fällt, zum Beispiel von solchen, die ihre gleitenden Durchschnitte durchbrechen und andere technische Schwächen aufweisen.

Wenn hingegen ein Basiswert wie Apple zu schnell steigt, verdient man zwar Geld, aber es entgehen einem alle Gewinne, die über den Basispreis hinausgehen.

> *Hinweis:* Grundsätzlich muss man bei der Entscheidung, ob eine Option ein guter Kauf (oder ein guter Kandidat für die gedeckte Kaufoption) ist, viele Faktoren berücksichtigen und die werde ich jetzt besprechen.

EIGENSCHAFTEN DES RICHTIGEN BASISWERTS

Sie wissen ja bereits, dass man, um den richtigen gedeckten Call zu finden, nach der richtigen zugrunde liegenden Aktie suchen muss. Nehmen wir an, Sie verwenden die Technische Analyse und die Fundamentalanalyse (oder einen Aktienfilter), um eine solche Aktie zu finden.

Dann müssen Sie etwas tiefer nachbohren und sich bestimmte Faktoren ansehen, unter anderem eine ausreichende Prämie, einen sinnvollen Basispreis und wo die Aktie Ihrer Meinung nach zur Fälligkeit stehen wird. Alle diese Faktoren müssen abgewogen und untersucht werden, bevor Sie die richtige Entscheidung treffen können, die Ihnen möglichst viel Gewinn einbringt, ohne dass Sie zu viel Kapital riskieren oder Ihre Aktien zu lange binden.

DER BASISPREIS

Ich ziehe noch einmal die Option Chain von Boeing heran (Abbildung 5.1), damit Sie alle Merkmale analysieren können, nach denen Sie suchen müssen, um den richtigen gedeckten Call zu finden.

Bei der Auswahl eines Basispreises muss man viele Faktoren berücksichtigen. Anfangs könnte man daran denken, den Basispreis mit der höchsten Prämie zu wählen. Aber wie Sie wissen, ist das nicht unbedingt die beste Wahl.

In Abbildung 5.1 steht Boeing immer noch bei 88,10 Dollar. Wenn man eine gedeckte Kaufoption auf diese Aktie verkaufen will, hat man die Wahl unter vielen Basispreisen. Man muss im Voraus entscheiden, welcher Basispreis für das, was man zu erreichen versucht, ideal ist.

Calls for BA Show Symbols | Show Analytics*

Last	Change	Bid	Ask	Volume	Open Int	Action	Strike
Calls for May 18							
4.30	+0.70	**4.40**	**4.50**	485	9,795	Select	**85**
2.85	+0.71	**2.79**	**2.82**	1,157	14,723	Select	**87.5**
1.60	+0.44	**1.55**	**1.57**	1,702	3,289	Select	**90**
0.75	+0.20	**0.77**	**0.79**	27	517	Select	**92.5**
0.36	+0.13	**0.36**	**0.38**	189	1,884	Select	**95**
Calls for Jun 22							
5.15	+0.80	**5.05**	**5.15**	31	510	Select	**85**
3.50	+0.55	**3.50**	**3.60**	72	605	Select	**87.5**
2.31	+0.45	**2.30**	**2.32**	329	3,808	Select	**90**
1.38	+0.29	**1.40**	**1.42**	77	114	Select	**92.5**
Calls for Aug 17							
6.04	+1.14	**5.95**	**6.05**	58	8,932	Select	**85**
4.58	+0.48	**4.50**	**4.60**	38	1,128	Select	**87.5**
3.20	+0.40	**3.25**	**3.35**	35	3,702	Select	**90**
2.33	+0.33	**2.30**	**2.34**	29	1,084	Select	**92.5**
1.54	+0.24	**1.55**	**1.58**	30	1,612	Select	**95**

Abbildung 5.1: Die Option Chain: Calls auf Boeing

Wenn man eine Option wählt, die aus dem Geld oder gar weit aus dem Geld ist, weiß man, dass man etwas Spielraum nach oben hat, bevor die Aktie abgerufen wird (falls sie überhaupt abgerufen wird). Der Vorteil der Auswahl von Calls aus dem Geld besteht somit darin, dass man weiß, dass dann die Wahrscheinlichkeit geringer ist, dass die Aktie zum Fälligkeitsdatum abgerufen (zum Basispreis verkauft) wird.

Andererseits bekommt man eine umso niedrigere Prämie, je höher der Basispreis und je weiter die Option aus dem Geld ist. Beispielsweise sieht man bei einem Blick auf die Option Chain in Abbildung 5.1, dass der aus dem Geld befindliche Mai-Call auf Boeing mit Basispreis 92,50 Dollar eine Prämie von 0,77 Dollar hat. (Für viele Anleger ist das eine vernünftige Prämie, denn sie bietet ihnen einen akzeptablen Gewinn im Austausch gegen das Verlustrisiko, das der Besitz von 100 Aktien mit sich bringt.)

Die 95er-Mai-Option auf Boeing ist schlechter. Auch sie ist aus dem Geld, aber aufgrund des Basispreises von 95 Dollar beträgt die Prämie nur magere 0,36 Dollar. Die Wahrscheinlichkeit, dass die Aktie den Basispreis erreicht, ist gering, und diese Chancen schlagen sich in der Prämie nieder. Nur Sie können entscheiden, ob die Prämie hoch genug ist.

Anmerkung: Bedenken Sie, dass Sie die Calls nicht nur verkaufen, um die „geschenkte" Prämie zu kassieren. Aktienbesitz bringt ein Verlustrisiko mit sich und für dieses Risiko will man angemessen entschädigt werden.

Schauen wir, was passiert, wenn man eine Option wählt, die nur leicht aus dem Geld ist, beispielsweise die 90er-Mai-Kaufoption auf Boeing. Die Prämie des 90er-Mai-Calls beträgt 1,55 Dollar. Steht Boeing zum Fälligkeitsdatum tatsächlich bei 90 Dollar oder höher, wird die Aktie abgerufen. Selbst wenn Boeing auf 92 oder 95 Dollar steigt, wird die Aktie zum Basispreis von 90 Dollar verkauft.

Aber was passiert, wenn Boeing nicht steigt, sondern fällt? Zunächst einmal fällt dann auch der Wert des Optionskontrakts. Zum Glück lindert die Prämie, die man erhält, den Schmerz des Verlusts bei der zugrunde liegenden Aktie.

Wenn jedoch Boeing weiter fällt, wird der Wert des von Ihnen verkauften Calls weiter sinken. *Anmerkung:* In einer Notsituation (also wenn die Aktie schnell zu fallen beginnt) könnten Sie den Kontrakt zurückkaufen (diese Strategie wird in Kapitel 7 besprochen). Der Rückkauf der Option ermöglicht den Verkauf der Aktie oder eines anderen Calls.

Welcher Basispreis ist nun der beste? Der beste Ausübungspreis ist derjenige, mit dem sich der Anleger am wohlsten fühlt. Der Komfortbereich wird durch das Fälligkeitsdatum, die Prämie und die Volatilität (besprochen in Kapitel 11) bestimmt. Auch hängt der Basispreis von Ihrem Ausblick auf die Aktie und auf den Markt sowie davon ab, welches Risiko Sie eingehen wollen.

Wie Sie sehen, hängt an der Wahl des richtigen gedeckten Calls mehr, als vielen Menschen klar ist. Viele Menschen unterschätzen, wie viel Denkarbeit mit dem Einsatz dieser Strategie verbunden ist. Deshalb ist die Wahl eines Basispreises eine wichtige Entscheidung, die Sie nicht leichthin treffen sollten.

Anmerkung für Fortgeschrittene: Sie sollten keine Pauschalaussage treffen, ob es am besten ist, Kaufoptionen zu verkaufen, die im, am oder aus dem Geld sind. Für jede Strategie lassen sich leicht Argumente finden, je nachdem, ob man den Basiswert bullish oder bearish sieht.

Zum Beispiel mögen manche Trader den Basispreis am Geld. Verbleibt die Aktie innerhalb einer engen Spanne, bringt der am Geld befindliche Basispreis den höchsten Gewinn. Defensive Stillhalter gedeckter Calls ziehen vielleicht den im Geld befindlichen Basispreis vor, weil er gleich eine höhere Prämie einbringt. Andererseits wird die Aktie abgerufen, wenn der Call zur Fälligkeit immer noch im Geld ist. Auch könnte der Gewinn zu gering sein. Und schließlich kann einem ein Basispreis aus dem Geld zwar eine niedrigere Prämie bescheren, dafür birgt sie mehr Gewinnpotenzial.

Wie Sie sehen, haben Sie je nach Ihrer Strategie viele Wahlmöglichkeiten. Wenn Sie mehr Erfahrungen im Handeln mit gedeckten Calls sammeln, werden Sie lernen, welcher Basispreis für Sie sinnvoll ist.

Fazit: Viele Anleger halten Basispreise aus dem Geld für am wünschenswertesten, weil dann die Option wahrscheinlich wertlos verfällt und sie sowohl die Prämie als auch die Aktie behalten können.

DIE PRÄMIE

Die Prämie sollte zwar nicht der einzige Faktor sein, den man berücksichtigt, wenn man ermittelt, welche Optionen man verkaufen sollte, aber sie ist definitiv ein wichtiger Faktor. Schließlich ist sie die Bezahlung, die man bekommt. Deshalb muss man die Prämie stets berücksichtigen, wenn man sich die Eigenschaften von Optionen anschaut. Ihre Aufgabe ist es, gedeckte Calls zu verkaufen, um damit bei möglichst geringem Risiko so viel Geld wie möglich zu verdienen.

Manche Anleger wollen eine Prämie von 0,50 Dollar oder mehr. Das hat einen einfachen Grund. Nehmen wir an, Sie verkaufen einen Call mit 0,50 Dollar Prämie. Wenn Sie nur einen Call verkaufen, bekommen Sie dafür 50 Dollar. Wenn man davon die zehn Dollar Gebühren abzieht, hat man 20 Prozent des potenziellen Gewinns abgegeben und es bleibt nicht mehr viel zu verdienen. (*Anmerkung:* Nur Sie können entscheiden, ob 0,50 Dollar Prämie zu wenig oder genau richtig sind. Während Sie Erfahrung sammeln, bekommen Sie ein Gefühl dafür, welche Mindestprämie Ihren finanziellen Bedürfnissen entspricht.)

Anmerkung: Vergessen Sie nicht, dass Sie es auch vermeiden wollen, saftige Prämien auf fallende Aktien zu kassieren – das ist keine empfehlenswerte Strategie. Warum? Weil kaum zu ermitteln ist, wann sich diese Aktien einem Boden nähern. Dann würde man zwar eine hübsche Prämie einstreichen, aber das bringt ein zusätzliches Risiko mit sich. Manche Aktien fallen weiter (vor allem in Baissen).

DAS FÄLLIGKEITSDATUM

Es gibt einen alten Song der Rolling Stones mit dem Titel „Time is on My Side". Wenn Sie gedeckte Calls verkaufen, ist die Zeit tatsächlich auf Ihrer Seite und die tickende Uhr ist Ihr Freund. Wenn die Aktie den Basispreis nicht vor dem Fälligkeitsdatum erreicht, verfällt die Option wertlos. Sie behalten die Prämie *und* die Aktie.

Wenn Sie sich die Option Chain von Boeing in Abbildung 5.1 anschauen, wird Ihnen auffallen, dass der 90er-Mai-Call 1,55 Dollar wert ist, der 90er-Juni-Call 2,30 Dollar und der 90er-August-Call 3,25 Dollar. Sie können daraus schließen, dass die vereinnahmte Prämie umso höher ist, je weiter das Fälligkeitsdatum noch entfernt ist, aber umso länger ist auch die Aktie (und Ihr Geld) in dieser Position gebunden. Alle diese Faktoren müssen bei der Suche nach einem guten gedeckten Call bedacht werden.

Was ist also das ideale Fälligkeitsdatum? Wie gesagt, das hängt von Ihrer Strategie ab. Viele Anleger halten eine Mindestrestlaufzeit von einem Monat beim Verkauf gedeckter Kaufoptionen für am besten, wobei drei Monate noch besser sind. Je ferner das Fälligkeitsdatum, umso mehr Prämie erhält man. Doch dabei muss man bereit sein, sein angelegtes Geld so lange gebunden zu lassen. Wenn Sie Erfahrungen sammeln (und weiterlesen), werden Sie merken, welche Fälligkeitsdaten für Sie am besten funktionieren.

FAZIT: WELCHE GEDECKTE KAUFOPTION IST DIE RICHTIGE?

Welcher gedeckte Call ist der richtige? Eigentlich kann man einen beliebigen Call wählen. Eine Möglichkeit ist eine Option aus dem Geld, die einen Strike vom Aktienkurs entfernt ist. Wenn man sich für zwei Strikes entscheidet, ist die Prämie geringer und vielleicht nicht ausreichend attraktiv.

Zudem ist eine Mindestrestlaufzeit von einem Monat eine gute Idee. Ein späteres Fälligkeitsdatum bringt eine höhere Prämie und bietet einen besseren Schutz gegen Verluste. Vielleicht wollen Sie Ihr Geld nicht so lange festlegen. Und schließlich: Geben Sie sich nicht mit weniger als mit der für Sie akzeptablen Mindestprämie zufrieden und streben Sie nach Möglichkeit mehr an.

Irgendwann werden Sie einen gedeckten Call finden, der Ihren Maßstäben genügt. Um gute Aktienkandidaten zu finden, muss man Untersuchungen und Nachforschungen anstellen. Es gibt Softwareprogramme, die einem Ideen verschaffen, aber keine magischen Lösungen. Es liegt wirklich an Ihnen, Aktien (und Optionen) zu finden, die zu den Kriterien passen, nach denen Sie suchen.

Vorbehalt: Wenn Sie professioneller Trader sind, haben Sie daran, was als der richtige gedeckte Call gilt, womöglich etwas auszusetzen. Denn schließlich gibt es ja eine Anzahl fortgeschrittener Strategien, die diesen Bedingungen widersprechen. Aber irgendwo muss man ja anfangen. Wenn Sie Trader-Neuling sind, fangen Sie mit den oben genannten Kriterien an.

Mit zunehmender Erfahrung können Sie die Kriterien abwandeln, zum Beispiel das Fälligkeitsdatum hinausschieben oder einen Basispreis am oder im Geld wählen. Wie gesagt, Sie sollten Ihre eigenen Kriterien für den idealen Basispreis herausfinden.

Durchdenken Sie jeden Trade sorgfältig, dann sind Sie auf dem besten Weg, zum erfolgreichen Optionshändler zu werden. Ihr Endziel ist Eigenständigkeit. Dann brauchen Sie sich nicht mehr auf Autoren, Referenten oder andere Trader zu verlassen, die Ihnen sagen, mit welchen Optionen Sie handeln und welche Strategie Sie einsetzen sollten.

Bevor Sie dieses Buch weglegen und Ihren Computer anwerfen, bedenken Sie Folgendes: Es ist ein großer Unterschied, ob man weiß, was ein idealer gedeckter Call ist, und ob man einen findet. Leider hat das, was man schwarz auf weiß liest, wenig mit Aktiengeschäften im richtigen Leben zu tun.

Nachdem Sie nun die Faktoren kennengelernt haben, die Sie brauchen, um die richtigen gedeckten Calls zu finden, werden Sie gleich die Funktionsweise des Verkaufens gedeckter Calls erlernen. Das wird der spaßige Teil!

6

SCHRITT FÜR SCHRITT: SO VERKAUFT MAN GEDECKTE KAUFOPTIONEN

In diesem Kapitel gehen wir die konkreten Schritte beim Verkauf gedeckter Calls durch. Ob Sie es glauben oder nicht, das ist der leichteste Teil beim Verkauf eines Calls. Die Brokerfirmen haben Millionen Dollar dafür ausgegeben, das Kaufen und Verkaufen von Optionen so einfach wie möglich zu machen – manche würden gar sagen, es unterhaltsam zu machen.

Sie haben bereits die Optionsvereinbarung mit Ihrer Brokerfirma unterzeichnet. Ich nehme auch an, Sie haben bereits eine Aktie und wollen Calls darauf verkaufen.

Doch bevor wir loslegen, lassen Sie uns über einige Risiken, die mit dem Verkauf gedeckter Calls verbunden sind, sprechen. Keine Sorge, ich möchte Ihnen das Traden nicht ausreden. Der Verkauf gedeckter Kaufoptionen gilt zwar als konservative Strategie, aber auch sie kann riskant sein. Leider ist keine Optionsstrategie todsicher, auch nicht der Verkauf gedeckter Calls.

Jeder Profitrader wird Ihnen sagen, dass eine der wichtigsten Maßnahmen, die man treffen kann, bevor man einen Trade platziert, die Planung für ein Worst-Case-Szenario ist. Wenn man einen Trade eingeht und einem dabei Visionen von Gewinnen im Kopf herumtanzen, man aber keine klare Vorstellung von den potenziellen Risiken hat, kann man dabei Geld verlieren. Achten Sie deshalb genau auf alles, was beim Einsatz dieser Strategie schiefgehen könnte.

DIE NACHTEILE DES VERKAUFS GEDECKTER KAUFOPTIONEN

Mit dem Verkauf gedeckter Calls sind genauso Risiken verbunden wie mit allem, was mit den Finanzmärkten zu tun hat. Wenn Sie jegliches Risiko vermeiden wollen, legen Sie Ihr Geld in Einlagezertifikaten (CD = Certificates of Deposit) oder in Schatzwechseln an. Da Sie dieses Buch lesen, nehme ich an, dass Sie bereit sind, ein gewisses Risiko einzugehen. Lesen Sie darum nun, was schiefgehen kann, und planen Sie dementsprechend. Auch wenn Sie das Risiko niemals vollständig beseitigen können, so können Sie doch lernen, es zu managen.

Atemberaubende Abstürze

Das größte Risiko beim Verkauf von gedeckten Kaufoptionen ist, dass der Basiswert an Wert verliert – ein großer Kurseinbruch, so wie es einer ganzen Reihe von Aktien bei Crashs ergeht (wir sprechen hier von Rückgängen um 70 bis 80 Prozent). Sogar Großkonzerne wie Google und Apple erleiden auf Gerüchte hin oder nach enttäuschenden Ergebnissen gelegentlich Verluste von zehn Prozent. Hätte man gedeckte Calls auf eine solche Aktie verkauft, würde man diese Strategie nicht für so wunderbar halten.

Anmerkung für Fortgeschrittene: Wie bereits erwähnt gibt es eine Optionsstrategie, die es einem ermöglicht, die Option zurückzukaufen und die Kontrolle über die Aktien zurückzuerlangen (siehe Kapitel 7). Vielen Anfängern ist nicht klar, dass sie vor der Fälligkeit aus ihrer Position aussteigen können, indem sie den Call kaufen und die Aktie verkaufen. Wenn Sie sich mit dem Basiswert nicht wohlfühlen, steigen Sie aus. Im Zweifelsfall – steigen Sie aus.

Anmerkung: Es gibt auch eine Strategie namens „Collar", die das Depot vor großen Verlusten schützt, wenn sich der Basiswert danebenbenimmt und man seine gedeckten Calls verkauft hat. Sie reduziert das Risiko derart wirkungsvoll, dass ihr ein ganzes Kapitel gewidmet ist (Kapitel 18).

Entgangene Chancen

Das andere Problem beim Verkauf gedeckter Calls ist, dass einem dabei möglicherweise künftige Gewinne entgehen. Nehmen wir zum Beispiel an, Sie verkaufen einen Call auf die YYY Company zu einem Basispreis von 77,50 Dollar und dann schnellt die Aktie von 75 Dollar auf 85 Dollar oder mehr hoch. Dann können Sie zwar Ihre Prämie behalten und dazu alles, was Sie an der Aktie bis zum Kurs von 77,50 Dollar gewonnen haben, aber alles, was über den Basispreis hinausgeht, gehört Ihnen dann nicht.

In diesem Beispiel wird die Aktie fast mit Sicherheit zum Fälligkeitsdatum bei 77,50 Dollar abgerufen, egal wie weit YYY steigt. Das kann für Menschen, die nicht außen vor bleiben wollen, wenn eine Aktie über den Basispreis hinaus steigt, sehr frustrierend sein. Manche Menschen mögen gedeckte Kaufoptionen deshalb nicht, weil dabei die Gewinne begrenzt sind. Wenn Sie das Ziel haben, mit einer sich schnell bewegenden Aktie viel Geld zu verdienen, entscheiden Sie sich lieber nicht für diese Strategie. Es gibt andere Optionsstrategien, die Sie dafür einsetzen können.

Unrealistische Erwartungen

Es ist zwar möglich, vom Verkauf gedeckter Calls regelmäßig monats- oder quartalsweise zu profitieren, aber eine Garantie dafür gibt es nicht. Es ist zwar ein erstrebenswertes Ziel, aus dem Verkauf gedeckter Calls ein regelmäßiges Einkommen zu beziehen, aber es kann lange dauern, bis man Optionen findet, die sich für den Verkauf eignen.

Trading oder Geldanlage

Wenn Sie Trader sind, wollen Sie Ihr Kapital vielleicht nicht einen Monat lang oder noch länger an eine Aktie binden. Die Vorstellung, mit dem Verkauf einer Aktie bis zum Fälligkeitsdatum zu warten, stellt womöglich Ihre Geduld auf die Probe.

Anmerkung: Eine Idee besteht darin, Calls auf Wochen-Optionen zu verkaufen – diese besprechen wir in Kapitel 23. Dabei sind zwar die Prämien kleiner, aber dank der kürzeren Laufzeiten ist diese Strategie manchmal vorzuziehen.

Möglichkeiten, das Risiko zu senken

Viele Menschen möchten auch dann, wenn sie von den Risiken gehört haben, Kaufoptionen auf alle ihre Aktien verkaufen oder Aktien nur deshalb kaufen, damit sie auf sie mehr Calls verkaufen können. Warten Sie bitte ab. Bevor Sie sich in die Strategie der gedeckten Kaufoption stürzen, denken Sie über die nun folgenden Vorschläge nach, um das Risiko zu senken.

Geordnet vorgehen

Eine der besten Möglichkeiten, das Risiko zu senken, besteht darin, geordnet vorzugehen. Denn wenn man seine Trades nicht verfolgt, wird man ja nie wissen, ob man damit Gewinn erzielt oder nicht. Schreiben Sie den Basispreis, das Fälligkeitsdatum, die erhaltene Prämie, das Datum des Trades und die Tage bis zur Fälligkeit auf. Wenn Sie regelmäßig gedeckte Calls verkaufen wollen, müssen Sie geordnet vorgehen.

Ein Trading-Tagebuch führen

Eine Möglichkeit, geordnet vorzugehen, besteht darin, ein Trading-Tagebuch zu führen. Viele professionelle Trader führen ein Journal oder Tagebuch, in das sie ihre Trades eintragen. Denn woher will man wissen, ob etwas geklappt hat, wenn man nicht weiß, wie es zustande gekommen ist? Der Verkäufer gedeckter Kaufoptionen trägt alle wichtigen Informationen ein, unter anderem auch, was bei jedem Trade geklappt oder nicht geklappt hat. Wenn man diese Informationen nicht aufschreibt, lernt man nicht aus seinen Fehlern.

Diszipliniert sein

Alle reden darüber, wie wichtig Disziplin ist, aber nur wenige Menschen wissen, was das bedeutet. Sie sollten in Ihr Trading-Journal auch einen Satz von Regeln aufnehmen, nach denen Sie sich richten können, wenn Sie Optionen kaufen oder verkaufen. Aber Regeln zu haben reicht nicht. Man muss auch genug Mut und genug Zutrauen in sein Urteilsvermögen haben, um sich an seine eigenen Regeln zu halten. Zu den schlimmsten Fehlern, die Neulinge machen, gehört es, spontan zu entscheiden, auf Tipps zu hören und zu viele Optionskontrakte zu handeln. Ihr Ziel als Options-Trader ist es, das Risiko zu senken, auch wenn das bedeutet, auf ein paar Gewinne zu verzichten.

Ein Übungsdepot eröffnen

Eine andere Idee ist „Paper-Trading“ – die Nutzung der Software der Brokerfirma zu Übungszwecken. Die CBOE und die OIC bieten Übungssoftware an. Paper-Trading ist eine ausgezeichnete Möglichkeit, verschiedene Optionsstrategien zu erlernen.

Leider erlebt man dabei, da es sich um eine Simulation handelt, nicht den herzzerreißenden Schmerz, echtes Geld zu verlieren. An der Börse sein eigenes Geld zu verlieren gehört zu den effektivsten Möglichkeiten, zu lernen, ein besserer Trader zu werden – solange man nicht zu viel verliert. Verwenden Sie das Übungsdepot, um alle Worst-Case-Szenarien zu testen und zu sehen, wie man durch Risikomanagement überlebt.

Klein anfangen

Verkaufen Sie beim ersten Mal nur einen Call, der für 100 Aktien steht. Indem Sie klein anfangen, behalten Sie Ihre Verluste und Ihre Emotionen unter Kontrolle, während Sie Ihre Strategien und Methoden modifizieren. Machen Sie nicht den Fehler, sich mit zu viel Geld und zu wenig Wissen in den Optionsmarkt zu stürzen.

WAS VON DER STRATEGIE DER GEDECKTEN KAUFOPTION ZU ERWARTEN IST

Einer der hauptsächlichen Kritikpunkte an der Strategie der gedeckten Kaufoption ist, dass die potenziellen Verluste beträchtlich sind, wenn die Aktie abstürzt, während die Gewinne begrenzt sind. Andererseits kann man nicht alles auf einmal haben. Wenn Sie auf langsame, stetige Erträge aus sind, könnte die Strategie des gedeckten Calls Ihren Bedürfnissen entsprechen. Wenn Sie auf riesige Gewinne aus sind, müssen Sie sich die spekulativen Strategien ab Kapitel 9 ansehen. Nur Sie können entscheiden, ob die Strategie der gedeckten Kaufoption für Sie und für das, was Sie erreichen wollen, sinnvoll ist.

LOS GEHT'S MIT DEM TRADING!

Nachdem wir nun die Risiken dieser Strategie besprochen haben, ist es an der Zeit, zu lernen, wie man danach tradet. Wenn Sie noch kein Brokerage-Konto haben (und auch wenn Sie eines haben), schauen Sie sich die nachfolgenden Abbildungen an, die Ihnen Schritt für Schritt zeigen, wie man gedeckte Calls verkauft.

Wenn Sie sich anfangs unbehaglich dabei fühlen, Ihre Orders selbst aufzugeben, oder wenn Sie Hilfe von der Brokerfirma wollen, helfen Ihnen deren Vertreter gern (aber womöglich verlangen sie für das Platzieren von Orders Geld). Sie können auch mit Ihnen über Ihre Order für eine gedeckte Kaufoption sprechen und Ihnen sagen, ob sie vernünftig ist.

Sie sollten inzwischen in der Option Chain das Symbol des Basiswerts, den Basispreis und das Fälligkeitsdatum erkennen. Sie sollten, bevor Sie die Order platzieren, deutlich im Voraus exakt wissen, was Sie verkaufen.

Calls for BA Show Symbols | Show Analytics*

Last	Change	Bid	Ask	Volume	Open Int	Action	Strike
Calls for May 18							
4.30	+0.70	4.40	4.50	485	9,795	Select	85
2.85	+0.71	2.79	2.82	1,157	14,723	Select	87.5
1.60	+0.44	1.55	1.57	1,702	3,289	Select	90
0.75	+0.20	0.77	0.79	27	517	Select	92.5
0.36	+0.13	0.36	0.38	189	1,884	Select	95
Calls for Jun 22							
5.15	+0.80	5.05	5.15	31	510	Select	85
3.50	+0.55	3.50	3.60	72	605	Select	87.5
2.31	+0.45	2.30	2.32	329	3,808	Select	90
1.38	+0.29	1.40	1.42	77	114	Select	92.5

Abbildung 6.1: Die Option Chain: Call-Optionen auf Boeing

Quelle: Fidelity Investments. © 2002 FMR LLC. Alle Rechte vorbehalten. Nutzung mit freundlicher Genehmigung.

In diesem Beispiel haben Sie 100 Boeing-Aktien im Depot und wollen nun einen gedeckten Call verkaufen. Sie rufen die in Abbildung 6.1 gezeigte Option Chain auf, um den Basispreis, das Fälligkeitsdatum und die Prämie zu prüfen.

1. Der aktuelle Aktienkurs von Boeing beträgt 88,10 Dollar.

2. In Abbildung 6.1 interessiert uns der Verkauf des 90er-Mai-Calls (das Fälligkeitsdatum liegt fünf Wochen in der Zukunft), der aus dem Geld ist.

3. Der Geldkurs des 90er-Mai-Calls beträgt 1,55 Dollar. Somit erhalten Sie beim Verkauf der gedeckten Kaufoption 155 Dollar (1,55 Dollar x 100 = 155 Dollar).

LOS GEHT'S

Nachdem Sie nun bereit sind, rufen Sie den Eingabebildschirm für gedeckte Calls auf (Abbildung 6.2). Die Anzeige auf der Website Ihres Brokers kann anders aussehen als hier gezeigt. Und bedenken Sie: Bis zu dem Zeitpunkt, zu dem Sie dieses Buch lesen, werden alle Optionen verfallen sein. Das gilt für alle Optionen in diesem Buch.

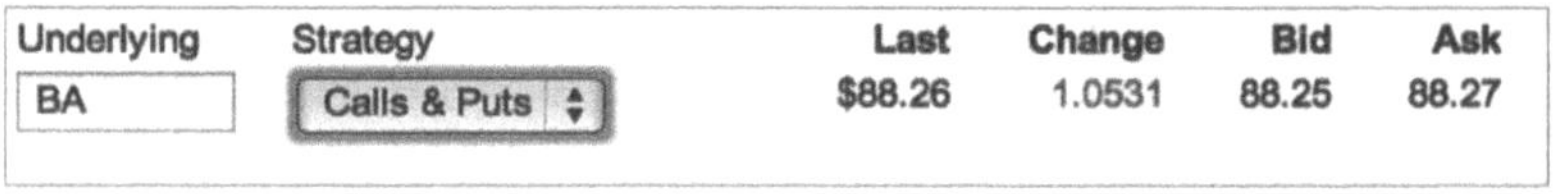

Underlying	Strategy	Last	Change	Bid	Ask
BA	Calls & Puts	$88.26	1.0531	88.25	88.27

Abbildung 6.2: Die Option Chain: Call-Option auf Boeing

Quelle: Fidelity Investments. © 2002 FMR LLC. Alle Rechte vorbehalten. Nutzung mit freundlicher Genehmigung.

DER BASISWERT

Achten Sie darauf, eine geeignete Aktie auszuwählen, und überprüfen Sie dies ein zweites Mal. In dem unten stehenden Beispiel klicken wir auf „BA", das Symbol für Boeing.

Warnung: Wenn Sie irrtümlicherweise eine Option auf den falschen Basiswert auswählen (eine Aktie, die Sie nicht besitzen), verkaufen Sie auf einmal eine ungedeckte Kaufoption (auch als „naked call" bezeichnet). Diese Strategie ist zu riskant. Es ist allerdings mehr als wahrscheinlich, dass die Software der Brokerfirma Sie davor bewahrt, dann weiterzumachen – aber seien Sie trotzdem vorsichtig.

AKTION: *Sie geben das Symbol des Basiswerts (zugrunde liegende Aktie) ein.*

Nachdem Sie ein Aktiensymbol eingegeben haben, müsste eigentlich ein leeres Eingabefenster erscheinen. Es könnte so ähnlich aussehen wie in Abbildung 6.3.

Ihren ersten Trade können Sie erst dann platzieren, wenn alle Kästchen ausgefüllt sind.

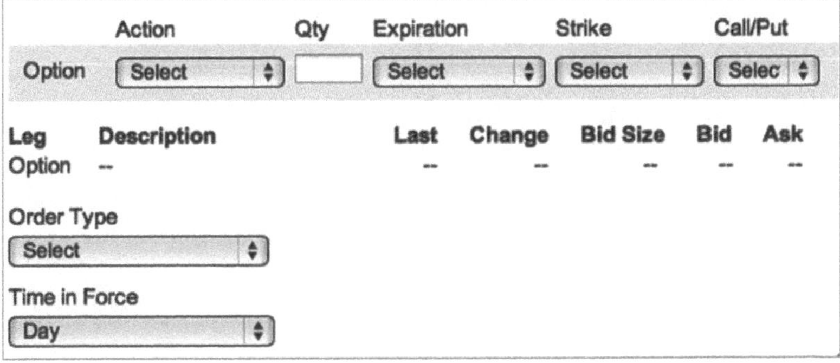

Abbildung 6.3: Eingabe eines gedeckten Calls

Quelle: Fidelity Investments. © 2002 FMR LLC. Alle Rechte vorbehalten. Nutzung mit freundlicher Genehmigung.

„SELL TO OPEN"

In Abbildung 6.4 müssen Sie die richtige Optionstransaktion auswählen. Wenn Sie bereit sind, eine Order einzugeben, machen Sie sich klar, was die nun folgenden Begriffe bedeuten. Es ist unerlässlich, dass Sie wissen, was sie bedeuten.

- *Buy to Open:* Durch Kauf eine Position eröffnen. Wählen Sie diese Möglichkeit aus, um Calls oder Puts zu kaufen. Damit wird eine Long-Position eingegangen, geschaffen oder aufgestockt.
- *Sell to Close:* Durch Verkauf eine Position schließen. Wählen Sie diese Möglichkeit aus, um einen Call oder Put, den Sie zuvor gekauft haben, zu schließen oder zu verkaufen.

- *Sell to Open:* Durch Kauf eine Position eröffnen. Wählen Sie diese Möglichkeit aus, um Calls oder Puts zu verkaufen, die Sie nicht besitzen, auch beim Verkauf gedeckter Kaufoptionen (dies ist der häufigste Einsatz dieser Transaktion).
- *Buy to Close:* Wählen sie diese Möglichkeit aus, um eine zuvor verkaufte Call- oder Put-Position zu schließen oder zu verkleinern, auch zum Schließen gedeckter Kaufoptionen vor der Fälligkeit.

AKTION: *Sie wählen „Sell to Open" aus.*

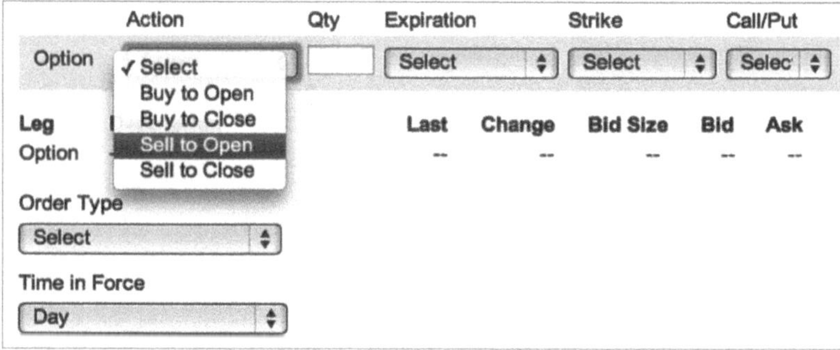

Abbildung 6.4: Ordereingabe „Sell to Open"

Quelle: Fidelity Investments. © 2002 FMR LLC. Alle Rechte vorbehalten. Nutzung mit freundlicher Genehmigung.

DIE ANZAHL

Da Sie einen Kontrakt verkaufen (der für 100 Stück der zugrunde liegenden Aktie steht), geben Sie die Zahl 1 ein. Bedenken Sie, dass einer der häufigsten Fehler darin besteht, die Anzahl der Aktien statt der Anzahl der Kontrakte einzugeben. Diesen Fehler machen viele Menschen, gelegentlich sogar die Profis (vielleicht aber nur die nachlässigen). Wenn Sie diesen Fehler machen und 100 eingeben, hindert das

System Sie hoffentlich daran, weiterzumachen (außer wenn Sie zufällig gerade 10.000 Aktien im Depot liegen haben!).

AKTION: *Sie geben 1 Kontrakt für 100 Aktien ein.*

ORDERTYP: MARKET- ODER LIMIT-ORDER

In Abbildung 6.5 müssen Sie zwischen einer Market-Order und einer Limit-Order wählen.

Wenn Sie sich mit dem Aktienmarkt auskennen, wissen Sie, dass Sie die Marketmaker Ihre Order zu den von ihnen festgelegten Preisen ausführen lassen können (Market-Order) oder dass Sie Ihren eigenen Preis wählen können (Limit-Order). Allgemein herrscht die Meinung, dass es besser ist, eine Limit-Order zu wählen. Dann entscheiden Sie über den Preis, zu dem Sie kaufen oder verkaufen wollen.

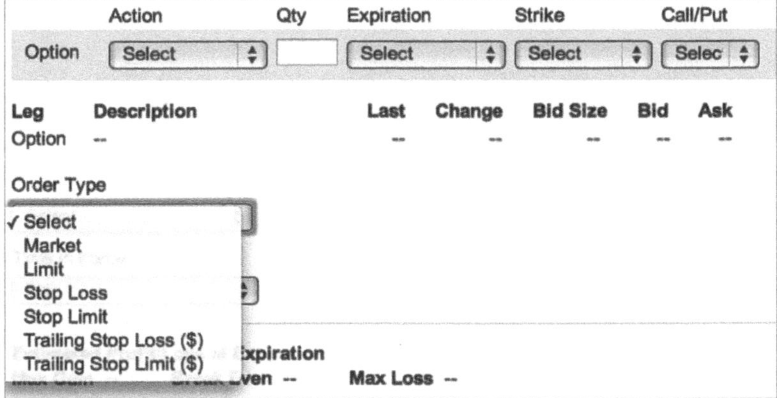

Abbildung 6.5: Eingabebildschirm für eine Market- oder eine Limit-Order

Quelle: Fidelity Investments. © 2002 FMR LLC. Alle Rechte vorbehalten. Nutzung mit freundlicher Genehmigung.

Empfehlung: Verwenden Sie aufgrund der Art und Weise, wie Optionen gehandelt werden, und da sie sich so schnell verändern, nur Limit-Orders, keine Market-Orders.

Anmerkung: Vergessen Sie nicht, dass die Wahl einer Limit-Order nicht unbedingt bedeutet, dass die Order zu dem von Ihnen gewählten Preis ausgeführt wird. Beobachten Sie den Trade genau, bis Ihre Order ausgeführt wird. Sie können jederzeit den Limit-Preis ändern oder die Order stornieren.

Wichtig: Es ist ein ganz großer Fehler, eine Market-Order über Nacht aufzugeben. Die Order wird dann am nächsten Morgen garantiert ausgeführt, aber wahrscheinlich nicht zu einem wünschenswerten Preis. Vermeiden Sie es stets, Market-Orders über Nacht aufzugeben.

AKTION: *Sie wählen „Limit-Order".*

DIE ZEIT

Sie haben die Wahl, wie lange Sie die Order offen (live) lassen wollen. Sie können zwischen „Tag" und „gültig bis auf Widerruf" (auch GTC = Good 'Til Cancelled) wählen. Da Sie einen gedeckten Call verkaufen, wählen Sie „Tag"; das bedeutet, dass Sie die Order bis zum Ende des Tages ausgeführt haben und andernfalls gestrichen haben wollen.

GELD- UND BRIEFKURS

Wenn Sie die Fenster ausfüllen, werden automatisch der letzte Verkaufspreis der Option, ihre Preisänderung im Laufe des Tages sowie der Geld- und der Briefkurs angezeigt (siehe Abbildung 6.6). Da Sie gedeckte Calls verkaufen, achten Sie dabei vor allem auf die Prämie (also den Geldkurs), die Sie vom Käufer haben wollen.

Wir beschließen, den 90er-Mai-Call auf Boeing gedeckt zu verkaufen. Im Moment wird die Boeing-Aktie für 88,25 Dollar gehandelt.

Der Geld- und der Briefkurs des 90er-Mai-Calls betragen 1,46 respektive 1,47 Dollar, sie können sich allerdings bis zu dem Zeitpunkt, zu dem Sie zur Aufgabe der Order bereit sind, noch ändern. Pfennigfuchserei ist dabei wohl nicht Ihre Zeit wert. Ein lohnenswerter Trick besteht darin, einen über dem Geldkurs liegenden Preis einzugeben. Den können Sie eingeben, aber es ist unwahrscheinlich, dass die Order ausgeführt wird, jedenfalls nicht sofort. Sie können es jedoch jederzeit probieren.

	Action	Qty	Expiration	Strike	Call/Put
Option	Sell to Open	1	May 18,	90	Call

Leg	Description		Last	Change	Bid Size	Bid	Ask	Ask Size
Option	May 18	90 Call	$1.50	0.34	17	1.46	1.47	20

Route: Auto

Order Type: Limit

Limit Price: $ 1.46

Time in Force: Day

Abbildung 6.6: Order-Eingabefenster

Quelle: Fidelity Investments. © 2002 FMR LLC. Alle Rechte vorbehalten. Nutzung mit freundlicher Genehmigung.

Hinweis: Schenken Sie dem letzten Verkaufskurs keine große Aufmerksamkeit, denn er könnte fünf Sekunden, fünf Minuten oder fünf Tage alt sein.

DIE ORDER-VORSCHAU

Wenn es eine Vorschau-Schaltfläche gibt, ist es immer ratsam, sich die Order noch einmal anzuschauen, bevor man die Enter-Taste drückt.

Im Vorschaufenster werden normalerweise die Gebühren und die Gesamtkosten der Order angezeigt. Sie wären über die Anzahl von Fehlern erstaunt, die Menschen beim Aufgeben von Orders machen. Die Vorschauschaltfläche bietet Ihnen eine letzte Gelegenheit, Korrekturen vorzunehmen.

Anweisungen an den Broker: Wenn Sie Ihren Broker anrufen und die Order telefonisch aufgeben wollen, sagen Sie beispielsweise: „Ich möchte einen gedeckten Call auf Boeing mit Fälligkeit Mai und einem Basispreis von 90 Dollar zu einem Limit von 1,46 Dollar (oder besser) verkaufen, die Order soll nur für den heutigen Tag gültig sein."

Anmerkung: Wenn Sie eine Order telefonisch bei einem Broker aufgeben, gilt das aufgezeichnete Telefonat als Nachweis dafür, dass die Order zu einem bestimmten Zeitpunkt platziert wurde. Achten Sie darauf, deutlich zu sprechen und Options-Fachbegriffe zu verwenden.

> **AKTION:** *Wenn Ihre Order ausgeführt wurde, erhalten Sie die Prämie von 146 Dollar, die am nächsten Handelstag Ihrem Konto gutgeschrieben wird.*

EINGABETASTE DRÜCKEN

Sobald Sie die Enter-Taste drücken, wird die Order an eine Optionsbörse weitergeleitet. Am nächsten Tag wird die Prämie Ihrem Konto gutgeschrieben. Glückwunsch! Sie haben Ihre erste gedeckte Kaufoption verkauft.

Aktienbezugsrechte für Mitarbeiter

Wenn Sie zu den zehn Millionen (USA) Arbeitnehmern gehören, die Aktienbezugsrechte bekommen, könnten Sie sich viel Ärger ersparen, wenn Sie mehr über Ihre Rechte erfahren würden. Die meisten börsennotierten Unternehmen bieten Aktienbezugsrechte an, häufig als Belohnung oder um es den Mitarbeitern zu ermöglichen, am Erfolg des Unternehmens teilzuhaben. Normalerweise werden sie vierteljährlich oder jährlich vergeben. Sehr wichtig ist dabei, dass diese manchmal auch als Optionen bezeichneten Bezugsrechte nicht das Gleiche sind wie die am Optionsmarkt gehandelten Optionen (um die es in diesem Buch geht).

Wenn ein Unternehmen einem Mitarbeiter Aktienbezugsrechte „gewährt", verleiht es der betreffenden Person das Recht, nicht aber die Pflicht, eine bestimmte Anzahl Aktien des Unternehmens zu einem festgelegten Preis – häufig dem aktuellen Börsenkurs – zu kaufen. Anders als börsennotierte Optionen werden Mitarbeiter-Aktienoptionen vom Unternehmen selbst ausgegeben und sind nicht übertragbar. Und höchstwahrscheinlich unterliegen sie noch weiteren Einschränkungen.

Beispielsweise darf der Mitarbeiter seine Bezugsrechte erst nach Ablauf einer Sperrfrist ausüben (also sie in Aktien umwandeln). Diese beträgt vielleicht ein oder zwei Jahre, vielleicht auch mehr. Dann endlich kann der Mitarbeiter seine Bezugsrechte ausüben und die Aktien am freien Markt verkaufen. Sie sollten wissen, dass die Personalabteilung des Unternehmens die Bezugsrechte überwacht. Wenn man seine Aktienbezugsrechte vor Ablauf der Sperrfrist privat verkauft, kann man seinen Job verlieren.

Da Aktienbezugsrechte ohne Angabe eines Dollarbetrags vergeben werden, werden sie erst bei ihrer Ausübung steuerlich wirksam. Trotzdem sollten Sie unbedingt einen Steuerberater oder Steueranwalt konsultieren, der die konkreten Regeln Ihres Bezugsrechteplans prüft. Wenn Sie Bezugsrechte erhalten, liegt es in Ihrer Verantwortung, mit den Managern des Bezugsrechteplans und mit einem Steuerberater zu sprechen.

Finden Sie heraus, welche steuerlichen Auswirkungen eine etwaige Ausübung hätte, und erfahren Sie die Einschränkungen und Beschränkungen des Plans. Mitarbeiter von Unternehmen, die Aktienbezugsrechtsprogramme anbieten, sollten die Einschränkungen sowohl der Aktien- als auch der Bezugsrechtsvergabe genau prüfen. Man will ja etwaige Überraschungen vermeiden. (In der Vergangenheit gab es dazu Horrorgeschichten, aber die US-Finanzbehörde IRS hat die Vorschriften geändert, damit die Sache nicht mehr so verwirrend ist wie früher.)

Wenn Sie als Arbeitnehmer von Ihrem Arbeitgeber Aktienbezugsrechte bekommen, ist es wie gesagt unerlässlich, dass Sie alles über Ihre Rechte und Pflichten herausfinden, was es darüber zu wissen gibt. Fragen Sie einen Steueranwalt oder einen Steuerberater, damit Sie nicht über einen Steuervorfall stolpern, der scheinbar aus dem Nichts auftaucht.

Nachdem Sie nun die Funktionsweise des Verkaufs gedeckter Kaufoptionen gelernt haben, werden Sie gleich lernen, wie man eine solche Position verwaltet und pflegt.

7

WIE MAN EINE GEDECKTE KAUFOPTION MANAGT

Nachdem Sie die Prämie für Ihren ersten gedeckten Call erhalten haben, könnten Sie vielleicht meinen, Sie bräuchten sich jetzt bloß noch zurückzulehnen und das Fälligkeitsdatum abzuwarten. Das ist ein häufiger, aber schwerer Fehler. Nachdem Sie die Eingabetaste gedrückt und die Order aufgegeben haben, geht die Arbeit erst richtig los.

Schließlich sind Aktien ja genauso unberechenbar wie Menschen (vielleicht sogar noch unberechenbarer) und wenn man sein Geld aufs Spiel setzt, kann alles Mögliche passieren. Wenn Sie Ihre Position nicht richtig managen, lassen Sie es möglicherweise zu, dass sich eine gewinnbringende Optionsposition in einen Verlierer verwandelt.

Deshalb ist es so wichtig, alle möglichen Szenarien einzuplanen. Einer der wichtigsten Schritte, die Sie zu diesem Zweck unternehmen können, ist das Anlegen eines Trading-Plans, in dem steht, was Sie tun sollten, nachdem Sie Ihre erste gedeckte Kaufoption verkauft haben.

DER TRADING-PLAN – EINE WICHTIGE SACHE

Der Zweck eines Trading-Plans ist es, auf alle möglichen Marktbedingungen vorbereitet zu sein. Sie sollten dabei alle Worst-Case-Szenarien bedenken und entsprechend planen. Wie Sie wissen, ist einer der kniffligsten Aspekte des Optionshandels die Tatsache, dass man dabei so viele Wahlmöglichkeiten hat. Ein schriftlich niedergelegter Trading-Plan hilft einem, sich auf beliebige Was-wäre-wenn-Szenarien vorzubereiten. Auch hilft er einem, seine Emotionen im Griff zu haben – eine der wichtigsten Voraussetzungen, um ein erfolgreicher Trader zu sein.

WAS ALLES KLAPPEN ODER SCHIEFGEHEN KANN

Fangen wir also an. Um Ihr Gedächtnis aufzufrischen: Die Boeing-Aktie kostete 88,25 Dollar und Sie haben einen 90er-Mai-Call auf Boeing zum Geldkurs von 1,46 Dollar verkauft.

Es folgen nun die drei Dinge, die mit der Boeing-Aktie passieren könnten.

Der Basiswert steigt

Ergebnis: Der Aktienkurs steigt über den Basispreis. In diesem Beispiel steigt Boeing über 90 Dollar.

Analyse: Dieses Geschehen haben Sie erhofft. Wenn Boeing über den Basispreis steigt und zur Fälligkeit im Geld ist, müssen Sie damit rechnen, dass die Aktie abgerufen wird.

Hinweis: Je weiter die Aktie über dem Basispreis steht, umso wahrscheinlicher ist es, dass sie abgerufen wird. Schon wenn der Basiswert nur einen Cent über dem Basispreis steht, wird die Aktie fast mit Sicherheit bei Fälligkeit abgerufen, aber selten früher.

Steigt Boeing beispielsweise über den Basispreis von 90 Dollar hinaus auf 95 Dollar, wird ein Käufer die Option ausüben und Sie werden Ihre Aktien zum Basispreis von 90 Dollar verkaufen. Als Verkäufer der Option sind Sie verpflichtet, dem Käufer 100 Aktien zu liefern, und dafür bekommen Sie den Basispreis bezahlt (keine Sorge, diese Transaktionen werden automatisch per Computer abgewickelt).

Somit haben Sie zwar durch den Erhalt der Prämie Geld verdient, aber Sie erhalten keine Gewinne auf Ihre Aktien, die über die 90 Dollar je Aktie hinausgehen (egal, wie weit Boeing steigt). Doch immerhin profitieren Sie in dreifacher Weise davon, dass die zugrunde liegende Aktie über dem Basispreis (und im Geld) steht:

1. Sie erzielen Kapitalerträge.
2. Sie erhalten aus Ihrem Aktienbesitz am Ex-Tag eine Dividende (falls die Aktie Dividenden ausschüttet).
3. Sie können die 146 Dollar Prämie behalten und diese wird zu einem Teil des Verkaufspreises der Aktien.

Anmerkung: Vergessen Sie nicht, dass Sie bei der Strategie der gedeckten Kaufoption auf die Möglichkeit gefasst sein müssen, dass die Aktie abgerufen wird. Wenn Sie es nicht ertragen können, dass Ihre Aktie verkauft wird – sei es aus emotionalen oder aus steuerlichen Gründen –, dann sollten Sie darauf keine Calls verkaufen.

Der Basiswert verbleibt in der Nähe des Basispreises

Ergebnis: Der Aktienkurs verbleibt auf dem Basispreis der von Ihnen verkauften Option oder in seiner Nähe. In diesem Beispiel verbleibt Boeing auf oder um die 90 Dollar je Aktie.

Analyse: Dies ist kein schlechtes Ergebnis. Steht die Aktie in der Nähe des Basispreises und ist nicht weit aus dem Geld, verfällt die Option wertlos und die Aktie wird nicht abgerufen.

Viele Stillhalter gedeckter Optionen betrachten dieses Ergebnis als ideales Szenario. Befindet sich die zugrunde liegende Aktie bei Fälligkeit unter dem Basispreis, können Sie die Prämie behalten und nach der Fälligkeit erneut einen Call verkaufen.

Wenn Sie hören, dass jemand wiederholt Calls verkauft, dann ist dieses Szenario gemeint. Wenn Boeing beispielsweise bei 90 Dollar stehen bleibt, dann ist das ein profitables Ergebnis. Die Aktie wird nicht abgerufen und Sie können eine weitere gedeckte Kaufoption für den nächsten Monat (oder ein anderes Fälligkeitsdatum) verkaufen.

Manche Menschen verkaufen Monat für Monat gedeckte Calls auf dieselben Aktien. Aber bevor Sie nun anfangen, Ihr Geld zu zählen, bedenken Sie, dass Sie nicht immer damit rechnen dürfen, dass die Strategie funktioniert.

Der Basiswert steht unter dem Basispreis

Ergebnis: Die Aktie steht zum Fälligkeitsdatum unter dem Basispreis. In diesem Beispiel fällt Boeing unter den Basispreis von 90 Dollar.

Analyse: Die Aktie bleibt bis zur Fälligkeit in Ihrem Depot. Bleibt sie unter dem Basispreis, behalten Sie die Prämie und können für den nächsten Monat einen weiteren Call verkaufen.

Das größte Risiko beim Verkauf von Calls besteht leider darin, dass die Aktie zu tief fällt. Wenn Boeing beispielsweise unter den aktuellen Aktienkurs von 88,25 Dollar fällt, macht man durch den Kursrückgang Verlust, obwohl man die Prämie behalten darf. Der Schmerz eines plötzlichen Kursverlusts wird zwar durch die Prämie ein bisschen gedämpft, aber man will ja trotzdem nicht auf einer Verlustposition sitzen bleiben. Deshalb ist es unerlässlich, dass Sie Ihre Optionsposition überwachen.

Wenn Sie glauben, dass der Basiswert wieder zurückfedern wird, brauchen Sie nichts zu unternehmen. Wenn aber die Aktie unter den *Break-even* fällt (siehe unten), könnten Sie Notfallmaßnahmen erwägen, um aus Ihrer Optionsposition auszusteigen.

DEN BREAK-EVEN BERECHNEN

Durch folgende Berechnung können Sie ermitteln, wann Sie Notfallmaßnahmen ergreifen müssen:

88,25 Dollar (Aktienkurs von Boeing)
-1,46 Dollar (Prämie)
86,79 Dollar (Break-even)

Erläuterung: Ziehen Sie die Gutschrift, die Sie auf die gedeckte Kaufoption erhalten haben – hier 1,46 Dollar –, vom Preis des Basiswerts, also 88,25 Dollar, ab. Der Break-even liegt bei 86,79 Dollar. Fällt die Aktie unter diesen Preis, verlieren Sie durch die zugrunde liegende Aktie mehr als den Betrag, den Sie als Prämie erhalten haben.

WIE MAN EINE KAUFOPTION ZURÜCKKAUFT

Wenn Ihre Aktie fällt, haben Sie zwei Möglichkeiten. Sie können der Aktie beim Fallen zuschauen und hoffen, dass sie sich wieder erholt. Die zweite Möglichkeit wäre, die Calls, die Sie verkauft haben, zurückzukaufen, sodass Sie die Aktienposition auflösen können.

Diese Strategie werden Sie wohl nicht sehr oft einsetzen, aber Sie sollten wissen, wie sie funktioniert. Um eine Option zurückzukaufen, geben Sie im Order-Eingabefenster Ihres Brokers das Optionssymbol ein und wählen Sie dann „Kaufen zum Schließen einer Position“. Sie können den aktuellen Briefkurs eingeben oder versuchen, einen niedrigeren Preis zu bekommen. Nachdem Sie die Option zurückgekauft haben, sind Sie von den Bedingungen des Kontrakts befreit und haben wieder die Kontrolle über Ihre Aktien. Sie können die Aktien weiterhin behalten oder sie zu jedem Preis verkaufen, den Sie dafür bekommen.

FORTGESCHRITTENE STRATEGIEN MIT GEDECKTEN KAUFOPTIONEN

Nachdem Ihnen nun die Grundlagen des Verkaufs gedeckter Kaufoptionen vorgestellt wurden, werfen wir einen Blick auf fortgeschrittenere Strategien mit gedeckten Calls.

Eine andere Rückkaufstrategie

Im obigen Beispiel haben wir besprochen, wie man seine Option in einem Notfall zurückkauft. Aber vielleicht ist Ihnen nicht klar, dass viele Menschen, die mit gedeckten Calls handeln, bewusst eine Strategie einsetzen, in deren Rahmen sie die Optionen zurückkaufen.

Nehmen wir zum Beispiel an, Sie verkaufen eine gedeckte Kaufoption für einen Dollar. Sie schauen sich die Optionskurse an und sehen, dass die Prämie inzwischen, wenige Wochen vor der Fälligkeit, nur noch 0,10 Dollar beträgt. Offenbar hat die Kombination aus dem Wertverfall im zeitlichen Verlauf und dem sinkenden Aktienkurs die Prämie sinken lassen. Da könnte man sich überlegen, die Option für 0,10 Dollar zu kaufen und somit einen Gewinn von 0,90 Dollar einzustecken (1,00 Dollar erhaltene Prämie abzüglich 0,10 Dollar Kosten für den Rückkauf der Option ergibt 0,90 Dollar Gewinn).

Sobald Sie wieder frei über die Aktien verfügen, können Sie für den nächsten Monat (oder ein anderes Fälligkeitsdatum) wieder einen Call verkaufen. Sie können sich auch dafür entscheiden, vor der Fälligkeit nichts zu unternehmen, aber bei dieser Strategie kaufen Sie die Aktie zurück (wählen Sie im Order-Eingabebildschirm Ihres Brokers „Kaufen zum Schließen einer Position") und verkaufen einen weiteren Call („Verkaufen zum Eröffnen einer Position"), wenn die Prämie attraktiv ist. Diese Strategie ist dafür gedacht, das Risiko zu managen.

Anmerkung: Der Verkauf eines weiteren Calls bringt zusätzliches Geld ein. Diese Alternative ist nur dann ratsam, wenn man die Aktie behalten will. Sie sollten allerdings nicht an einer Verlustposition kleben bleiben.

OPTIONEN ROLLEN

Optionen zu „rollen" bedeutet, dass man den derzeit gehaltenen gedeckten Call-Kontrakt schließt und eine Position mit einem anderen

Basispreis und einem späteren Fälligkeitsdatum eröffnet. Man rollt Optionen aus verschiedenen Gründen.

Roll up – nach oben rollen

Ein Trader rollt eine Option nach oben, wenn er nicht will, dass die Aktien abgerufen werden. Wenn man eine Option nach oben rollt, schließt man die aktuelle Position und rollt sie in einen höheren Basispreis hinauf. Die neue Option kann das gleiche Fälligkeitsdatum haben, hat aber auf jeden Fall einen höheren Basispreis. Somit ist die Option wieder aus dem Geld und wird wahrscheinlich nicht bei Fälligkeit ausgeübt und abgerufen. Das kostet zwar ein bisschen Geld, aber damit verschafft man sich ein bisschen Spielraum.

Nehmen wir zum Beispiel an, Sie hätten zehn 68er-Februar-Calls auf YYY verkauft. Als YYY auf 67,50 Dollar steigt, befürchten Sie, dass die Aktie ihren Anstieg fortsetzt und aus Ihrem Depot abgerufen wird. Deshalb schließen Sie die Optionsposition, indem Sie die Calls zum aktuellen Briefkurs oder darunter zurückkaufen (wählen Sie auch wieder im Order-Eingabefenster Ihres Brokers „Kaufen zum Schließen einer Position"). Dann verkaufen Sie zehn Calls, vielleicht zum Februar und zum Basispreis von 70 Dollar. Dies verschafft der Aktie mehr Spielraum nach oben und die Aktie wird nicht abgerufen.

Anmerkung: Personen, die diese Strategie einsetzen, versuchen damit noch mehr als den maximalen Profit zu verdienen, der mit der ursprünglichen Position möglich war. Es ist nichts Falsches daran, mehr Geld verdienen zu wollen, aber beim Verkauf von gedeckten Kaufoptionen muss man die Realität akzeptieren: Manchmal kann die Aktie abgerufen werden.

Roll out oder Roll forward

Hier geht es darum, „nach vorn zu rollen". Nehmen wir beispielsweise an, Sie halten ihre 68er-Februar-Calls auf YYY immer noch. Sie sind sicher, dass YYY vor der Fälligkeit nicht die 68 Dollar erreichen wird. In diesem Fall möchten Sie weiterhin Calls auf diese Aktie verkaufen. Darum rollen Sie die zehn Optionen in den 68er-März-Call (im Grunde schließen Sie den Februar-Kontrakt und eröffnen gleichzeitig den März-Kontrakt). Dabei kann der Basispreis gleich bleiben, Sie können aber auch einen anderen Strike wählen. Es ändert sich nur der Fälligkeitsmonat.

Wenn Sie den richtigen Basiswert finden, können Sie Ihre Optionen durchaus Monat für Monat immer weiter nach vorn rollen.

Roll up und out

Manche Anleger rollen in einer Transaktion nach oben und nach vorn. Nehmen wir an, Sie haben einen einmonatigen 50er-März-Call auf YYY verkauft und die Aktie ist auf 51 Dollar geklettert. Wenn Sie glauben, dass sich der Lauf der Aktie fortsetzt, können Sie den derzeitigen Kontrakt schließen und einen April-Kontrakt mit Basispreis 55 Dollar verkaufen.

DIE BUY-WRITE-STRATEGIE

Die Buy-Write-Strategie ist zwar unter den fortgeschrittenen Strategien aufgeführt, ist aber in Wirklichkeit sehr einfach. Sie funktioniert so: Wenn man gleichzeitig eine Aktie kauft und eine gedeckte Kaufoption verkauft, nennt man das Buy-Write. Fast alle Brokerfirmen lassen es zu, dass man gleichzeitig die Aktie kauft und den Call verkauft, und die meisten haben ein praktisches Klappmenü, um diese Auswahl zu treffen.

Eine andere Buy-Write-Strategie besteht darin, dass man Aktien sucht, damit man Calls auf sie verkaufen kann. Dahinter steht die Idee, eine Aktie zu kaufen, die man sehr gern im Portfolio hätte und die gleichzeitig eine anständige Prämie bietet.

Zum Beispiel kaufte ein mir bekannter Trader Tyco International, nur damit er den entsprechenden gedeckten Call verkaufen konnte. Er kaufte 1.000 Aktien von Tyco zu 26,70 Dollar und verkaufte gleichzeitig zehn Calls mit Basispreis 27,50 Dollar. Die Prämie betrug 0,50 Dollar bei einer Restlaufzeit von einer Woche (bei dieser kurzen Zeit bis zur Fälligkeit keine schlechte Prämie).

Tyco stieg wie von ihm erwartet vor der Fälligkeit auf 27,50 Dollar und seine Aktien wurden verkauft. Der Gewinn war sehr ordentlich. Zunächst verdiente er 500 Dollar an der Prämie, die er für den Verkauf der Calls bekam (0,50 Dollar mal zehn Calls beziehungsweise 1.000 Aktien ergibt 500 Dollar). Außerdem verdiente er an der Aktie 800 Dollar (sie stieg von 26,70 Dollar auf 27,50 Dollar, ein Kursgewinn von 0,80 Dollar je Aktie, somit 800 Dollar auf 1.000 Aktien). Also verdiente er in einer Woche 1.300 Dollar.

DEN OPTIONSMARKT NUTZEN, UM AKTIEN ZU VERKAUFEN

Eine sehr schlaue Art, an den Optionsmarkt heranzugehen, ist es, Aktien zu verkaufen, die man besitzt, und nebenher ein bisschen zusätzliches Geld zu verdienen. Dahinter steht die Idee, den Optionsmarkt für den Verkauf der Aktien zu nutzen.

Nehmen wir beispielsweise an, Sie haben 100 Aktien von Home Depot zu 70 Dollar je Aktie. Sie hatten daran gedacht, diese Aktien bei einem Zielkurs von 72,50 Dollar zu verkaufen. Anstatt die Aktie sofort zu verkaufen, schauen Sie die Prämie nach und verkaufen den 72,50er-Call (am Geld) auf Home Depot mit einer Fälligkeit Ihrer Wahl. Sie können einen Monat Laufzeit wählen, weil Sie die Aktie verkaufen und damit nicht zu lange warten wollen.

Läuft alles planmäßig, bekommen Sie (in diesem Beispiel) mindestens einen Dollar Prämie, und wenn die Aktie um mehr als zwei Punkte steigen würde, dann würde sie zum Basispreis von 72,50 Dollar abgerufen. Anders gesagt nutzen Sie den Optionsmarkt, um Ihre Aktien wie gewünscht für 72,50 Dollar zu verkaufen. (Normalerweise verkauft man dafür einen Call, der am Geld ist.)

Das Gute daran ist, dass man dabei einen zusätzlichen Verkaufserlös erzielt. Das klappt am besten, wenn man die Aktie sowieso zu verkaufen gedachte. Im schlimmsten Fall erhält man zwar die Prämie und behält sie, aber der Aktienkurs fällt (ein Risiko, das bei gedeckten Kaufoptionen immer besteht).

Anmerkung: Ich mag diese Strategie. Wenn eine Aktie, die ich gekauft habe, einen oder zwei Punkte unter meinem Zielkurs steht und die Prämie attraktiv ist, verkaufe ich einen gedeckten Call. Mein Zielkurs ist mein Basispreis. Ich bekomme die Prämie und wenn meine Strategie funktioniert, wird die Aktie abgerufen und zum Basispreis verkauft. Wie gesagt, diese Strategie wäre unklug, wenn der Markt fallen würde und man die Aktie sofort verkaufen müsste.

HALB UND HALB

Wenn Sie nicht recht wissen, wie viele gedeckte Calls Sie auf Ihre Aktien verkaufen sollen, können Sie Calls auf einen Teil der Position verkaufen. Wenn Sie beispielsweise 1.000 Aktien von Home Depot haben, können Sie zwei, fünf oder acht Calls verkaufen. Das einzige Problem bei der Aufteilung von Positionen ist, dass man dabei detaillierte Aufzeichnungen führen muss und dass das für manche Anleger verwirrend werden kann, vor allem wenn es an die Steuererklärung geht.

Was sind Marketmaker?

Marketmaker sind Personen oder Unternehmen, die verpflichtet sind, während des Handelstags Kauf- und Verkaufsangebote für börsennotierte Optionen zu stellen. Die Aufgabe eines Marketmakers ist es, dem Markt Liquidität zu liefern. Die Hauptaufgabe eines Marketmakers ist es, den Markt in Bewegung oder im Fluss zu halten, um einen „ordentlichen und geregelten" Markt aufrechtzuerhalten.

Die Marketmaker, die auf dem Parkett der CBOE in Chicago handeln, wurden früher als Parketthändler bezeichnet. Sie schrien und brüllten die Geld- und Briefkurse (Ausrufverfahren). Sie wollten gehört werden, damit der Broker, der die Kundenorders vertrat, sie sehen und hören konnte. Heutzutage werden fast alle Optionen auf dem gleichen Parkett gehandelt, aber die Marketmaker geben ihre Geld- und Briefkurse per Computer bekannt. Die Computer bringen die Käufer und Verkäufer automatisch zusammen.

Dabei muss wie bei jedem Geschäft jemand auf der anderen Seite stehen, der kauft oder verkauft. Wenn man eine Option kauft, dann verkauft sie einem jemand. Dieser Jemand ist wahrscheinlich, aber nicht immer, ein Marketmaker. Wenn man eine Option verkaufen will, kauft sie einem der Marketmaker ab. Durch das Stellen von Kauf- und Verkaufsangeboten ist es buchstäblich so, dass sie für die Option „einen Markt machen".

Marketmaker müssen für die Optionen auf alle Basiswerte, mit denen sie handeln, den Markt „machen". Das heißt, wenn alle verkaufen, müssen sie einen Geldkurs stellen. Bedenken Sie dabei, dass die Marketmaker zwar verpflichtet sind, Liquidität im Markt zu halten, dass von ihnen aber nicht verlangt wird, Verlust zu machen. Anders gesagt: Wenn zu viele Optionen zum Verkauf stehen, rechnen Sie damit, dass der Preis fällt.

Auch sind die Marketmaker nicht verpflichtet, alles anzunehmen, was alle verkaufen wollen. Wenn eine Transaktion keinen sofortigen Gewinn bringt, sichern Marketmaker ihre Positionen ab. Zum Ausgleich für das Risiko, das sie eingehen, erhalten sie bei allen Optionen, für die sie zuständig sind, eine Spanne zwischen Geld- und Briefkurs aufrecht, die Geld-Brief-Spanne oder den Spread.

Es kann beispielsweise sein, dass einem die Marketmaker zehn Call-Kontrakte auf IBM zu 1,00 Dollar abkaufen (Geldkurs) und sie dann einem anderen Käufer für 1,05 Dollar (den Briefkurs) anbieten. Falls der Marketmaker schnell einen Käufer zu 1,05 Dollar findet, behält er die Differenz von 0,05 Dollar ein. Findet er nicht sofort einen Käufer, gleicht er seine Position mit einer anderen Aktie oder einer anderen Option aus. Wenn man die Millionen Kontrakte zusammenzählt, die jeden Tag gehandelt werden, können sich die potenziellen Gewinne (aber auch die Risiken) ordentlich aufsummieren.

Marketmaker halten Optionen fast nie bis zur Fälligkeit. Tatsächlich halten sie Optionen sogar selten länger als ein paar Minuten. Sie kaufen einem einen gedeckten Call ab und versuchen, ihn sofort an jemand anders weiterzuverkaufen oder Aktien zu verkaufen. Sind keine Käufer da, finden die Marketmaker eine Absicherung oder Hedge. Das kann beispielsweise der Verkauf von Aktien sein.

Von den Marketmakern kann man viel lernen. Erstens haben sie keine vorgefasste Meinung über den Markt. Sie folgen dem Volumen und der Richtung des Marktes, versuchen aber nicht, vorherzusagen, in welche Richtung der Markt gehen wird. Zweitens achten sie den ganzen Tag lang auf den Markt. Gewöhnlich beobachten sie sogar in der Mittagspause ihre Position.

Im nächsten Kapitel werfen wir einen genaueren Blick auf die Nuancen von Ausübung und Zuteilung.

8

DIE ZUTEILUNG: IHRE VERPFLICHTUNG ZUM VERKAUF

Viele Anfänger sind von der Zuteilung verwirrt und deshalb habe ich dieses Kapitel geschrieben. Bei allen Optionsstrategien, bei denen Optionen verkauft werden, besteht die Möglichkeit, dass man eine Zuteilungsanzeige bekommt, und deshalb ist es wichtig zu wissen, wie das funktioniert.

Da die Zuteilung so viel unnötige Angst und Verwirrung stiftet, erklärt der Begriff „Zuteilungsangst" dieses Phänomen. Um etwaige Bedenken zu lindern (und weil ich mich erinnere, wie verwirrt ich selbst war, als ich erstmals etwas über Optionen lernte), bespreche ich dieses Verfahren etwas genauer (manche der wichtigsten Punkte werden Ihnen wie ein Rückblick vorkommen).

Wenn man einen gedeckten (oder einen ungedeckten – das besprechen wir später) Call verkauft, muss, bevor die Aktie abgerufen (also zugeteilt) werden kann, der Käufer des Calls sein Recht ausüben. Der Käufer muss sein Optionsrecht nicht ausüben, aber er kann. Das ist eine Entscheidung. Wenn irgendein Käufer das aus seinem Call resultierende Kaufrecht ausübt und wenn diese Ausübung Ihrem Depot zugeteilt wird, müssen Sie die Aktien liefern, auf die die Kaufoptionen verkauft wurden. Keine Sorge – die OCC und Ihr Broker wickeln das alles automatisch ab, sodass Sie überhaupt nichts tun müssen.

Aus der Sicht eines Verkäufers von Kaufoptionen – also aus Ihrer Sicht – wird die Aktie aus dem Depot genommen und zum Basispreis verkauft. Und der Verkäufer wird dafür bezahlt, dass er die Aktie zum Basispreis verkauft.

Prüfungsfrage: Zu welchem Preis kann der Ausübende Ihre Aktien kaufen? Wenn Sie gesagt haben: „Zum Basispreis", liegen Sie richtig.

Wenn der Käufer beschließt, die Option auszuüben, erfolgt die Aktientransaktion stets zum Basispreis. Das entspricht den Regeln des Optionskontrakts.

Zusammenfassend: Es könnte sein, dass Sie am Montag nach dem Fälligkeitsdatum aufwachen und feststellen, dass sich die Aktien, auf die Sie Calls verkauft haben, nicht mehr in Ihrem Depot befinden, weil sie zum Basispreis abgerufen wurden. Das liegt daran, dass der Käufer beschlossen hat, sein Recht auf den Kauf der Aktie auszuüben. Man kann die Aktie natürlich sofort wieder zurückkaufen und nächsten Monat fällige Calls auf sie verkaufen. Manche Menschen machen das jeden Monat.

Sie dürfen auf keinen Fall vergessen, dass Sie verpflichtet sind, dem Käufer des Calls die Aktien zu liefern. Sie haben keine Wahl. Wenn Sie einen Call verkaufen, übernehmen Sie die Verpflichtung, die Aktien zum Basispreis zu verkaufen (allerdings nur, wenn Ihnen eine Ausübungsanzeige zugeteilt wird).

Schauen wir uns an, was dabei hinter den Kulissen passiert. Wenn der Käufer beschließt, die Option zum Basispreis auszuüben, benachrichtigt seine Brokerfirma die Options Clearing Corporation (OCC). Diese übernimmt es dann, nach dem Zufallsprinzip eine Brokerfirma auszuwählen, bei der eine zu der Option passende Short-Position besteht. Das führte in dem Beispiel dazu, dass die Aktie zum Basispreis verkauft und abgerufen wurde. Diese Transaktion hat über Nacht stattgefunden. Sie sieht aus wie jede andere Verkaufstransaktion, außer dass möglicherweise das Wort „Zuteilung" danebensteht.

Zusammenfassend: Ausübung und Zuteilung sind ein zweiteiliger Prozess. Zuerst wird die Option ausgeübt. Dann wird der Optionsverkäufer zugeteilt (dem Verkäufer der Call-Option wird eine Ausübungsmitteilung zugeteilt und die Aktie wird verkauft). Das eine gibt es nicht ohne das andere. Es ist wirklich so einfach und doch kann es manchmal verwirrend sein.

Anmerkung: Wenn Sie Fragen haben, rufen Sie auf jeden Fall Ihre Brokerfirma an, denn jede Firma kann bei der Mitteilung, ob man zugeteilt wurde, anders verfahren.

Anmerkung: Bedenken Sie, dass Sie keine Kontrolle darüber haben, ob die Aktie abgerufen wird. Die Kontrolle liegt vollständig beim Käufer.

Wichtige Anmerkung: Zwar kann Ihre Aktie bis zur Fälligkeit jederzeit abgerufen werden, aber es geschieht fast immer erst direkt bei Fälligkeit (mit wenigen Ausnahmen).

Wenn man gedeckte Calls verkauft, braucht man keine Angst vor der Zuteilung zu haben. Wenn man gedeckte Calls verkauft, begrüßt man die Zuteilung, denn das bedeutet ja, dass die Strategie funktioniert hat. Die Aktie wurde zum Basispreis verkauft. Sie haben eine Prämie erhalten und die Aktie zu einem Preis verkauft, den Sie für akzeptabel gehalten haben.

DIE NICHT AUSGEÜBTE OPTION

Was passiert, wenn die Aktie zur Fälligkeit unter dem Basispreis steht? Das passiert viel öfter, als Sie vielleicht glauben. Über die genauen Zahlen herrscht zwar eine gewisse Uneinigkeit, aber es wird berichtet, dass die meisten Optionen am Fälligkeitstag verfallen, ohne ausgeübt worden zu sein. Auf einen exakten Prozentsatz hat sich keiner geeinigt.

Aber wenn die Option nicht ausgeübt wird, können Sie ja „die Prämie einsacken“ und die Aktie behalten. Und wenn Sie wollen, können Sie auf dieselbe Aktie einen weiteren Call verkaufen. Mancher würde sagen, das sei das perfekte Ergebnis. Vielleicht hoffen deshalb viele Verkäufer insgeheim, dass die Aktie den Basispreis nicht erreicht (und die Option wertlos verfällt).

WANN ÜBEN KÄUFER IHRE OPTIONEN AUS?

Wollen Sie wissen, wann ein Käufer eine Option ausübt? Eigentlich ist das eine faszinierende Frage, die der Schlüssel zum Verständnis gedeckter Kaufoptionen ist. Die Antwort lautet, dass dies nur dann passiert, wenn der Aktienkurs über dem Basispreis liegt, und gewöhnlich dann, wenn das Fälligkeitsdatum erreicht ist.

So ist es: Normalerweise wartet der Käufer mit der Ausübung der Option bis zur Fälligkeit. Das heißt, wenn Sie einen gedeckten Call verkaufen, müssen Sie darauf gefasst sein, bis zum allerletzten Tag abzuwarten, bevor die Aktie abgerufen wird.

Natürlich gibt es davon auch Ausnahmen. In sehr seltenen Fällen wird eine Aktie schon vor Fälligkeit der Option abgerufen. Und es ist extrem selten – es passiert so gut wie nie –, dass jemand eine Option ausübt, die nicht im Geld ist, denn dann würde er ja für die Aktie mehr Geld bezahlen, als er müsste. Wenn der Basispreis höher ist als der Aktienkurs, wäre es dumm, die Aktie zum Basispreis zu kaufen, denn man bekäme sie ja auch billiger (aber Menschen machen Fehler und daher kann auch einmal eine Option ausgeübt werden, die nicht im Geld ist).

Sie werden sich erinnern, dass Ihre Aktie, wenn sie zum Fälligkeitstermin auch nur um 0,01 Dollar über dem Basispreis steht, automatisch abgerufen wird. Das heißt, wenn Sie gedeckte Calls verkaufen wollen, müssen Sie damit rechnen, dass Ihre Aktie zur Fälligkeit abgerufen wird, also am dritten Freitag des Monats – falls die Option dann im Geld ist.

Sie brauchen als Verkäufer einer gedeckten Kaufoption nichts zu tun, um Ihre Aktien zu verkaufen. Normalerweise merken Sie am Montag nach der Fälligkeit, ob Ihre Aktien abgerufen wurden.

FRÜHZEITIGE ZUTEILUNG

Am meisten Angst im Zusammenhang mit der Zuteilung entsteht, wenn man nicht damit rechnet, dass die Aktie abgerufen wird. Wenn man gedeckte Calls verkauft, rechnet man mit einem Abruf zum Fälligkeitsdatum. Meistens werden Aktien zu diesem Zeitpunkt abgerufen. Gelegentlich kann jedoch die Aktie schon vor der Fälligkeit abgerufen werden. Das ist relativ selten, aber es kommt vor.

Selbst wenn die Option vor dem Fälligkeitsdatum tief im Geld ist, ist die Wahrscheinlichkeit einer frühzeitigen Zuteilung verschwindend gering. Warum? Weil der Käufer des Calls, solange noch ein gewisser Zeitwert (auch als Zeitprämie bezeichnet) verbleibt, ihn nicht vorzeitig ausüben wird. Täte er das, würde er Geld wegwerfen. Das werden Sie besser verstehen, wenn Sie etwas über die Preisbildung bei Optionen gelernt haben. Das Wichtigste ist, dass es höchst unwahrscheinlich ist, dass Ihre Aktie vor dem Fälligkeitsdatum abgerufen wird. Und wenn das geschieht, betrachten Sie es als Geschenk.

Davon gibt es eine Ausnahme: Manchmal möchte man als Trader eine anstehende Dividende auf den Basiswert kassieren. Um den Ausschüttungszeitpunkt noch zu erwischen, muss der Trader die Option frühzeitig (einen Tag, bevor die Aktie ex Dividende notiert) ausüben. Wenn das passiert, wird Ihre Aktie vor der Fälligkeit abgerufen und Sie erhalten keine Dividende. Mein Rat: Seien Sie auf die Möglichkeit der frühzeitigen Zuteilung gefasst, vor allem wenn das Fälligkeitsdatum näher rückt.

Anmerkung: Wie gesagt ist die frühzeitige Zuteilung nicht allzu häufig (kommt aber vor) und wenn sie stattfindet, dann gewöhnlich ganz kurz vor dem Fälligkeitsdatum. Wird Ihre Aktie frühzeitig abgerufen, ist das ein gutes Ergebnis (wenn Sie gedeckte Kaufoptionen verkaufen).

WIE MAN DIE ZUTEILUNG VERMEIDET

Manche Menschen versuchen aus verschiedenen Gründen, die Zuteilung zu vermeiden. Wenn man gedeckte Calls verkauft, rechnet man mit einer Zuteilung und plant sie ein. Wenn die Aktie abgerufen wird, funktioniert die Strategie. Als man sich auf die Strategie der gedeckten Kaufoption einließ, wusste man im Voraus, dass die Aktie aus dem Depot gebucht und zum Basispreis verkauft werden könnte.

Wenn man hingegen absolut nicht will, dass die Aktie abgerufen und verkauft wird (vielleicht aus steuerlichen Gründen oder weil man meint, die Aktie werde explosionsartig steigen), sollte man wohl keine gedeckten Calls verkaufen. Man kann die Zuteilung aber auch dadurch vermeiden, dass man die Option zurückkauft. Dann macht man zwar mit der Position möglicherweise Verlust, aber man gewinnt die Kontrolle über seine Aktien zurück.

Warnung: Manchmal meinen Trading-Anfänger, es hätte keine Zuteilung gegeben und ihre Aktie sei nicht abgerufen worden. Anstatt in ihrem Depot nachzusehen, gehen sie eine neue Position mit einem gedeckten Call auf den Basiswert ein. Doch dabei gibt es ein Problem: Sie haben die Aktie gar nicht mehr.

Wenn man versehentlich eine Call-Option auf eine Aktie verkauft, die man nicht mehr besitzt, setzt man sich einer ungedeckten Position aus. Es ist allerdings höchst wahrscheinlich, dass die Brokerfirma diese Transaktion abbricht (denn um Strategien der Stufe 4 zu nutzen, braucht man eine Erlaubnis). Trotzdem ist es eine gute Idee, am Montag nach der Fälligkeit in seinem Depot nachzusehen.

Wichtig: Der beste Rat, den ich Ihnen geben kann: Wenn Sie eine Optionsposition haben, warten Sie mit der Entscheidung, was Sie tun sollten, nicht bis zum Fälligkeitsdatum. Viele Komplikationen und Verwirrungen im Zusammenhang mit Ausübung und Zuteilung würden sich vermeiden lassen (vor allem bei fortgeschrittenen Strategien), wenn die Anleger im Voraus planen würden.

FAZIT ZUM THEMA ZUTEILUNG

Sehen wir uns noch einmal an, was Sie zum Thema Zuteilung gelernt haben:

1. Wenn man gedeckte Calls verkauft, muss man seine Aktien verkaufen, wenn der Käufer des Calls die Option ausübt.

2. Seien Sie als Verkäufer gedeckter Calls jederzeit darauf gefasst, dass die Aktie abgerufen (zugeteilt) wird, auch wenn das fast immer zur Fälligkeit geschieht.
3. Die Aktie wird automatisch abgerufen, wenn der Call zum Fälligkeitsdatum auch nur einen Cent im Geld ist.
4. Wenn man gedeckte Calls verkauft, ist die Zuteilung ein positives Ergebnis.
5. Im Depotauszug erscheint eine Zuteilungsbenachrichtigung und die Aktie wurde zum Basispreis verkauft.
6. Eine frühzeitige Zuteilung ist relativ selten, kann aber vorkommen.
7. Nachdem die Aktie abgerufen wurde, kann man sie sofort am Aktienmarkt zurückkaufen.

Nachdem Sie nun die Strategie der gedeckten Kaufoption kennengelernt haben, werden Sie gleich lernen, wie man Kaufoptionen kauft – eine Strategie, die Optionsspekulanten einsetzen. Egal, ob Sie sich für Spekulationen interessieren oder nicht, es ist unerlässlich, dass Sie diese Strategie verstehen.

Vielleicht möchten Sie eine Pause einlegen, bevor Sie zu Teil 3 übergehen. Schließlich ist es ja ein riesiger Unterschied, ob man Optionen verkauft oder kauft. Beim Kauf erhält man keine Prämie, sondern man bezahlt dem Verkäufer eine Prämie.

TEIL 3

WIE MAN KAUFOPTIONEN KAUFT

9

EINFÜHRUNG IN CALL-STRATEGIEN

Wenn Sie dieses Buch lesen, weil Sie Ihr Geld mit einer Hebelwirkung versehen wollen, um noch mehr Geld zu verdienen, dann ist dies das Kapitel, auf das Sie gewartet haben. Der Kauf von Calls (oder Long-Positionen auf Calls) ist die bevorzugte Strategie von Spekulanten und das aus gutem Grund. Für einen Bruchteil dessen, was es kostet, Aktien zu kaufen, kann man hierdurch sein Geld hebeln und seine Anfangsinvestition möglicherweise verdoppeln, verdreifachen oder vervierfachen.

Auf den ersten Blick erscheint der Kauf von Optionen viel weniger kompliziert als ihr Verkauf. Wie Sie später sehen werden, ist die Mechanik des Kaufens von Calls ein Kinderspiel. Der schwierige Teil daran ist wie üblich, damit Profit zu erzielen.

Viele Trader sind sich einig, dass es hart sein kann, sich als Call-Käufer einen regelmäßigen Lebensunterhalt zu verdienen (manche Risiken bespreche ich in Kapitel 12). Wenn man hingegen durch den Kauf von Call-Optionen gelegentlich spekuliert, kann man es entgegen aller Wahrscheinlichkeiten schaffen und damit Geld verdienen.

Wie Sie bei der Lektüre dieses Kapitels sehen werden, erfordert es Geschick und Wissen, die richtige Kaufoption zu finden, und man muss dafür verstehen, wie die Preise von Optionen zustande kommen. Professionelle Optionshändler nehmen ihre Arbeit sehr ernst. Wenn Sie nicht diszipliniert sind und wenn Sie meinen, der Optionshandel sei ein Weg zum schnellen Geld, dann werden Sie enttäuscht sein.

Nehmen Sie sich darum die Zeit, diesen Teil des Buches gründlich durchzulesen. Sie werden wissen wollen, wie man Calls kauft, wenn Sie etwas über die mittelschweren Strategien lernen, die weiter hinten im Buch vorgestellt werden. Zu lernen, wie man Calls kauft, ist trügerisch einfach, aber auch eine unentbehrliche Fähigkeit.

WAS ES BEDEUTET, EINEN CALL ZU KAUFEN

Einfach ausgedrückt: Kauft man Calls, macht man Gewinn, wenn der Basiswert steigt, und Verlust, wenn er fällt. Da man die betreffenden Aktien nicht besitzt, ist der Kauf von Calls viel billiger als der Kauf von Aktien und deshalb gefällt er Spekulanten so gut. Werfen wir einen genaueren Blick auf diese Strategie.

Die offizielle Definition einer Kaufoption vom Options Industry Council (OIC) lautet: „Ein Optionskontrakt, der dem Besitzer das Recht verleiht, das zugrunde liegende Wertpapier innerhalb eines festgelegten Zeitraums (bis zur Fälligkeit) zu einem festgelegten Preis (dem Basispreis) zu kaufen." Das ist eine recht gute Zusammenfassung.

Meine Erklärung ist ähnlich. Wenn man einen Call kauft, hat man das Recht, die zugrunde liegende Aktie zum Fälligkeitsdatum oder davor zu einem festgelegten Preis zu kaufen. Man ist zum Kauf der Aktie nicht verpflichtet, aber man kann sie kaufen, wenn man das möchte. Der Käufer der Option wird manchmal auch als Inhaber oder Halter der Option bezeichnet.

Anders gesagt hat man das Recht, nicht aber die Pflicht, die zugrunde liegende Aktie (den Basiswert) zu dem im Optionskontrakt angegebenen Preis (dem Basispreis oder Strike oder Ausübungspreis) zu kaufen. Wie bei einer Option, die man auf ein Haus oder auf Schneeschaufeln gekauft hat (siehe Kapitel 1), handelt man vorübergehend als potenzieller Eigentümer des Basiswerts. Man hat das Recht, den Basiswert zu kaufen, ist dazu aber nicht verpflichtet.

Für das Recht, die Aktie möglicherweise zu besitzen, muss man dem Verkäufer Geld (die Prämie) bezahlen. Im Gegenzug für diese Bezahlung hat man die Aktie unter Kontrolle und hofft, an ihrem steigenden Wert teilzuhaben. Vergessen Sie das nicht. Wenn Sie Call-Optionen kaufen, haben Sie die Kontrolle über die Aktie.

Anmerkung: Wenn man dadurch einen Gewinn erzielt, dass die Aktie steigt, will man den Call mit Gewinn verkaufen. Als Spekulant nimmt man den Gewinn mit und will nicht zum Aktionär werden. Aus welchen Gründen das so ist, besprechen wir in diesem Kapitel.

WARUM MENSCHEN CALLS KAUFEN

Der Kauf von Calls ist eine Optionsstrategie, die vor allem von Spekulanten eingesetzt wird. Wenn man einen Call kauft, ist man bezüglich des Aktienmarkts, des Index oder des Basiswerts bullish gestimmt. Diese Strategie funktioniert am besten, wenn eine bestimmte Aktie nach dem Kauf der Kaufoption innerhalb relativ kurzer Zeit explosionsartig steigt. Wie bei den meisten Optionsstrategien kann man hier mit einer relativ geringen Geldsumme eine große Geldsumme hebeln, sofern der Trade gelingt.

Als Käufer eines Calls ist man überzeugt, dass der Kurs des Basiswerts steigen wird. Tut er das, kann man damit Geld verdienen. Tut er das nicht, kann man höchstens das verlieren, was man für die Option bezahlt hat.

Call-Optionen sind mit einer zugrunde liegenden Aktie verknüpft. Wenn die zugrunde liegende Aktie steigt, dann steigt auch die Option (meistens, aber nicht immer, das bespreche ich später noch). Wenn man eine Call-Option kauft, steht man im Grunde long auf den Basiswert. Man spekuliert darauf, dass der Basiswert (und die Option) vor dem Fälligkeitsdatum steigen wird.

Man kann mit einer Kaufoption verschiedene Dinge anstellen:

1. Erstens kann man den Call irgendwann mit Gewinn verkaufen (wenn der Preis gestiegen ist). Tatsächlich haben die meisten Menschen, die Calls kaufen, kein Interesse daran, die Aktie zu kaufen. Sie wollen die wertvollere Kaufoption für einen höheren Preis verkaufen, als sie dafür bezahlt haben.

2. Zweitens kann man den Call mit dem Vorhaben kaufen, am Ende den Basiswert zu kaufen (wie Sie wissen, spricht man davon, die Option auszuüben). Diese Strategie ist nicht für Spekulanten geeignet.

3. Drittens kann man die Option, wenn es mit der Aktie nicht klappt, wertlos verfallen lassen oder mit Verlust verkaufen.

DIE VORTEILE DES KAUFS VON KAUFOPTIONEN

Selbst wenn Sie nicht meinen, dass Sie jemals Calls kaufen werden, müssen Sie unbedingt lernen, wie das geht. Wie bereits erwähnt beruhen alle Optionsstrategien darauf, dass man Calls und Puts kauft oder verkauft. Also egal, welche Optionsstrategie Sie letztlich einsetzen – es ist wahrscheinlich, dass Sie wissen müssen, wie man Calls kauft.

Geringe Kosten

Der vielleicht attraktivste Aspekt des Kaufs von Calls sind die geringen Kosten. Zum Beispiel kann es sein, dass eine Aktie 25 Dollar kostet, die Kaufoption aber nur einen Dollar. Man kann also im Prinzip für begrenzte Zeit an den Bewegungen der Aktie teilhaben, ohne sie kaufen zu müssen.

Es gibt noch andere Gründe, Call-Optionen zu kaufen. Nehmen wir zum Beispiel an, Ihr Nachbar erzählt Ihnen von einer Aktie, die „die Chance Ihres Lebens“ ist und in den nächsten zwei Wochen durchstarten wird. Sie wissen zwar, dass man Aktien niemals aufgrund von Tipps kaufen sollte, aber Sie sind versucht, Tausende Dollar in die Aktie zu stecken. (Stellen Sie sich einmal vor, wie Sie sich fühlen würden, wenn Ihr Nachbar wirklich recht hätte!)

Eigentlich möchten Sie nicht zu viel Geld riskieren, aber Sie wollen trotzdem dabei sein. Anstatt Tausende von Dollar durch einen Aktienkauf zu binden, kaufen Sie daher eine Call-Option. Es ist mehr als wahrscheinlich, dass die Aktie Ihres Nachbarn nirgendwohin läuft. Aber anstatt möglicherweise Tausende Dollar zu verlieren, können Sie so nur ein paar Hundert verlieren. (Natürlich besteht immer die entfernte Chance, dass Ihr Nachbar richtigliegt.)

Ein weiterer Vorteil ist, dass man durch den Kauf von Calls Aktien kaufen kann, die zu teuer sind. Nehmen wir an, Sie wollen die Aktie der XYZ Company zu einem Zeitpunkt kaufen, zu dem sie 300 Dollar kostet. Es übersteigt die finanziellen Mittel vieler Menschen, 100 Aktien zu kaufen, wenn sich die Kosten dafür auf mehr als 30.000 Dollar belaufen. Man kann aber für einen Bruchteil dieser Kosten Call-Optionen auf XYZ und andere teure Aktien kaufen und an ihrem Aufstieg teilhaben (zumindest hofft man das).

Wie viele Menschen können sich im richtigen Leben 1.000 Aktien von Google oder Apple oder auch nur 100 leisten? Mit Call-Optionen kann man für Tausende Dollar weniger das Recht auf die Aktien dieser Unternehmen erwerben.

Wie viele Menschen wussten, dass Google dank seiner populären Suchmaschine in die Höhe schnellen würde, unternahmen aber nichts? Und wie viele Menschen wussten, dass Apple wegen des iPads und des iPhones steigen würde? Diese Aktien und Tausende ähnliche Aktien wären ideale Options-Plays (und gute Investments) gewesen. Manche Menschen machen beides: Sie kaufen Aktien des Unternehmens und ergänzen den Kauf durch Optionen.

Und schließlich kaufen viele Menschen Optionen, weil sie nicht viel Geld haben oder weil sie kein Kapital binden wollen. Man braucht Tausende von Dollar, um am Aktienmarkt loszulegen, aber nur ein paar Hundert, um Kaufoptionen zu kaufen.

Anmerkung: Mit Mini-Kontrakten kann man gelegentlich auch lediglich das Recht auf zehn hochpreisige Aktien statt auf 100 Stück kaufen. Das wird in Kapitel 23 ausführlicher erklärt.

Hebelwirkung

Der Hauptgrund, aus dem sich Spekulanten zum Kauf von Calls hingezogen fühlen, lässt sich in einem Wort zusammenfassen: Hebelwirkung. Für einen Bruchteil der Kosten kann man ein Vielfaches dessen kontrollieren, was man investiert hat. Beispielsweise kann man für nur 500 Dollar potenziell Aktien im Wert von 10.000 Dollar oder mehr „kontrollieren". Viele Call-Käufer sind bereit, dieses Risiko einzugehen, weil sie wissen, dass sie dank der Hebelwirkung ein Vielfaches ihres Investments verdienen können.

Call-Käufer profitieren, wenn die Aktie steigt, und sie brauchen die Aktie nicht direkt zu kaufen. Wenn es gelingt, erzielen sie mit einem geringen Geldbetrag Gewinn.

Weniger Risiko

Ich bin sicher, Sie haben schon gehört, wie riskant Optionen sind, aber in Wirklichkeit können viele Optionsstrategien, wenn sie richtig eingesetzt werden, weniger riskant sein als Aktienbesitz. Zunächst einmal weiß man beim Optionshandel im Voraus, wie viel man potenziell verlieren kann. Somit hat man sein Risiko kontrolliert. Wenn man Calls kauft, kann man zwar 100 Prozent seines Geldes verlieren, aber das kann weniger sein als der Betrag, den man in Aktien investiert hätte.

Die Vorteile des Kaufs von Calls waren schon vor vielen Jahren klar, als viele Bank-Aktien (und Aktien anderer Finanzunternehmen) innerhalb weniger Monate um 80 oder 90 Prozent fielen. Wenn man deren Aktien besaß, erlitt man katastrophale Verluste. Hätte man beispielsweise 100 Aktien von Lehman Brothers für 100 Dollar das Stück gekauft, dann hätte einen das 10.000 Dollar gekostet. Nach der Pleite von Lehman hätte man vielleicht 9.500 Dollar oder mehr verloren gehabt. Wenn man eine Call-Option auf Lehman gehalten hätte, hätte man höchstens 500 Dollar, also die Gesamtkosten für den Call, verlieren können.

RICHTIGE UND FALSCHE BASISWERTE

Wenn man gedeckte Kaufoptionen verkauft, möchte man einen eher ruhigen Markt und Aktien, die sich kaum bewegen. Beim Kauf von Calls ist das anders. Das ideale Umfeld für den Kauf von Kaufoptionen ist eine Hausse. Je weiter und kräftiger der Markt steigt, umso besser ist das für Call-Käufer.

In einem Bullenmarkt kann es Call-Käufern sehr gut ergehen, wenn die Aktien weiter steigen, als es irgendjemand erwartet hatte. Wie Sie vielleicht schon erraten haben, halten Call-Käufer nach Aktien Ausschau, die das Potenzial haben, innerhalb eines kurzen Zeitraums zu explodieren.

Der schlechteste Markt für Call-Käufer ist ein stagnierender oder fallender Markt. Doch selbst wenn der Markt bröckelt, kann der Basiswert steigen. Man braucht Geschick, um Aktien zu finden, die nicht dem Börsentrend folgen.

Vielleicht fragen Sie sich, wo man solche idealen Aktien findet. Ebenso wie bei gedeckten Kaufoptionen sollten Sie die Technische Analyse oder die Fundamentalanalyse einsetzen, um Aktien zu finden, die entweder über Widerstandsniveaus ausbrechen oder in ihrem Sektor führend sind. Basiswerte, die über ihre 50-Tage-, 100-Tage- oder 200-Tage-Linie ausgebrochen sind, sind oft gute Kandidaten für Long-Positionen. Man kann auch nach Aktien Ausschau halten, indem man Nachrichten liest oder hört oder indem man mithilfe der Brokersoftware nach aussichtsreichen Kandidaten sucht.

Hinweis: Aus meiner Erfahrung heraus rate ich Ihnen nachdrücklich, Aktien oder Optionen nicht aufgrund von Tipps zu kaufen. Stellen Sie Ihre eigenen Recherchen an, um gute Basiswerte zu finden. Sie können auch mein Buch „Understanding Stocks“ lesen, das Ihnen zeigt, wie man mithilfe von Technischer Analyse und Fundamentalanalyse nach Basiswerten sucht, die das Potenzial zum Durchstarten haben.

Was ist „Open Interest“?

Wenn man sich eine Option Chain anschaut, sieht man eine Spalte „Open Interest“, das ist ein nützlicher Indikator, der täglich aktualisiert wird. Open Interest gibt die Anzahl der offenen Optionskontrakte an, die ausgeübt werden könnten und noch nicht geschlossen wurden.

Die OCC ermittelt täglich die Anzahl der offenen Optionskontrakte und das ist das Open Interest. Wenn man zum Beispiel, um eine Position zu eröffnen, einem Verkäufer, der dadurch ebenfalls eine Position eröffnet, fünf Boeing-Calls abkauft, dann werden dem Open Interest fünf Call-Kontrakte hinzugefügt. Und wenn man die gekauften fünf Calls an jemanden verkauft, der damit seine Position(en) schließt, dann sinkt das Open Interest um fünf Calls.

Wie an allen Märkten spielen auch hier Angebot und Nachfrage eine große Rolle bei der Bestimmung der Preise. Nehmen wir zum Beispiel an, das Open Interest bei YYY-Calls beträgt 10.000 auf den 30er-Februar-Call, 5.000 auf den 35er-Februar-Call und 10 auf den 40er-Februar-Call. Was sagt uns der Markt damit? Er sagt uns, dass der Basispreis von 40 so weit aus dem Geld ist, dass die betreffende Option weder Käufer noch Verkäufer angelockt hat.

Es deutet auch darauf hin, dass niemand glaubt, die Aktie könnte über den Basispreis von 40 steigen. Vielleicht landet die Aktie zur Fälligkeit im Februar irgendwo zwischen 30 und 35 (auch wenn es dafür keine Garantie gibt). Die wahrscheinlichste Erklärung ist, dass normalerweise Optionen, die am Geld sind, die meisten Trader anlocken.

In Abbildung 9.1 besteht am 87,50er-Mai-Call ein Open Interest von 14.723 Call-Kontrakten, während es beim 92,50er-Mai-Call nur 517 sind. Man kann also davon ausgehen, dass am 92,50er-Mai-Call kein großes Interesse besteht und dass er derzeit aus dem Geld ist. Hingegen hat der 87,50er-Mai-Call mehr Interesse auf sich gezogen, sodass er liquider gehandelt wird. Bei einer liquiden Option kann auch die Geld-Brief-Spanne enger sein.

Man kann auch das Open Interest von einem Tag zum anderen vergleichen und nach ungewöhnlichen Aktivitätsspitzen suchen. Wenn an einem Tag 10.000 Open-Interest-Kontrakte vorliegen und am nächsten Tag 14.000, dann hat es den Anschein, dass manche Anleger glauben, der Basispreis werde sich in die eine oder die andere Richtung bewegen.

Calls for BA Show Symbols | Show Analytics*

Last	Change	Bid	Ask	Volume	Open Int	Action	Strike
Calls for May 18							
4.40	+0.80	4.35	4.45	559	9,795	Select	85
2.77	+0.63	2.74	2.76	1,544	14,723	Select	87.5
1.49	+0.33	1.51	1.53	1,780	3,289	Select	90
0.75	+0.20	0.73	0.75	149	517	Select	92.5
0.35	+0.12	0.34	0.35	195	1,884	Select	95

Abbildung 9.1: Open Interest

Quelle: Fidelity Investments. © 2002 FMR LLC. Alle Rechte vorbehalten. Nutzung mit freundlicher Genehmigung.

Eine zusätzliche Anmerkung: Nehmen wir an, der 30er-Call hat ein Open Interest von 10.000 Kontrakten und das Open Interest am betreffenden Put beträgt 9.000 Kontrakte. Daraus könnte man ableiten, dass sich Bullen und Bären die Waage halten.

Wenn hingegen das Open Interest bei den Calls 10.000 und bei den Puts 1.000 beträgt, könnte man mit Recht darauf tippen, dass zehnmal so viel Open-Interest-Volumen zur eher bullishen Call-Position neigt wie zur eher bearishen Put-Position. (Allein die Tatsache, dass sich Teile der Allgemeinheit für diesen Basispreis interessieren, heißt aber noch nicht, dass sie damit richtigliegen. Doch immerhin sind Optionen mit hohem Open Interest liquider.)

Anmerkung: Neben der Spalte „Open Interest" steht die Spalte „Volume". Das ist das Handelsvolumen – wie viele Kontrakte am betreffenden Tag gehandelt wurden. Beim Aktienhandel ist das Handelsvolumen ein äußerst wichtiger Indikator. Beim Optionshandel ist hingegen das Open Interest viel nützlicher.

Nachdem Sie nun die Strategie des Kaufs von Call-Optionen kennengelernt haben, werden Sie lernen, auf welche Faktoren Sie achten müssen, um Optionen auszuwählen, die zu einem gelungenen Trade führen.

10

WIE MAN DIE RICHTIGE CALL-OPTION AUSWÄHLT

Es gibt viele Faktoren, die einem helfen, die richtige Call-Option zu finden. Entscheidend für den Erfolg ist, dass man sich nicht von seinen Zielen ablenken lässt: Preis und Profit. Indes gibt es ein paar wichtige Konzepte, die in diesem Kapitel vorgestellt werden und die Sie lernen sollten. Am Ende des Kapitels werden Sie eine viel bessere Vorstellung davon haben, auf welche Merkmale Sie bei der Auswahl von Call-Optionen achten sollten.

WAS WIRD SIE KOSTEN?

Die erste Frage, die die meisten Menschen stellen, lautet, wie viel Optionen kosten. Vielleicht sollten sie besser fragen, wie viel sie wert sind. Würde man einen Call verkaufen, würde man die höchstmögliche Prämie haben wollen. Aber als Käufer eines Calls sucht man ein günstiges Angebot. Auf den ersten Blick könnte man meinen, man sollte einfach die billigste Option kaufen, die man findet. Sie werden noch lernen, dass das fast nie eine kluge Entscheidung ist.

Bevor wir weitermachen, werfen wir einen Blick auf Ihr ultimatives Ziel und ermitteln, wie Sie Gewinn erzielen können. Nachdem Sie jetzt Call-Käufer sind, unterscheiden sich Ihre Kriterien von denen eines Call-Verkäufers. Vielleicht erinnern Sie sich noch an die Begriffe aus dem letzten Abschnitt: aus dem Geld, am Geld und im Geld. Sie sind so wichtig, dass wir sie noch einmal kurz wiederholen.

Wiederholung: Optionen aus dem Geld, am Geld oder im Geld

Anders als der Verkäufer von Calls, der eine Prämie haben will, suchen Call-Käufer nach einem Schnäppchen, also nach einem Call, der fair bewertet oder gar unterbewertet ist. Sie sind bereit, diese Prämie für die Chance zu bezahlen, dass sie eine gute Rendite erzielen, wenn die Aktie steigt. Sie möchten eine Option kaufen, deren Preis steigt, wenn der Basiswert steigt.

Die Option muss zu Ihren Erwartungen für die Aktie passen. Anders gesagt: Wenn Sie glauben, dass eine Aktie, die bei 73 Dollar steht, auf 77 oder 78 Dollar steigen wird, kaufen Sie selbst dann keinen Call mit Basispreis 85, wenn er nach einem Schnäppchen aussieht. Manche Optionen laufen nicht wie erwartet und deshalb muss man gute Entscheidungen treffen.

Damit Sie besser verstehen, welche Option Sie wählen sollten, schauen Sie sich die folgende Tabelle an. Nehmen wir an, die Aktie der YYY Manufacturing Company kostet einen Monat vor Fälligkeit 60 Dollar. Sie suchen sich aus, welche Option Sie kaufen wollen, und für jede Wahl gibt es gute Gründe.

YYY Manufacturing Company

Aktienkurs	Basispreis	Call-Option	Prämie
$60	$70	Weit aus dem Geld	$0,10
$60	$65	Aus dem Geld	$0,38
$60	$62	Leicht aus dem Geld	$1,10
$60	$60	Am Geld	$1,75
$60	$58	Leicht im Geld	$2,75
$60	$55	Im Geld	$5,10
$60	$52	Tief im Geld	$8,00

Wir sehen in der Tabelle, dass YYY 60 Dollar kostet. Nehmen wir an, Sie entscheiden sich für den 58er-Call, der im Geld ist. Er kostet 2,75 Dollar je Aktie. Da der 58er-Call bereits im Geld ist, besteht eine hohe

Wahrscheinlichkeit, dass er auch zum Fälligkeitsdatum noch im Geld sein wird. Keine 100 Prozent Wahrscheinlichkeit, aber doch deutlich über 50 Prozent. Hinweis: YYY muss weiter steigen, damit dieser Trade zur Fälligkeit profitabel wird. Steigt die Aktie, steigt auch der Wert der Call-Option. Gleichzeitig tickt die Uhr und die Optionen verlieren im Laufe der Tage einen Teil ihres sogenannten Zeitwerts.

Andererseits könnten Sie auch etwas wagen und den preisgünstigen 65er-Call kaufen. Wie hoch ist die Wahrscheinlichkeit, dass YYY von jetzt 60 Dollar bis zum Ausübungsdatum auf 65 Dollar steigt? Die Chancen sind nicht besonders gut und deshalb kostet der Call sehr viel weniger (0,38 Dollar). Allerdings gibt es am Aktienmarkt durchaus Überraschungen und deshalb kaufen die Menschen weiterhin billige Optionen.

Anmerkung: Ich rate, keine billigen Optionen zu kaufen. Stellen Sie sich vor, wie Sie sich fühlen würden, wenn Ihre Aktie langsam von 60 auf 64 Dollar steigen würde und Sie 100 Prozent Ihrer investierten Dollar verlieren würden. (Wenn Sie eine Option im Geld kaufen, hat die Option zumindest einen Wert, also einen inneren Wert zusätzlich zum Zeitwert. Die Option mit Basispreis 65 hat lediglich einen Zeitwert und dieser Zeitwert nimmt mit jedem Tag, der vergeht, ab.)

Kurzer Überblick

1. Eine Call-Option ist im Geld, wenn die Aktie über dem Basispreis steht.
2. Eine Option ist aus dem Geld, wenn die Aktie unter ihrem Basispreis steht.
3. Eine Option ist am Geld, wenn die Aktie auf dem Basispreis steht.

BEIM DEPOT ANMELDEN

Nachdem Sie sich diese wichtigen Begriffe gemerkt haben, loggen Sie sich auf Ihrem Brokerdepot ein und geben Sie das Symbol des Basiswerts Boeing ein. Wählen Sie dann die Option Chain für Boeing aus. Auf Ihrem Bildschirm erscheint eine Reihe von Basispreisen und Fälligkeitsdaten.

Die Option Chain für Boeing ist in Abbildung 10.1 zu sehen. Es ist der 10. April und die Boeing-Aktie steht bei 88,25 Dollar.

Calls for BA Show Symbols | Show Analytics*

Last	Change	Bid	Ask	Volume	Open Int	Action	Strike
Calls for May 18							
4.40	+0.80	4.45	4.50	561	9,795	Select	85
2.77	+0.63	2.79	2.81	1,545	14,723	Select	87.5
1.49	+0.33	1.54	1.56	1,780	3,289	Select	90
0.75	+0.20	0.75	0.77	149	517	Select	92.5
0.35	+0.12	0.34	0.36	195	1,884	Select	95
Calls for Jun 22							
5.05	+0.70	5.10	5.15	63	510	Select	85
3.40	+0.45	3.50	3.60	115	605	Select	87.5
2.26	+0.40	2.30	2.32	340	3,808	Select	90
1.40	+0.31	1.39	1.42	128	114	Select	92.5

Abbildung 10.1: Option Chain: Boeing

Quelle: Fidelity Investments. © 2002 FMR LLC. Alle Rechte vorbehalten. Nutzung mit freundlicher Genehmigung.

Diesmal wählen wir den 87,50er-Mai-Call aus, der fast einen Dollar im Geld ist. Er kostet 2,81 Dollar pro Aktie, das ist der Briefkurs. Vielleicht ist Ihnen aufgefallen, dass wir beim Verkauf von gedeckten Kaufoptionen einen Call gewählt haben, der aus dem Geld war. Nun, da wir Calls kaufen, wählen wir einen Call, der leicht im Geld ist. Bis zum Ende des Kapitels werden Sie verstehen, warum.

WAS KOSTET EIN CALL?

Schauen wir, was ein Call kostet:

2,81 Dollar pro Aktie (87,50er-Mai-Call)
x 100 Boeing-Aktien pro Kontrakt
Ergibt: 281 Dollar

Erläuterung: Der Kauf eines 87,50er-Mai-Calls kostet insgesamt 281 Dollar. Zwei 87,50er-Mai-Calls kosten 562 Dollar. Fünf Calls kosten 1.405 Dollar. Zehn Calls kosten 2.810 Dollar. Zwar mag der Kauf von zehn Calls zu diesem Preis teuer erscheinen, aber wenn man 1.000 Aktien kaufen würde, dann würde das fast 88.000 Dollar kosten.

WIE BERECHNET MAN DEN BREAK-EVEN?

Nachdem Sie ausgerechnet haben, wie viel die Option kostet, stellen Sie eine Break-even-Berechnung an, um herauszufinden, ab welchem Punkt der Trade profitabel wird (wenn man die Option bis zur Fälligkeit hält). Optionskäufer meinen oft, sie würden mehr Geld verdienen, als es wirklich der Fall ist. Da aber der Preis einer Option von mehreren Faktoren abhängt, vor allem vom Zeitwertverlust und der impliziten Volatilität (die ich später noch besprechen werde), kann man am Ende weniger verdienen als gedacht.

Die nun folgende Break-even-Berechnung wird Ihnen helfen, herauszufinden, wann Ihre Option profitabel wird. Die Formel für die Berechnung des Break-even lautet wie folgt:

Basispreis des Calls + gezahlte Prämie = Break-even

87,50 Dollar Basispreis
+ 2,81 Dollar Prämie
Ergibt: 90,31 Dollar Break-even

Erläuterung: In diesem Beispiel muss die zugrunde liegende Aktie – Boeing – von 88,25 auf 90,31 Dollar steigen, damit kein Verlust entsteht (wenn die Option bis zur Fälligkeit gehalten wird). Alles über 90,31 Dollar ist Gewinn. Steigt die Aktie weit genug über den Basispreis, kann die Option exakt der Bewegung des Basiswerts folgen, sie laufen dann im Gleichschritt.

Wie Sie sich vielleicht schon denken können, steht der Basiswert, wenn er diesen Punkt erreicht hat, deutlich über dem Basispreis (und die Option ist tief im Geld) und das Fälligkeitsdatum ist wahrscheinlich sehr nahe.

Anmerkung: Die obige Break-even-Berechnung basiert auf Gewinn oder Verlust zur Fälligkeit. Vor der Fälligkeit kann der Gewinn oder Verlust höher oder niedriger sein, denn die Profitabilität unterliegt den herrschenden Marktbedingungen.

Nun, da wir die Übersicht hinter uns haben, werfen wir einen genaueren Blick darauf, welche Faktoren beim Kauf einer Kaufoption wichtig sind.

DER RICHTIGE BASISPREIS

Wie Sie aus unseren früheren Diskussionen wissen, ist es wichtig, den Basispreis zu verstehen. Wenn man den falschen Ausübungspreis wählt, kann man selbst dann Geld verlieren, wenn man mit der Entwicklungsrichtung der Aktie und mit dem Timing richtigliegt. Nehmen Sie sich deshalb vor der Auswahl eines Basispreises Zeit, um über die Hauptfaktoren nachzudenken, die Sie zur richtigen Call-Option führen werden.

Basispreis aus dem Geld

Beachten Sie, dass die Calls, die aus dem Geld sind, am billigsten sind. Wenn Sie beispielsweise einen Blick auf die Option Chain in Abbildung 10.1 werfen: Der 92,50er-Mai-Call kostet nur 0,77 Dollar. Der 95er-Mai-Call ist sogar noch billiger – 0,36 Dollar. Wenn man zehn Kontrakte dieser weit aus dem Geld befindlichen Call-Option kauft, die 1.000 Aktien repräsentieren, kostet einen das nur 360 Dollar.

Bevor Sie nun losrennen und Call-Optionen raffen, bedenken Sie Folgendes: Wie hoch ist die Wahrscheinlichkeit, dass Boeing bis zum 1. Mai, also in fünf Wochen, von 88,25 auf 95 Dollar steigt? Darauf würden Sie nämlich wetten, wenn Sie den 95er-Mai-Call kaufen würden. Vergessen Sie nicht: Viele (vielleicht die meisten) Calls, die aus dem Geld sind, verfallen wertlos.

Viele Menschen kaufen sehr gern aus dem Geld befindliche Calls, weil sie nicht nur billiger sind, sondern auch eine größere prozentuale Rendite liefern, falls der Basiswert in die Höhe schnellt. Da es beim Trading um Wahrscheinlichkeiten geht, könnte man sagen, dass die Wahrscheinlichkeit, dass ein Call aus dem Geld bis zur Fälligkeit profitabel wird, davon abhängt, wie weit er aus dem Geld ist. Allerdings: Die Chancen, wenn man solche „billigen“ Optionen kauft, sind dünn, aber nicht gleich null. Es stimmt, dass manche Menschen gelegentlich Volltreffer landen, aber verwechseln Sie das nicht mit einer Trading-Strategie.

Basispreis im Geld

Der Briefkurs des tief im Geld befindlichen 80er-Mai-Calls (nicht gezeigt) beträgt 8,30 Dollar. Der nur leicht im Geld befindliche 87,50er-Mai-Call kostet hingegen erschwinglichere 2,81 Dollar (ob das ein gutes Wertangebot ist, das ist allerdings ein anderes Thema). Geht man einen Monat weiter, zum 87,50er-Juni-Call, dann beträgt der Briefkurs 3,60 Dollar. Sie erinnern sich: Je weiter entfernt das Fälligkeitsdatum, umso mehr kostet die Option. Beachten Sie, dass die August-Calls noch mehr kosten.

Als Optionskäufer muss man alle Faktoren abwägen, bevor man sein Geld in den Kauf einer bestimmten Option steckt. Grundsätzlich wollen Sie wahrscheinlich mit Optionen im Geld anfangen, aber sie sollten nicht zu weit im Geld sein. Dafür gibt es mehrere Gründe und die Faktoren werden wir gleich zusammen erkunden.

Wenn Ihre Aktie 72 Dollar kostet, könnten Sie sich überlegen, eine Call-Option mit Basispreis 70 Dollar zu kaufen. Wenn Ihre Aktie 75 Dollar kostet, peilen Sie vielleicht einen Strike von 72,50 Dollar an. Der Grund dafür ist folgender: Wenn man Calls kauft, hat es den Anschein, dass Optionen im Geld nicht so schnell erodieren wie Optionen aus dem Geld oder am Geld (weil Optionen aus dem Geld [im Allgemeinen] pro Tag einen größeren Teil ihres Wertes verlieren als Optionen im Geld). Andererseits möchten Sie wahrscheinlich keine Calls kaufen, die zu tief im Geld sind, weil sie teuer sind und Sie damit viel Geld verlieren können, wenn die Aktie fällt. Sie müssen bei der Wahl geeigneter Optionen Geschick in der Kunst des Kompromisses entwickeln.

Jedoch: Auch wenn Optionen, die im Geld sind, mehr kosten mögen, so bezahlt man dabei doch weniger für „Hoffnung" und mehr für realen Wert (den sogenannten inneren Wert). Denken Sie an das alte Sprichwort: „Man bekommt, was man bezahlt." Allzu viele Trader lassen sich dazu verleiten, Calls aus dem Geld zu kaufen, weil sie billiger sind. Optionen für 0,25 oder 0,40 Dollar stellen zwar eine Versuchung dar, aber dass sie so billig sind, hat seinen Grund: eine geringere Wahrscheinlichkeit, dass sie zu einem profitablen Trade führen.

Wenn Sie hingegen spekulieren, können Sie für den gleichen Geldbetrag viel mehr billige Optionen kaufen und bekommen so die Chance, Ihre Anfangsinvestition zu verdoppeln oder zu verdreifachen (und auch eine gute Chance, 100 Prozent Ihrer Investition zu verlieren!).

Anmerkung für Fortgeschrittene: Ein weiterer Vorteil eines im Geld befindlichen Calls ist die Tatsache, dass einem hier eine mäßige Bewegung des Basiswerts mit höherer Wahrscheinlichkeit Gewinn bringt als bei Calls, die aus dem Geld sind. Es gibt eine Möglichkeit, einzuschätzen, wie sehr sich der Preis einer Option verändern wird, wenn die Aktie eine bestimmte Bewegung vollzieht. Das nennt man Delta und es wird in Kapitel 22 besprochen.

Faustregel: Lassen Sie nicht allein den Preis entscheiden, welche Calls Sie kaufen. Das bietet mir die Möglichkeit, eines meiner Lieblingszitate anzubringen, sinngemäß nach Oscar Wilde: „Viele Menschen kennen von allem den Preis, aber von nichts den Wert."

Und noch etwas zum Nachdenken: Wenn Sie zum ersten Mal Calls kaufen, möchte ich Sie dazu ermuntern, welche zu kaufen, die leicht im Geld sind. Wie bei allem anderen werden Sie mit wachsender Erfahrung selbst lernen, welche Calls Ihnen den größten Gewinn bringen.

DIE UHR TICKT: DAS FÄLLIGKEITSDATUM

Im Unterschied zum Verkäufer eines Calls hat man als Käufer die Zeit gegen sich. Das Ticken, das Sie vernehmen, ist der Klang Ihrer Option, die an Wert verliert. Call-Käufer fragen sich stets besorgt, wie viel Zeit noch bis zur Fälligkeit bleibt. Sobald man die Enter-Taste drückt und den Call kauft, läuft die Uhr. Deshalb ist es unerlässlich, dass man genau auf das Fälligkeitsdatum achtet.

Optionen haben die unangenehme Angewohnheit, zu verfallen, bevor sich Ihr Optionsszenario abspielen konnte. Auch wenn Sie richtiggelegen haben, was die Entwicklungsrichtung des Basiswerts betrifft, müssen Sie ja immer noch den Basispreis (zuzüglich der Prämie) übertreffen, bevor Sie auch nur einen Cent verdienen.

Zur Erinnerung: Wenn man Calls kauft, muss man den zeitlichen Verlauf des Marktes gut einschätzen können, und das ist schwierig. Man muss den zeitlichen Verlauf und die Richtung der Preisänderung des Basiswerts richtig vorhersagen und das ist einer der Gründe, weshalb der Kauf von Calls (oder Puts) eine so große Herausforderung ist.

Welches Fälligkeitsdatum sollte man also wählen? Sie wissen: Je weiter entfernt das Fälligkeitsdatum, umso teurer die Option. Das ist logisch. Man bezahlt mehr Geld für das Privileg, dem Basiswert mehr Zeit zum Steigen zu lassen.

Zur Wiederholung: Wenn Sie sich die Option Chain von Boeing in Abbildung 10.1 anschauen, dann sehen Sie, dass der 87,50er-Mai-Call (einen Monat Restlaufzeit) nur 2,81 Dollar kostet, der 87,50er-Juni-Call (zwei Monate Restlaufzeit) hingegen 3,60 Dollar und der August-Call 4,65 Dollar (vier Monate Restlaufzeit).

Grundsätzlich sollte man es vermeiden, im laufenden Monat fällige Calls zu kaufen, weil dann die Zeitspanne zu kurz ist. Die meisten Trader halten es für lohnenswert, für einen Monat zusätzlichen Spielraum ein bisschen mehr zu bezahlen. Die einzige Ausnahme wäre, dass man glaubt, dass mit der zugrunde liegenden Aktie demnächst etwas Explosives passieren wird; dann dürften kurzfristige Optionen geeignet sein.

Wenn man Calls kaufen will, ist es vom Grundsatz her wahrscheinlich am besten, einen Call zu kaufen, dessen Fälligkeit mindestens noch einen Monat entfernt ist. Wenn November ist, handeln Sie mit Dezember- und Januar-Kontrakten. Dies bietet Ihnen ein ausgewogenes Verhältnis zwischen einem vernünftigen Preis und genug Spielraum, damit sich die Aktie bewegen kann. Wie gesagt, wenn Sie mehr Zutrauen in Ihre Fähigkeit gewinnen, am Markt den richtigen Zeitpunkt abzupassen, können Sie auch andere Fristen wählen.

Anmerkung: Beim Verkauf gedeckter Kaufoptionen hat man die Zeit auf seiner Seite. Wenn man Calls kauft, hat man die Zeit zum Feind. Jeder Tag, den die Fälligkeit näher rückt, bedeutet weniger Zeitwert, sodass die Option weniger wert ist. Der Basiswert muss steigen, und zwar schnell, damit er über den Break-even-Punkt hinauskommt.

Wichtige Anmerkung: Je näher das Fälligkeitsdatum einer Kaufoption rückt, umso schneller verliert sie an Wert. Deshalb bezeichnet man Optionen auch als verderbliche Anlagen (stellen Sie sich vor, wie ein Eiswürfel in der Sonne schmilzt).

WELCHE CALL-OPTION IST DIE RICHTIGE?

Letztlich erfordert es Geschick, die richtige (oder zumindest eine passende) Kaufoption zu finden. Es ist aber viel wichtiger, die richtige Aktie und den richtigen Kaufzeitpunkt für den Call zu finden. Wenn Sie sich mit dem Basiswert und mit der Option Chain befassen, werden Sie irgendwann Ihre eigenen Kriterien entwickeln.

Wenn Sie Trading-Anfänger sind, sollten Sie vielleicht Calls wählen, die leicht im Geld sind. Dass weit aus dem Geld befindliche Calls billig sind, hat seinen Grund, und sie sind mit geringerer Wahrscheinlichkeit profitabel. Um auf der sicheren Seite zu sein, sollten Sie allerdings den Optionshandel üben, indem Sie immer nur einen oder zwei Call-Kontrakte kaufen. So werden Sie leichter lernen, wie man von steigenden Aktien profitiert.

Nachdem Sie nun wissen, wie man Call-Optionen kauft, werden Sie gleich in eines der faszinierendsten Konzepte eingeführt, das aber auch unglaublich komplex ist: Volatilität und Optionsbewertung. Sie werden die Volatilität nicht an einem Tag begreifen, sondern nur durch Zeit, Übung und Erfahrung. Nichtsdestotrotz ist es, wie Sie bald lernen werden, unerlässlich, zu verstehen, wie Optionspreise zustande kommen.

11

VOLATILITÄT UND OPTIONSBEWERTUNG

Auch wenn ich Ihnen gesagt habe, der Kauf von Calls sei relativ einfach, werde ich mir jetzt selbst widersprechen, einen Blick unter die Motorhaube des Autos werfen und schauen, wie der Motor funktioniert – um einen beliebten Vergleich zu bemühen. Schon bald werden Sie begreifen, weshalb der Optionshandel in dem Ruf steht, schwierig zu sein. (Manche behaupten, das sei in der Tat Raketenwissenschaft!) Viele halten die Preisbildung von Optionen für den komplexesten Bereich des Finanzwesens.

Zwar können Volatilität und die Bewertung von Optionen manchmal rätselhaft sein, aber ich versuche, Ihnen diese Konzepte verständlich zu machen. Dieses Kapitel ist so wichtig und auch so theoretisch, dass Sie es womöglich mehr als einmal lesen müssen.

Wenn Sie mit dem Handel von Call-Optionen Ernst machen wollen, ist es unerlässlich, dass Sie die Volatilität und die Preisbildung verstehen. Bei professionellen Tradern hängt der Lebensunterhalt davon ab, ob sie diese Konzepte verstehen. Die gute Nachricht ist, dass Sie diese Konzepte, sobald Sie sie erlernt haben, auf alle in diesem Buch vorgestellten Optionsstrategien anwenden können. So können Sie zum besseren Trader werden und zusätzliche Erkenntnisse über die innere Funktionsweise des Optionsmarkts gewinnen.

Wenn Sie nach diesem Kapitel immer noch nicht wissen, wie Optionspreise zustande kommen, können Sie aus meinem Interview mit dem Optionsexperten Sheldon Natenberg in Kapitel 25 zusätzliches Wissen beziehen.

WELCHE FAKTOREN BEEINFLUSSEN DIE PRÄMIE?

Sie sollten die Bedeutung der Prämie beim Kauf oder Verkauf von Calls nicht unterschätzen. Man braucht Zeit, um die Faktoren zu verstehen, die sich auf die Optionsprämie auswirken. (*Zur Erinnerung:* Die Prämie ist der Geldbetrag, den man für eine Option bezahlt [wenn man sie kauft] oder bekommt [wenn man sie verkauft].) Ich habe diese Faktoren zwar bereits beim Thema gedeckte Kaufoptionen angesprochen, aber nun werfen wir einen genaueren Blick darauf.

Es gibt sieben hauptsächliche Faktoren, die sich unmittelbar auf Optionsprämien auswirken:

1. Preisänderungen der zugrunde liegenden Aktie (des Basiswerts)
2. Der Basispreis (auch Ausübungspreis oder Strike-Preis)
3. Der Optionstyp: Call oder Put
4. Die Restlaufzeit
5. Die Zinsen
6. Die Dividenden
7. Die Volatilität des Basiswerts

Über die Bedeutung des Basispreises, der Restlaufzeit, des Optionstyps und des Basiswerts habe ich bereits gesprochen. Diese vier Faktoren wirken sich selbstverständlich unmittelbar auf die Optionsprämie aus.

Zwar wirken sich außerdem auch Zinsen und Dividenden auf den Preis einer Option aus, aber sie sind weniger wichtig und deshalb werde ich sie nicht ausführlicher besprechen.

Bevor ich den siebten Faktor der Liste – die Volatilität – bespreche, werfen wir einen Blick auf die Preisbildung beziehungsweise Bewertung von Optionen. Es reicht nicht, einfach nur den Preis einer Option zu kennen. Man muss auch eine vernünftige Vorstellung davon haben, was eine Option wirklich wert ist. Das ist eine Möglichkeit, um herauszufinden, ob man mit ihr ein faires Geschäft macht. Wie Sie im Laufe dieses Kapitels noch sehen werden, verwenden Optionshändler eine ganze Reihe von Methoden, um zu ermitteln, ob sie für eine Option einen vernünftigen Preis bezahlen.

WAS IST EINE OPTION WERT?

Die Optionsprämie ist der Preis einer Option. Aber Trader wollen auch den wahren Wert einer Option kennen. Schließlich wollen sie ja nicht zu viel dafür bezahlen. Zur weiteren Erklärung sehen wir uns folgende Formel an:

Optionspreis (Prämie)	=	innerer Wert	+	Zeitwert
5,50 Dollar	=	5,00 Dollar	+	0,50 Dollar

Soeben haben Sie gelernt, dass die Optionsprämie aus zwei Faktoren besteht, nämlich aus dem inneren Wert und dem Zeitwert (auch als Zeitprämie bekannt). Der Zeitwert bezieht sich nicht nur darauf, wie viel Zeit noch bis zum Verfall der Option bleibt, sondern er beinhaltet auch die Wirkung der Volatilität. Die Volatilität wird in diesem Kapitel noch besprochen. Zunächst erkläre ich jedoch den inneren Wert und den Zeitwert genauer.

Was ist der innere Wert?

Wenn man sich einen Optionspreis anschaut, ist der Anteil der Prämie, der im Geld ist, der innere Wert. Anders gesagt drückt er aus, wie viel die Option wert ist. Um es genau zu sagen: Der innere Wert ist das Geld, das man hätte, wenn man die Call-Option ausüben und dann sofort die Aktie zum aktuellen Preis verkaufen würde. Er ist auch der Teil der Option, der nicht aufgrund der vergehenden Zeit Wert verlieren wird. Tatsächlich ist der innere Wert gegen die vergehende Zeit immun.

Der innere Wert lässt sich leicht berechnen. Wenn beispielsweise die Aktie von Home Depot derzeit 71 Dollar kostet, dann beträgt der innere Wert einer Call-Option mit Basispreis 70 Dollar einen Dollar. Das ist einfach die Differenz zwischen dem aktuellen Preis des Basiswerts und dem Basispreis. Hier eine Formel, die beim Merken hilft:

Aktienkurs	-	Basispreis	=	innerer Wert
71 Dollar	-	70 Dollar	=	1 Dollar

Ein weiteres Beispiel: Wenn eine Aktie 33 Dollar kostet und der Basispreis 30 Dollar beträgt, beläuft sich der innere Wert des Calls auf drei Dollar. Er hat unabhängig von der Restlaufzeit einen inneren Wert von drei Dollar.

Wenn Sie Trader sagen hören, ihre Optionen besäßen einen inneren Wert, bedeutet das also einfach, dass ihre Optionen im Geld sind (also dass sie einen greifbaren Wert haben).

Tatsache: Eine Option, die im Geld ist, ist mindestens so viel wert wie ihr innerer Wert. Optionen, die am oder aus dem Geld sind, besitzen keinen inneren Wert. Sie besitzen lediglich einen Zeitwert.

Was ist der Zeitwert?

Sie wissen bereits, dass die Zeit, sobald Sie eine Option kaufen, zu Ihrem Feind wird. Wenn sich die Option dem Fälligkeitsdatum nähert, beginnt der Preis der Option recht schnell zu fallen, und zwar wegen eines sehr wichtigen Konzepts: des Zeitwerts.

Der Zeitwert ist einfach das, was übrig bleibt, nachdem man den inneren Wert von der Prämie abgezogen hat. Er wird anhand mehrerer Faktoren berechnet, unter anderem anhand der bis zur Fälligkeit verbleibenden Zeit (ein anderer Faktor ist die Volatilität, die wir später noch besprechen werden).

Wenn beispielsweise ein Call auf Home Depot 1,20 Dollar kostet und der innere Wert der Option 1,00 Dollar beträgt, dann beträgt der Zeitwert 0,20 Dollar. Je mehr Zeit bis zur Fälligkeit bleibt, umso höher ist der Zeitwert. Am letzten Tag vor der Fälligkeit zum freitäglichen Börsenschluss bleibt fast kein Zeitwert mehr übrig.

Anmerkung: Eine Option am Geld, die in vier Monaten fällig wird, hat einen gewissen Zeitwert, aber eine Option am Geld, die in einem Monat fällig ist, hat normalerweise einen geringeren Zeitwert als die Option mit vier Monaten Restlaufzeit.

Erinnern Sie sich noch, was Sie in Kapitel 4 über den Verkauf gedeckter Calls gelernt haben? Bei den gedeckten Calls war die Zeit auf Ihrer Seite. Sie kam Ihnen zugute und das ist einer der Vorteile, wenn man als Verkäufer auftritt. Wenn man Calls kauft, arbeitet die Zeit aber gegen einen. Sobald man den Call kauft, tickt die Uhr. Während das Fälligkeitsdatum näher rückt, sinkt der Zeitwert der Option und der Preis der Option fällt.

Warum ist das so? Wenn sich die Option der Fälligkeit nähert, bleibt der Aktie immer weniger Zeit, sich in die richtige Richtung zu bewegen, und der Option bleibt weniger Zeit, an Wert zuzulegen. Die Aktie hat mit Heranrücken des Fälligkeitsdatums immer weniger Gelegenheiten, über den Basispreis zu steigen.

In den letzten 30 Tagen einer Option macht sich der Zeitwert stärker bemerkbar. Wenn man beispielsweise eine Februar-Option mit einer Option vergleicht, die im März oder im April fällig wird, dann wird man sehen, dass der Wert der Februar-Option schneller sinkt. Hätte man hingegen eine Option mit drei Monaten Restlaufzeit gekauft, dann würde zwar auch sie weniger wert werden, aber nicht so schnell.

Wenn nur noch ein Monat oder noch weniger bleibt, ist der Zeitwert der Option niedriger, weil sie weniger Handelstage (und somit weniger Gelegenheiten) dafür bietet, dass mit dem Aktienkurs etwas Gutes passiert. Wenn nur noch Tage bleiben, nimmt der Zeitwert noch schneller ab und bald bleibt kein Zeitwert mehr übrig, weil dann, wenn die Fälligkeit da ist, alle Chancen auf einen Anstieg der Aktie aufgebraucht sind.

Ein Grund, aus dem Trader Geld verlieren, ist, dass sie den Wert jedes Tages, der vergeht, nicht zu würdigen wissen. Optionen sind verderbliche Anlagen und das Tempo, in dem sie an Wert verlieren, ist nicht linear (also kein täglicher fester Betrag). Vielmehr schwindet der Zeitwert jeden Tag schneller, bis er vollkommen verschwunden ist.

Der Zeitwert kann unter zwei Bedingungen verschwinden: Die Fälligkeit ist erreicht oder die Option ist so weit aus dem Geld, dass sie wertlos ist. Deshalb hat eine Option zum Handelsschluss des Verfallstags einen Zeitwert von null. Null.

DAS GEHEIMNIS DER OPTIONSBEWERTUNG

Jetzt kommen wir zum lustigen Teil. Sie sind bereit, eine Call-Option zu kaufen, und rechnen sich aus, dass der innere Wert Ihrer Option auf Home Depot zwei Dollar beträgt (Aktienkurs 72 Dollar minus Basispreis 70 Dollar ist gleich innerer Wert von zwei Dollar). Bis zur Fälligkeit bleibt noch ein Monat, also schätzen wir den Zeitwert auf 0,90 Dollar. Wenn wir den Preis der Option nachsehen, gehen wir davon aus, dass sie circa 2,90 Dollar kosten wird.

Aber wissen Sie was? Statt der 2,90 Dollar, die Sie glaubten, bezahlen zu müssen, werden Sie überrascht sein, dass sich der Preis auf 3,50 Dollar beläuft. Warum ist die Option so teuer? Weil in den Optionspreis noch mehrere andere Variablen einfließen – vor allem ein sehr wichtiges und gewissermaßen geheimnisvolles Konzept namens Volatilität. Somit basiert der Preis der Option auf mehreren Faktoren. Erinnern Sie sich, dass ein Teil der Prämie den inneren Wert darstellt, ein Teil den Zeitwert und dass ein Teil des Zeitwerts auf der Volatilität des Basiswerts beruht.

Um die Volatilität exakt zu berechnen, braucht man einen Universitätsabschluss in Analysis und muss Optionspreismodelle verstehen – oder man nimmt einen guten Rechner (ich habe mich für den Rechner entschieden). Man könnte tatsächlich sagen, dass die Volatilität eine der am häufigsten missverstandenen, aber wichtigsten Variablen für die Preisbildung von Optionen ist.

Ich kann Volatilität mit einer kurzen oder einer langen Antwort erklären. Die kurze Antwort verwendet Apple als Beispiel. Eine Aktie wie Apple ist sehr volatil, weil sie sich wie ein Jo-Jo auf und ab bewegt. In Wirklichkeit gibt die Volatilität an, wie sehr eine Aktie täglich schwankt. Wenn die Aktie sehr volatil ist, bezahlen Call-Käufer mehr für die betreffenden Optionen, weil sie wissen, dass eine hohe Wahrscheinlichkeit dafür besteht, dass die Option den Basispreis (und mehr) vor der Fälligkeit erreichen wird.

Deshalb bezahlen Call-Käufer bereitwillig mehr für Optionen auf eine volatile Aktie wie Apple und der Preis der betreffenden Optionen kann kostspielig sein. Hingegen ist eine Aktie wie Johnson & Johnson überhaupt nicht volatil. Deshalb bezahlen die Trader für die betreffenden Optionen nicht so viel. Das war die kurze Antwort.

VOLATILITÄT: DER X-FAKTOR

Jetzt gebe ich Ihnen die lange Antwort.

Die Volatilität ist einer der wichtigsten Faktoren für die Preisbildung von Optionen (viele halten sie für *den* wichtigsten Faktor). Doch obwohl viele Trader von der Volatilität sprechen, verstehen leider nur wenige, was sie ausmacht.

Auf der einfachsten Ebene bedeutet Volatilität Bewegung, also wie sehr sich eine zugrunde liegende Aktie in einem bestimmten Zeitraum bewegt. Aus dieser Bewegung berechnet man, wie volatil die Aktie in der Vergangenheit war. Das ist recht einfach. Aber die Bestimmung der Volatilität zu verwenden, um Optionen zu bewerten, ist komplex und verwirrend und dafür werden komplizierte Formeln verwendet. (Zum Glück brauchen Sie nichts weiter tun, als Zahlen in einen Optionspreisrechner einzugeben, um die Volatilität zu ermitteln.)

Die Volatilität ist jener schwer fassbare Faktor, der dazu führt, dass Trader selbst dann Geld verlieren, wenn sie die Entwicklungsrichtung einer Aktie und deren zeitlichen Verlauf zutreffend vorhergesagt haben. Wieso? Eine Möglichkeit ist, dass man für eine Option zu viel bezahlt. Es kann sein, dass man aufgrund der Volatilität so viel für die aufgeblasene Optionsprämie bezahlt, dass man am Ende Verlust macht, obwohl der Aktienkurs gestiegen ist.

Es gibt zwei hauptsächliche Arten von Volatilität: die historische und die implizite. Die dritte Sorte, nämlich die zukünftige (oder erwartete) Volatilität, ist schwer zu quantifizieren, weil sich die Zukunft nur schätzen lässt. (Zu Ihrer Information: Die erwartete oder vorhergesagte Volatilität ist das Ausmaß, um das der Aktienkurs während der Laufzeit der Option den Erwartungen zufolge schwanken wird.)

Viele Privatanleger schätzen den Preis einer Option anhand der künftigen Volatilität ab. Diese Trader geben ihre Schätzung der künftigen Volatilität (neben anderen Faktoren, die den Wert einer Option bestimmen) in den Rechner ein, um den Wert der betreffenden Option zu ermitteln.

Die historische Volatilität

Die prozentual angegebene historische Volatilität zeigt die Tagesschwankungen einer Aktie über einen bestimmten vergangenen Zeitraum an. Nehmen wir zum Beispiel an, der durchschnittliche tägliche Schwankungsbereich einer 50-Dollar-Aktie habe in den letzten sechs Monaten 0,10 Dollar (0,2 Prozent) betragen. Je größer der tägliche Schwankungsbereich des Aktienkurses, umso höher die Volatilität.

Wenn eine Aktie innerhalb eines halben oder ganzen Jahres nur um zwei oder drei Prozent schwankt, ist ihre historische Volatilität niedrig. Eine Aktie, die sich innerhalb eines Jahres um 20 oder 30 Prozent bewegt, hat eine höhere historische Volatilität.

Was bringt einem diese Information? Seien Sie sich bewusst, dass manche Aktien höhere Optionspreise verdient haben, andere nicht. Aufgrund dessen sollten Sie sich auch fragen, ob Sie den aktuellen Preis (also den Marktpreis) einer Option bezahlen sollten. Optionspreise sind höher, wenn der Basiswert volatiler ist. Bedenken Sie auch: Je höher die Volatilität, umso größer das Risiko, dass die Aktie fallen wird (sodass Call-Käufer Verluste machen), und umso höher die potenziellen Gewinne mit steigenden Aktien.

Die Menschen fällen ihre Entscheidungen häufig aufgrund historischer Daten, ohne zu merken, dass sie das tun. Wenn man die Zukunft vorherzusagen versucht, schaut man sich als Erstes die jüngere Vergangenheit an. Warum? Weil viele von uns glauben, die jüngere Vergangenheit wiederhole sich oder stelle zumindest die beste Einschätzung der Zukunft dar.

Die implizite Volatilität verstehen

Die implizite Volatilität ist nicht leicht zu verstehen, also machen Sie sich keine Sorgen, wenn Sie sie beim ersten Mal nicht begreifen. Ich jedenfalls habe sie nicht gleich begriffen. Um zu demonstrieren, wie schwer sie zu definieren ist, möchte ich, dass Sie eine Frage beantworten. Können Sie die Schwerkraft definieren? Sie ist nicht leicht zu erklären, oder? Wenn Sie Wissenschaftler sind, besteht die präziseste Art, die Schwerkraft zu definieren, in komplizierten wissenschaftlichen Formeln. Man könnte die implizite Volatilität auch mit komplizierten Formeln erklären, die die Standardabweichung beinhalten.

Ohne zu wissenschaftlich zu werden: Die prozentuale implizite Volatilität basiert einfach auf dem Wert der Option, von dem der Markt überzeugt ist (oder den er impliziert). Anders als die historische Volatilität, die sich exakt messen lässt, hat die implizite Volatilität mehr Ähnlichkeiten mit einem Echtzeitindikator dafür, wie viel der Markt für die Option zu zahlen bereit ist. Man kann die implizite Volatilität mithilfe eines Rechners und des aktuellen Marktpreises berechnen.

Eine andere Möglichkeit, sich die implizite Volatilität vorzustellen, ist das Gefühl der Dringlichkeit, das die Trader in Bezug auf Optionen haben. Aufgrund dieser Dringlichkeit ist bei Optionen, nach denen die höchste Nachfrage herrscht, die implizite Volatilität höher. Viele Käufe drücken die Optionspreise nach oben. Es ist per Definition so, dass dann, wenn die Optionspreise steigen und die Aktie so gut wie unverändert notiert, die Volatilitätsschätzung höher ist. Die Dringlichkeit oder die Erwartung, dass der Aktienkurs eine große Änderung durchmachen könnte, ist das, was die Trader veranlasst, die Optionspreise in die Höhe zu treiben (wodurch sie sowohl die Prämie als auch die implizite Volatilität nach oben drücken).

Im Allgemeinen hatten Aktien wie Apple und Priceline eine sehr hohe implizite Volatilität – und könnten sie auch heute haben. Man spürt den Wunsch, Optionen zu besitzen, vor der Bekanntgabe von Geschäftsergebnissen oder vor anderen wichtigen Meldungen. Und wissen Sie was? Optionen auf Priceline waren wegen ihrer impliziten Volatilität teuer. Im Gegenzug bedeutet ein mangelnder Ansturm auf Optionen auf Aktien wie GE normalerweise, dass keine Dringlichkeit und kein Druck auf die Prämie bestehen. Deshalb steigt die implizite Volatilität nicht. Bei Aktien, deren Optionen eine geringere implizite Volatilität haben, sind die Optionspreise niedriger (bei gleich bewerteten Aktien). Nach diesen Optionen besteht nicht die gleiche Nachfrage.

Marketmaker kennen die implizite Volatilität immer, weil ihre Computer diese Zahl anhand der Faktoren generieren, die in die Preisbildung einer Option einfließen. Sie setzen die Optionspreise fest und manchmal zwingen Angebot und Nachfrage die Marketmaker, die Preise zu erhöhen oder zu senken.

Das heißt, wenn die implizite Volatilität eines Calls oder Puts zu hoch ist, dann gilt die Option als überbewertet oder überteuert. Optionskäufer bezahlen dann letztlich viel mehr, als die Option wert ist, und damit erzielen sie keinen Gewinn.

Machen Sie sich keine Sorgen, wenn Sie nicht wissen, wo Sie die implizite Volatilität finden. Zum Glück hat Ihre Brokerfirma eine Software, die Ihnen die Zahlen zur impliziten Volatilität anzeigt. Diese Software basiert auf dem damals revolutionären Black-Scholes-Modell oder auf dem Cox-Ross-Rubinstein-Modell.

Um das Bewertungsmodell zu nutzen, geben Sie mehrere Parameter (zum Beispiel Aktienkurs, Basispreis, Zinssatz, Dividenden, Fälligkeitsdatum, Optionstyp und den aktuellen Preis der Option) in das Modell ein, dann wird es die implizite Volatilität berechnen.

Anmerkung: Optionen mit höherer impliziter Volatilität haben manchmal eine größere Geld-Brief-Spanne. Der Spread einer Aktienoption wie dem 15er-April-Call auf GE könnte beispielsweise 0,10 Dollar betragen, während der Spread einer Option mit hoher impliziter Volatilität höher ist, beispielsweise 0,30 oder 0,40 Dollar. Wenn die Trades eine größere Spanne durchlaufen müssen, ist es schwerer, daran Geld zu verdienen.

Fazit: Wenn man Calls kauft, sucht man nach Basiswerten, deren Preis steigen wird, und das bald. Eine Aktie wie GE ist ein idealer Kandidat für eine gedeckte Kaufoption, aber vielleicht nicht für den spekulativen Kauf eines Calls. Und bei Optionen mit höherer impliziter Volatilität zahlt man womöglich drauf. Entscheidend ist, sicherzugehen, dass die Aktie in der Vergangenheit volatil genug war oder dass für die Zukunft mit ausreichender Volatilität gerechnet wird, die höhere Optionspreise rechtfertigt. Das bringt die Trading-Erfahrung mit sich.

WIE TRADER FÜR OPTIONEN ZU VIEL BEZAHLEN

Nehmen wir an, Sie haben am Wochenende von einem kleinen Biopharma-Unternehmen mit einem vielversprechenden Medikament zur Behandlung von Störungen des Zentralnervensystems gelesen. Dieses Unternehmen, die XYZ Corporation (nicht sein wirklicher Name), wurde in einer Finanzsendung erwähnt, weil die US-amerikanische Zulassungsbehörde FDA womöglich ihr neuestes experimentelles Präparat zulassen könnte. Sie denken darüber nach, Call-Optionen auf XYZ zu kaufen.

Bei Handelsbeginn am Montagmorgen geben Sie das Aktiensymbol in das Fenster Ihres Brokers ein. Die Aktie von XYZ kostet derzeit zehn Dollar, nachdem sie um saftige drei Dollar gestiegen ist. Sie schauen sich die implizite Volatilität der XYZ-Optionen an.

Was sehen Sie? Der 10er-Mai-Call, der am Geld ist, hat eine implizite Volatilität von 128 Prozent (siehe Abbildung 11.1), was weit über dem Durchschnitt liegt.

Tatsächlich haben alle im Mai fälligen Call- und Put-Optionen hohe implizite Volatilitäten. Das sagt Ihnen, dass diese Optionen auf eine große Kursbewegung hin nach oben oder unten vor der Fälligkeit gepreist sind.

Was bringt es, die implizite Volatilität zu kennen? Zunächst einmal ist die 10er-Mai-Call-Option aufgrund der vergangenen Volatilität der Aktie theoretisch zu teuer. Sie ist aufgebläht und hat eine extrem hohe implizite Volatilität. Tatsächlich haben alle Mai-Optionen eine extrem hohe implizite Volatilität. Das sagt einem, dass eine große Kursbewegung erwartet wird, und diese ist sehr wahrscheinlich, weil eine FDA-Entscheidung über Wohl und Wehe des Unternehmens entscheiden kann. Wie weit sich die Aktie bewegen wird, kann man nur raten.

Strike ▲	Bid	Ask	Volume	Open Int	Imp Vol
Calls for May 18					
5	5.00	5.60	0	297	178.03 %
6	3.90	4.80	50	974	149.78 %
7	3.20	3.80	0	829	137.65 %
8	2.65	2.95	0	1,130	136.04 %
9	2.10	2.35	0	976	136.35 %
10	1.55	1.75	0	624	128.12 %
11	1.15	1.35	26	2,634	126.98 %
12	0.80	1.05	80	4,688	125.06 %

Abbildung 11.1: Die implizite Volatilität

Quelle: Fidelity Investments.
Nutzung mit freundlicher Genehmigung.

Eine implizite Volatilität von 50 Prozent oder weniger ist historisch betrachtet eine eher vernünftige implizite Volatilität, während 100 Prozent ziemlich hoch sind. Die implizite Volatilität von XYZ, die von 125 bis 178 Prozent reicht, sprengt den Rahmen. Allerdings bedeutet diese hohe implizite Volatilität, dass der Markt bei Bekanntgabe der Meldung einen großen Preisausschlag erwartet. Diese Preisbewegung kann negativ oder positiv sein und die hohe implizite Volatilität gibt diese Erwartung wieder. Die implizite Volatilität ist hoch (und das in unserem Beispiel zu Recht).

Das hielt die Trader allerdings nicht davon ab, den 11er- und den 12er-Mai-Call, die aus dem Geld sind, einzusammeln. Abbildung 11.1 zeigt das Open Interest an diesen Kaufoptionen. Wie man sieht, ist das Interesse groß. Offenbar halten die Käufer diese Optionen bei Preisen knapp über einem Dollar für Schnäppchen.

Es ist mehr als wahrscheinlich, dass uninformierte Trader von der positiven Nachricht gehört und sich mit diesen Call-Optionen eingedeckt haben, weil sie hoffen, im großen Stil abzuräumen. Doch wahrscheinlich haben sie dafür zu viel bezahlt. Beachten Sie auch, dass die Spanne zwischen den Geld- und den Briefkursen extrem groß ist – ebenfalls ein Warnsignal. Man bezahlt für die Calls mit diesen Basispreisen also möglicherweise nicht nur zu viel, sondern man liegt zu den Briefkursen dieser Optionen bereits sechs oder sieben Prozent zurück.

Anmerkung: Ob eine Option teuer oder billig ist, hat nichts mit ihrem Preis zu tun. Es hängt vielmehr von der impliziten Volatilität ab. Anders gesagt kann eine Option für fünf Dollar (wie in diesem Beispiel) teuer und eine für acht Dollar billig sein.

Sollte man diese Calls kaufen? Analysieren wir sie weiter.

VERGLEICHE HISTORISCHER VOLATILITÄTEN

Unter normalen Umständen sucht man die historische Volatilität von XYZ nach Hinweisen ab. Der Vergleich der historischen Volatilität der Aktie mit der impliziten der auf sie bezogenen Optionen ist eine andere Möglichkeit, festzustellen, ob die Option zu teuer ist. Vor einer Woche betrug die historische Volatilität von XYZ nur 32,15 Prozent.

Historical Volatility

Term	HV	1 Week ago	1 Month ago
10 Days	33.72%	32.15%	74.14%
20 Days	31.88%	38.02%	61.56%
30 Days	49.17%	49.94%	57.35%
60 Days	59.31%	59.35%	60.49%
90 Days	54.50%	54.29%	54.91%
120 Days	50.73%	51.55%	51.60%
150 Days	49.63%	49.53%	50.05%
180 Days	50.81%	50.71%	53.01%

Abbildung 11.2: Die historische Volatilität

Quelle: Fidelity Investments. © 2002 FMR LLC. Alle Rechte vorbehalten. Nutzung mit freundlicher Genehmigung.

Anmerkung: Die implizite Volatilität sagt aus, ob für den Basiswert eine künftige Kursbewegung vorhergesagt wird. Die historische Volatilität sagt einem hingegen, ob sich eine Aktie in der Vergangenheit wirklich bewegt hat. In diesem Fall erwarten wir eine große Kursbewegung, die die historische Volatilität in den Schatten stellt. Dafür gibt es einen guten Grund. Die Zukunftsaussichten dieses Unternehmens werden sich nach der Meldung signifikant ändern, somit ist es in diesem Beispiel korrekt, die historische Volatilität zu ignorieren.

AUF DER IMPLIZITEN VOLATILITÄT BASIERENDE STRATEGIEN

Man kann diese Informationen für mehrere Optionsstrategien einsetzen. Erstens kann man sich dazu entscheiden, nicht zu traden, weil man weiß, dass man für die höhere implizite Volatilität wahrscheinlich zu viel bezahlt. (Das könnte die klügste Entscheidung sein.)

Zweitens könnte man spekulieren, indem man die anscheinend hohen Preise der Mai-Calls bezahlt. Vielleicht sind Sie ja überzeugt, dass der Basiswert Spielraum nach oben hat, wenn die FDA das Arzneimittel zulässt. Das ist sozusagen ein Glücksspiel, denn man weiß ja, dass die Aktie in beide Richtungen gehen könnte, nach oben oder nach unten. Im Allgemeinen ist es nicht ratsam, Optionen mit extremer impliziter Volatilität zu kaufen.

Tatsächlich erleiden viele Optionshändler dadurch Schaden, dass sie zu viel für eine Kaufoption auf eine Aktie bezahlen, die bereits eine Kursbewegung hinter sich hat. Selbst wenn der Basiswert weiterhin steigt, kann die Optionsprämie einbrechen.

Man bezeichnet dieses Phänomen (sinkende Optionsprämie nach einem erwarteten Ereignis) als „Volatility Crush" und man kann Probleme vermeiden, indem man sich die implizite Volatilität *vor* dem Kauf oder Verkauf anschaut. Es ist natürlich toll, auf den Zug einer momentumgetriebenen Aktie aufzuspringen, aber diejenigen, die als Letzte aufspringen, machen Verlust.

Folgendes passierte mit XYZ: Am nächsten Tag fiel die Aktie um 20 Prozent, sodass alle Call-Optionen auf XYZ zermalmt wurden – manche fielen um fast 100 Prozent. Menschen, die diese aufgeblähten Call-Optionen gekauft hatten, verloren wahrscheinlich ihr gesamtes Investment.

Wieso passierte das? Nach dem negativen FDA-Bericht (das Medikament zeigte nicht die erhoffte Wirkung) bestand keine Wahrscheinlichkeit mehr, dass die Aktie die jeweiligen Basispreise erreichen würde, und so wurden die Optionen fast wertlos.

Anmerkung für Fortgeschrittene: Es gibt noch eine von erfahrenen Tradern bevorzugte Strategie. Sie sprechen davon, dass sie „Volatilität kaufen". Das bedeutet, dass sie aufgrund der impliziten Volatilität und nicht aufgrund einer Vorhersage der Entwicklungsrichtung eine marktneutrale Optionsposition kaufen.

Bis Sie diese Strategie lernen, müssen Sie Kapitel 20 abwarten, in dem ich die sogenannten Straddles bespreche, eine mittelschwere Optionsstrategie. Im Idealfall kauft man bei niedriger, im Steigen begriffener

Volatilität Optionen und verkauft sie, wenn die Volatilität hoch und im Sinken begriffen ist. Das lässt sich natürlich nicht so leicht vorhersagen.

IGNORIEREN SIE DIE IMPLIZITE VOLATILITÄT NICHT!

Zu wissen, was eine Option wert ist, bedeutet einen großen Vorteil. Jedoch hängt der Wert einer Option auch davon ab, ob man die künftige Volatilität kennt. Das Beste, was man tun kann, ist, eine gute Schätzung abzugeben. Aber am Ende entscheidet der Markt über den wahren Wert einer Option. Leider weiß man erst im Nachhinein, ob eine Option über- oder unterbewertet war.

Es kann sein, dass im richtigen Leben aufgrund bevorstehender Nachrichten oder aufgrund extremer Ereignisse auch die ausgefeilteste Formel nicht funktioniert. Bei solchen unerwarteten Ereignissen drücken Angebot und Nachfrage die Optionspreise nach oben oder nach unten. Aber in normalen Zeiten sind die Formeln sehr nützlich.

Die Preisbildung von Optionen beruht auf Gleichungen, die die künftige Volatilität vorhersagen. Eigentlich bestimmen alle Käufer und Verkäufer einer Option ihren Preis (und somit ihre implizite Volatilität), indem sie die Optionsprämie auf das aktuelle Niveau bringen. Auch wirken sich menschliche Emotionen auf die Kauf- und Verkaufsentscheidungen aus und somit auch auf die Optionsprämie.

Es ist nicht leicht, vollständig zu erfassen, wie sich die implizite Volatilität auf die Prämien auswirkt, aber diese Mühe lohnt sich. Leider verstehen viele Anleger die implizite Volatilität nicht und deshalb wende ich so viel Zeit auf, um sie Ihnen zu erklären. Mit diesem Thema sollten Sie sich weiterhin befassen.

Nachdem Sie nun die Konzepte der Volatilität und der Bewertung kennengelernt haben, sind Sie bereit, die Funktionsweise des Kaufs von Kaufoptionen zu erlernen. Und wissen Sie was? Das ist der leichte Teil!

12

SCHRITT FÜR SCHRITT: KAUFOPTIONEN KAUFEN

Wenn Sie ohne allzu große Schwierigkeiten durch das vorige Kapitel gekommen sind, schlagen Sie sich sehr gut. Zu lernen, wie man Optionen bewertet und die Wahrscheinlichkeit ihrer Profitabilität ermittelt, das sind äußerst schwierige Konzepte, die auch für Experten Herausforderungen sind. Mit zunehmender Erfahrung werden Sie mehr auf die Optionsbewertung achten, bevor Sie eine Position eingehen. Versuchen Sie aber trotzdem, diese Konzepte zu erlernen, bevor Sie Ihren ersten Trade platzieren.

Und jetzt kommt der aufregendste Teil, nämlich sich wirklich auf der Website der Brokerfirma anzumelden und Call-Optionen zu kaufen. Wie ich schon sagte, investieren die Brokerhäuser Millionen Dollar, um den Kauf und Verkauf von Optionen leicht zu machen.

Bevor wir jedoch zur Funktionsweise des Kaufs von Calls kommen, bespreche ich allerdings noch einige der Risiken. Wie gesagt, ich versuche nicht, Ihnen diese Strategie auszureden, sondern Sie lediglich auf die potenziellen Fallstricke aufmerksam zu machen. Wenn Sie sich der potenziellen Risiken beim Einsatz einer Optionsstrategie bewusst sind, wissen Sie auch genau, wie Sie sich bei Worst-Case-Szenarien schützen können.

DIE RISIKEN DES KAUFS VON CALLS

Beim Kauf von Calls besteht eine Reihe von Risiken und deshalb gilt diese Strategie als spekulativ. Wie bereits gesagt verfallen die meisten Optionskontrakte, ohne dass sie vor dem Fälligkeitsdatum ausgeübt wurden. Die exakte Zahl ist zwar schwer zu schätzen, aber viele Spekulanten machen Verlust. Natürlich landen viele Trader am Optionsmarkt große Treffer, aber viele eben auch nicht.

Vielleicht haben Sie dieses Buch gekauft, um ohne allzu großes Risiko schnell zu Geld zu kommen. Auf diese Weise lassen sich viele Menschen an den Optionsmarkt (oder an irgendwelche anderen Märkte) locken.

Ich war in Optionsseminaren, bei denen die Seminarleiter fälschlicherweise sagten, man könne durch den Kauf von Calls ein „beständiges Einkommen" erzielen. Erstens ist am Kauf von Calls nichts beständig. Und zweitens sollten Sie von Anfang an wissen, dass Sie die Wahrscheinlichkeiten gegen sich haben.

Trotzdem: Wenn man sich der Risiken vollständig bewusst ist, ist nichts gegen eine gelegentliche Spekulation einzuwenden. Wie immer können einem Wissen und Disziplin helfen, Fehler und Verluste zu vermeiden. Was ist das größte Risiko beim Handel mit Calls? Die Antwort ist einfach. Man kann den gesamten Betrag verlieren, den man für den Kontrakt bezahlt hat (100 Prozent seines Investments). Wenigstens verliert man nicht mehr, als man bereits bezahlt hat, und vielleicht auch weniger, als wenn man Aktien gekauft hätte. Trotzdem sollte man das nicht auf die leichte Schulter nehmen.

Auch wenn die Mechanik des Kaufs von Calls einfach ist, so unterschätzen doch viele Menschen, welches Geschick man benötigt, um damit erfolgreich zu sein. Leider nehmen sich die Menschen nicht immer die Zeit, um Recherchen anzustellen. Sie wollen schnell zu etwas kommen und es stimmt auch, dass manche manchmal Glück haben. Man kann sich jedoch als Optionshändler nicht darauf verlassen, dass einem das Glück Erfolg beschert.

Zudem erzielen viele Menschen enorme Buchgewinne, begreifen aber nicht, wie schnell diese wieder verschwinden können. Wie gesagt, das Problem ist, dass sie sich des spekulativen Charakters von Kaufoptionen nicht vollständig bewusst sind. Wenn man am Optionsmarkt nicht schnell handelt, kann man sein gesamtes Investment verlieren.

Ein weiteres Problem beim Kauf von Calls ist, dass man in dreierlei Hinsicht richtigliegen muss: Zeit, Richtung und vernünftiger Preis. Das heißt, wenn der Basiswert zwar in die richtige Richtung läuft, dies aber erst nach dem Fälligkeitsdatum tut, macht man Verlust. Und wenn die Aktie nicht in die richtige Richtung läuft, kann man sein gesamtes Investment verlieren (das allerdings nur einen Bruchteil der Kosten für ein Investment in Aktien beträgt).

Und schließlich: Da die Profis an den Börsen oder in ihren Homeoffices die beste Software haben und das Trading zu ihrem Beruf gemacht haben, sind Sie im Nachteil. Es ist durchaus möglich, mit dem Kauf und Verkauf von Optionen seinen Lebensunterhalt zu verdienen, aber leicht ist das nicht. Wie bereits erwähnt meinen viele Menschen, Calls zu kaufen sei so ähnlich, als würde man einen Lottoschein kaufen. Und andere meinen, die richtige Software würde ihnen helfen, eine gewinnbringende Option zu finden.

Regel: Sie sollten den Optionsmarkt (oder irgendeinen anderen Markt) nicht als Ersatz für ein Glücksspiel nutzen, auch wenn das manche Menschen tun. Spielsüchtige werden von diesem Markt aufgrund der Action angelockt. Meistens machen sie Verlust, und zwar gewöhnlich, weil die Optionen verfallen, bevor erwiesen war, dass sie richtiggelegen hatten (jedenfalls behaupten sie das). Wenn Sie die Ratschläge in meinem Buch befolgen, werden Sie bessere Erfolgschancen als die Glücksspieler haben (wenn auch keine Erfolgsgarantie).

Nachdem Sie nun die Risiken beim Kauf von Calls kennen, stelle ich Ihnen einen Begriff vor, den Sie im vorigen Kapitel kennengelernt haben: Geld-Brief-Spanne oder „Spread". Es ist unerlässlich, die Spreads zu verstehen. Andernfalls können Ihre Handelskosten so hoch werden, dass Sie nur schmale Erfolgschancen haben.

DIE MACHT DES SPREADS

Der Spread, also die Differenz zwischen Geld- und Briefkurs, wirkt sich direkt auf den Preis aus, zu dem man die geschäftliche Transaktion durchführt. Wenn man Optionen kauft, will man für die Option einen fairen Preis bezahlen. Aber was ist ein fairer oder angemessener Preis? Wahrscheinlich liegt er irgendwo zwischen Geld- und Briefkurs. Auch wenn es nur um Centbeträge geht, so wird Ihnen doch Geld aus der Tasche gezogen, wenn Sie gezwungen sind, beim Kauf einen höheren Preis zu bezahlen.

Im Aktienhandel ist der Spread oft so gering (prozentual gesehen), dass man ihn vernachlässigen kann. Beim Handel mit Optionen hingegen können die Spreads ganz erheblich werden.

Aufgrund des Spreads beginnt man bei jedem Optionsgeschäft sofort mit einem Verlust. Wenn beispielsweise der Geldkurs 1,00 Dollar und der Briefkurs 1,10 Dollar beträgt, muss man wahrscheinlich 1,10 Dollar bezahlen (und wenn man Glück hat 1,05 Dollar). Wenn man dann gleich wieder für 1,00 Dollar verkaufen würde, fiele ein Verlust von neun Prozent an. Das ist die Macht des Spreads – des Groschens, den der Marketmaker kassieren möchte. Man hofft natürlich, dass der Wert der Option weit genug steigt, um diesen sofortigen Verlust wettzumachen.

Zehn Cent klingen nicht nach viel, aber prozentual ist das beträchtlich. Und wie geht man mit einem gleich am Anfang erlittenen Verlust von neun oder zehn Prozent um? Die meisten Call-Käufer haben eine äußerst positive Einstellung, aber man muss sich sehr anstrengen, um diesen Nachteil zu kompensieren.

Wenn der Spread gering ist, spricht nichts dagegen, den Briefkurs zu bezahlen. Wenn aber die Spanne groß ist, dann bieten Sie ein bisschen mehr als die Mitte zwischen Geld- und Briefkurs.

Beispiel: Wenn der Geldkurs 1,50 Dollar und der Briefkurs 1,75 Dollar beträgt, bieten Sie 1,65 Dollar. Sie können das Gebot auch noch auf 1,70 Dollar erhöhen, wenn niemand Ihnen die Option zu Ihrem ersten Gebot verkauft. Der Handel ist ein Auktionsverfahren, bei dem man nicht den höchstmöglichen Preis bezahlen möchte, wenn man nicht dazu gezwungen ist.

Anmerkung: Eine der Bedrohungen Ihrer Handelsgewinne ist der Verlust aufgrund des Spreads (auch „Slippage“ genannt) und deshalb müssen Sie genau auf den sich stetig verändernden Geld-Brief-Markt achten.

Fazit: Achten Sie vor dem Kauf von Calls oder Puts genau auf den Spread.

BEVOR SIE IHREN ERSTEN TRADE PLATZIEREN

Trotz all dieser Risiken und Vorbehalte ist es sehr wichtig, zu wissen, wie man einzelne Optionen kauft und verkauft. Das kann Teil Ihres Risikomanagement-Programms sein und es spielt auch eine Rolle, wenn man fortgeschrittenere Strategien tradet. Der Hauptvorteil des Kaufs von Calls ist, dass das Gewinnpotenzial unbegrenzt, das Verlustpotenzial hingegen begrenzt ist. Nur Sie können entscheiden, ob diese Strategie für Sie und Ihre finanziellen Ziele sinnvoll ist.

Nachdem Sie nun die Vor- und Nachteile dieser Strategie kennen, können wir loslegen. Die im Folgenden abgebildeten Bildschirmfenster geben Ihnen Schritt-für-Schritt-Anweisungen, wie man Calls kauft.

Sie haben sich bereits in der Option Chain den Basiswert, alle Optionen und die Fälligkeitsdaten angeschaut. Wenn Sie sich die Option Chain anschauen, ist es sehr gut möglich, dass Sie endgültig entscheiden, welche Option Sie kaufen wollen.

Wenn Sie sich anfänglich damit unwohl fühlen, Ihren Trade selbst zu platzieren, dann können Sie Vertreter des Brokerhauses bitten, Ihnen zu helfen (bedenken Sie jedoch, dass zusätzliche Kosten anfallen, wenn sie den Trade platzieren). Wie gesagt, der häufigste Fehler beim Trading ist Unachtsamkeit: dass man die falschen Angaben eintippt.

TRADEN WIR LOS!

Bevor Sie anfangen, müssen Sie das Symbol der zugrunde liegenden Aktie kennen. Wählen Sie außerdem einen Basispreis und ein Fälligkeitsdatum. Abbildung 12.1 ist die Option Chain für Boeing-Calls.

Dazu einige Bemerkungen:

1. Der aktuelle Aktienkurs von Boeing beträgt 88,16 Dollar.
2. Die Call-Option, die wir kaufen wollen, ist der 87,50er-Mai-Call, eine Option, die fast einen Dollar weit (0,66 Dollar) im Geld ist.
3. Das Fälligkeitsdatum liegt einen Monat entfernt.
4. Der Briefkurs beträgt 2,81 Dollar. Auch sollten Sie beachten, dass der Spread 0,02 Dollar beträgt, die Differenz zwischen dem Geldkurs von 2,79 Dollar und dem Briefkurs von 2,81 Dollar. (In diesem Fall ist der Spread so eng, dass es kein Fehler ist, den Briefkurs zu bezahlen.)

Calls for BA Show Symbols | Show Analytics*

Last	Change	Bid	Ask	Volume	Open Int	Action	Strike
Calls for May 18							
4.40	+0.80	**4.45**	**4.50**	561	9,795	Select	**85**
2.77	+0.63	**2.79**	**2.81**	1,545	14,723	Select	**87.5**
1.49	+0.33	**1.54**	**1.56**	1,780	3,289	Select	**90**
0.75	+0.20	**0.75**	**0.77**	149	517	Select	**92.5**
0.35	+0.12	**0.34**	**0.36**	195	1,884	Select	**95**
Calls for Jun 22							
5.05	+0.70	**5.10**	**5.15**	63	510	Select	**85**
3.40	+0.45	**3.50**	**3.60**	115	605	Select	**87.5**
2.26	+0.40	**2.30**	**2.32**	340	3,808	Select	**90**
1.40	+0.31	**1.39**	**1.42**	128	114	Select	**92.5**

Abbildung 12.1: Option Chain: Calls auf Boeing

Quelle: Fidelity Investments. © 2002 FMR LLC. Alle Rechte vorbehalten. Nutzung mit freundlicher Genehmigung.

Anmerkung: Für 281 Dollar kontrollieren Sie Boeing-Aktien im Wert von rund 8.800 Dollar (100 Aktien). Das ist die Macht der Hebelwirkung, die ich bereits erwähnt habe – und der Grund, weshalb Menschen Calls kaufen.

Damit Sie Gewinn machen, muss der Basiswert Boeing vor der Fälligkeit deutlich über den Basispreis von 87,50 Dollar steigen. In diesem

Beispiel bleibt ein Monat, damit das geschehen kann, und diese Tatsache muss bei Ihrer Entscheidung, ob Sie den Call kaufen sollten, eine große Rolle spielen.

Anmerkung: Anstatt den 87,50er-Mai-Call zu kaufen, denken wir darüber nach, den 87,50er-Juni-Call für 3,60 Dollar zu kaufen; dann haben wir einen zusätzlichen Monat Zeit, aber es kostet uns 0,79 Dollar mehr. Derartige Entscheidungen müssen Call-Käufer andauernd treffen.

Nachdem Sie nun bereit sind, rufen Sie das Eingabefenster für Call-Optionen auf, das bei Ihrem Broker vielleicht anders aussieht als hier abgebildet.

DER BASISWERT

Wie gesagt: Überprüfen Sie das Aktiensymbol doppelt und dreifach. In Abbildung 12.2 geben wir BA ein, das Aktiensymbol von Boeing. (Es kann sein, dass Ihre Brokerfirma andere Anforderungen an die Eingabe des Symbols stellt.)

> **AKTION:** *Geben Sie das Symbol des Basiswerts – der zugrunde liegenden Aktie – ein.*

Underlying	Strategy	Last	Change	Bid	Ask
BA	Calls & Puts	$88.16	0.95	88.15	88.16

Abbildung 12.2: Option Chain: Calls auf Boeing

Quelle: Fidelity Investments. © 2002 FMR LLC. Alle Rechte vorbehalten. Nutzung mit freundlicher Genehmigung.

„BUY TO OPEN“

Sehen wir uns noch einmal an, welche Wahlmöglichkeiten Sie haben, wenn Sie Optionen kaufen oder verkaufen. Damit müssen Sie sich sehr gut vertraut machen, bevor Sie erfolgreich mit Optionen handeln können.

- *Buy to Open (Kaufen, um eine Position zu eröffnen):* Wählen Sie für den Kauf von Calls oder Puts diese Möglichkeit aus. Sie wird eingesetzt, um eine Long-Position einzugehen oder aufzubauen.

- *Sell to Close (Verkaufen, um eine Position zu schließen):* Wählen Sie diese Möglichkeit, wenn Sie einen zuvor gekauften Call oder Put verkaufen und somit diese Position schließen wollen.

- *Sell to Open (Verkaufen, um eine Position zu eröffnen):* Wählen Sie diese Möglichkeit, wenn Sie Calls oder Puts verkaufen, unter anderem auch beim Verkauf gedeckter Kaufoptionen (wird meist eingesetzt, um die Position einer gedeckten Kaufoption einzugehen).

- *Buy to Close (Kaufen, um eine Position zu schließen):* Wählen Sie diese Möglichkeit, wenn Sie eine Call- oder Put-Position eindecken oder abbauen wollen, die Sie zuvor verkauft haben. Wählen Sie diese Möglichkeit, um eine Position mit gedeckten Calls vor der Fälligkeit zu schließen.

Da Sie Calls kaufen, wählen Sie „Buy to Open“, denn in der Optionssprache ausgedrückt haben Sie vor, eine neue Position zu eröffnen, einzugehen oder aufzubauen (Sie wollen auf den Call long gehen).

AKTION: *Wählen Sie „Buy to Open“ (siehe Abbildung 12.3).*

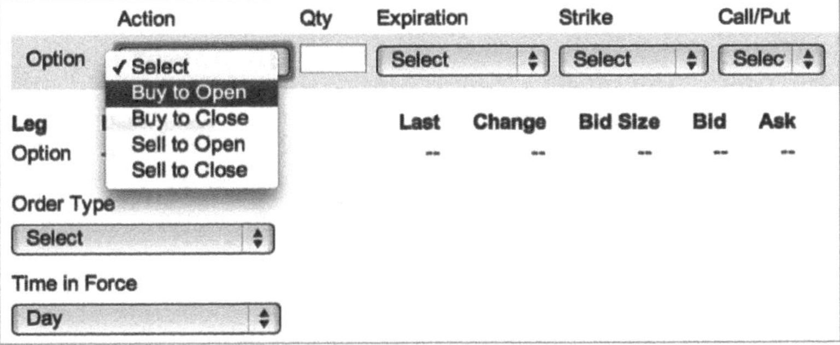

Abbildung 12.3: Eingabe einer Buy-to-Open-Order

Quelle: Fidelity Investments. © 2002 FMR LLC. Alle Rechte vorbehalten. Nutzung mit freundlicher Genehmigung.

DIE ANZAHL

Da Sie einen Kontrakt kaufen (der 100 Stücke der zugrunde liegenden Aktien repräsentiert), geben Sie die Zahl „1“ ein. Wie schon gesagt, es ist ein häufiger Fehler, statt der Anzahl der Kontrakte die Anzahl der Aktien einzugeben.

Wenn Sie beispielsweise 100 Kontrakte eingeben, dann entspricht das dem Kauf von Optionen auf 10.000 Aktien. Diesen Fehler wollen Sie natürlich nicht machen!

AKTION: *Geben Sie einen Kontrakt über 100 Aktien ein. (Die meisten Anfänger geben nie mehr als zehn Kontrakte auf einmal ein.)*

DER ORDERTYP: MARKET- ODER LIMIT-ORDER

In Abbildung 12.4 müssen Sie zwischen einer Market-Order und einer Limit-Order wählen. Beim Handel mit Optionen ist es ratsam, sich für eine Limit-Order zu entscheiden, was bedeutet, dass man den Preis wählt, zu dem man den Call zu kaufen bereit ist. Man lässt den Computer des Brokers für sich arbeiten, der einem den besten Preis verschaffen soll.

Wenn man sich hingegen für eine Market-Order entscheidet, lässt man den Markt den Preis bestimmen, den man bekommt. Das ist keine gute Idee. Der einzige Vorteil einer Market-Order ist die Schnelligkeit der Ausführung, wobei man jedoch möglicherweise nicht den erwarteten Preis bekommt.

	Action	Qty	Expiration	Strike	Call/Put
Option	Buy to Open	1	Jun 22	87.5	Call

Leg	Description	Last	Change	Bid Size	Bid	Ask
Option		$3.40	0.45	606	3.35	3.40

Route: Auto

Order Type: Limit

Limit Price: $ 3.40

Time in Force: Day

Abbildung 12.4: Eingabe einer Call-Kauforder

Quelle: Fidelity Investments. © 2002 FMR LLC. Alle Rechte vorbehalten. Nutzung mit freundlicher Genehmigung.

AKTION: *Wählen Sie „Limit-Order“.*

DIE ZEIT

Wählen Sie „Tag“ aus, was zur Folge hat, dass die Order entweder bis zum Ende des Tages ausgeführt oder aber gestrichen wird. Es ist mehr als wahrscheinlich, dass die Order in diesem Zeitrahmen ausgeführt wird.

Was wir bisher eingegeben haben, sehen Sie in Abbildung 12.4.

GELD- UND BRIEFKURSE

Nachdem Sie die Felder ausgefüllt haben, erscheinen der letzte Verkaufspreis der Option, die Preisveränderung sowie der aktuelle Geld- und Briefkurs automatisch auf dem Bildschirm. Da Sie Calls kaufen wollen, achten Sie vor allem auf den Briefkurs – das ist der maximale Preis, den Sie für die Option bezahlen könnten.

Wir beschließen, den 87,50er-Juni-Call auf Boeing zu kaufen (weil wir den zusätzlichen Monat wollen). Die Boeing-Aktie kostet derzeit 88,16 Dollar. Der Geldkurs beträgt 3,35 Dollar, der Briefkurs 3,40 Dollar. Vielleicht ist Ihnen aufgefallen, dass sich der Geld- und der Briefkurs, seit wir die Order aufgegeben haben, bereits verändert haben. Das passiert sehr häufig.

Wenn man als Limit-Preis den aktuellen Briefkurs eingibt, wird die Order wahrscheinlich schnell ausgeführt.

AKTION: *Geben Sie den aktuellen Briefkurs – 3,40 Dollar – ein.*

Der Computer der Brokerfirma wird versuchen, einen Preis von 3,40 Dollar pro Aktie oder weniger zu erzielen. Wenn die Order ausgeführt wird, erscheint auf Ihrem Konto eine Abbuchung von 340 Dollar netto (zuzüglich der Gebühr). Das sind die Gesamtkosten für den Kauf eines Kontrakts.

VORSCHAU IHRER ORDER

Wenn es eine Vorschau-Schaltfläche gibt, prüfen Sie die Order noch einmal, bevor Sie die Enter-Taste drücken. Im Vorschaufenster werden normalerweise die Gebühren und die Gesamtkosten der Order angezeigt. Das ist Ihre letzte Chance, vor der Aufgabe der Order noch Änderungen vorzunehmen.

Anweisungen an den Broker: Wenn Sie Ihren Broker anrufen und die obige Order telefonisch aufgeben wollen, sagen Sie beispielsweise: „Ich möchte einen Juni-Call auf Boeing mit Basispreis 87,50 Dollar zu einem Limit von 3,40 Dollar (oder besser) kaufen, die Order soll nur heute gültig sein."

Anmerkung: Wenn Sie beschließen, einen Broker anzurufen, gilt die Aufzeichnung des Telefongesprächs als Nachweis, dass die Order platziert wurde. Achten Sie darauf, deutlich zu sprechen und bei der Platzierung des Trades die Optionsbegriffe zu verwenden.

> **AKTION:** *Nachdem die Order ausgeführt wurde, werden von Ihrem Konto 340 Dollar abgebucht.*

DRÜCKEN SIE DIE ENTER-TASTE

Wenn Sie die Enter-Taste drücken, wird die Order an eine Optionsbörse weitergeleitet. Ein zu Ihrer Kauforder passender Verkäufer wird gefunden. Glückwunsch! Sie haben Ihren ersten Call gekauft. Aber zurücklehnen können Sie sich jetzt nicht, denn Sie müssen Ihre Optionsposition überwachen.

Da nun die Zeit Ihr Feind ist, wäre es gut, ein Gewinnziel im Kopf zu haben und zum Verkauf der Option bereit zu sein. Auch ist es wichtig, dass Sie einen Plan zur Begrenzung Ihrer Verluste haben. Vielleicht wollen Sie einen maximalen Verlust festlegen, den Sie in Kauf nehmen, bevor Sie die Option verkaufen. Vielleicht ändern Sie auch Ihre Meinung über die Aktie. Wenn Sie nicht mehr erwarten, dass die Aktie steigt, gibt es keinen Grund, den Call zu behalten. Wichtig: Planen Sie nicht, die Option bis zur Fälligkeit zu halten.

Anmerkung für Fortgeschrittene: Bevor Sie irgendeine Option ins Auge fassen, sollten Sie wissen, dass Aktiensplits, Fusionen, Übernahmen, Sonderdividenden und andere Kapitalmaßnahmen mit Optionskontrakten seltsame Dinge anstellen können. Wenn die Option, die Sie traden wollen, ein merkwürdiges Symbol hat, ist es am besten, diese Option zu meiden und eine mit dem „korrekten“ Symbol zu finden.

Eine Trading-Katastrophe

Ich habe in diesem Buch bereits erwähnt, dass mein Bekannter Daniel (nicht sein richtiger Name) in drei Tagen mit Optionen 130.000 Dollar verdient hat. Seine Achterbahnfahrt hatte eine Woche zuvor begonnen, als er von einem Aktienbroker einen Tipp zu einem kleinen kalifornischen Arzneimittelhersteller bekam, dessen Aktie Gerüchten zufolge steigen sollte.

Laut dem Broker sollte Hollis-Eden Pharmaceuticals (Symbol: HEPH) vom amerikanischen Staat eine millionenschwere Bestellung seines neu entwickelten Strahlenschutzmedikaments erhalten. Es wurde angenommen, dass der Staat seine Absicht bald bekannt geben würde.

Nachdem Daniel ein paar grundsätzliche Erkundigungen über das Unternehmen eingeholt hatte, war er überzeugt, dass sein Broker recht hatte. Er war auf der Suche nach einem Volltreffer und eine solche Spielchance bietet sich nicht sehr oft. Die Aktie stand damals bei fast 7,50 Dollar. Daniels anfängliches Kursziel betrug zehn Dollar und er hielt 30 Dollar für möglich.

Und so kaufte Daniel mit dem Segen seines Brokers 500 Call-Kontrakte (mit denen er circa 50.000 Aktien kontrollierte) mit verschiedenen Restlaufzeiten und Basispreisen. Die billigsten aus dem Geld befindlichen Calls kosteten etwa 0,50 Dollar das Stück.

Das war in jeder Hinsicht eine riesige Wette auf eine einzelne Aktie. Es stellte sich heraus, dass der Broker recht gehabt hatte. Die Aktie stieg vor dem erwarteten Datum der Bekanntgabe um 34 Prozent. Der Call-Kontrakt stieg aufgrund der Erwartung, dass der Staat eine große Menge des neuen Medikaments kaufen würde, von 0,50 auf 2,80 Dollar.

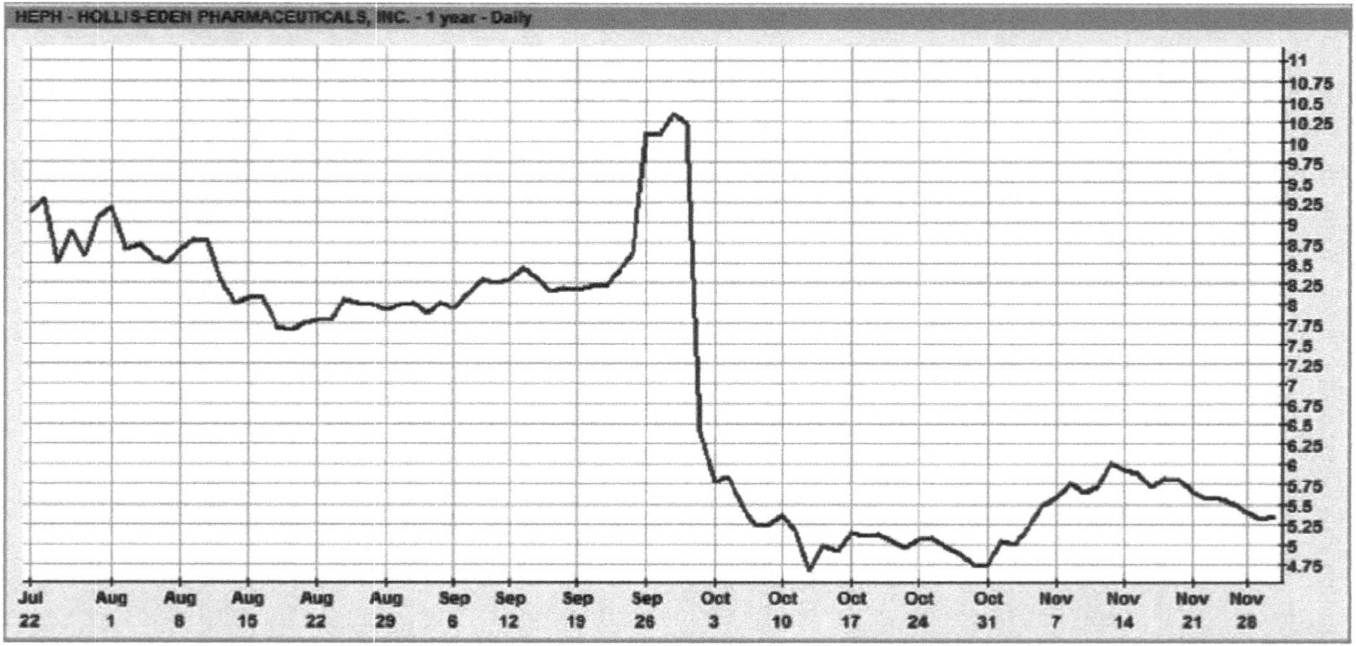

Abbildung 12.5: Jahreschart von Hollis-Eden

Quelle: Fidelity Investments. © 2002 FMR LLC. Alle Rechte vorbehalten. Nutzung mit freundlicher Genehmigung.

Als ich Daniel in einem Café in der Nähe traf, erzählte er mir, er habe Buchgewinne von mehr als 130.000 Dollar. Er klatschte seine Freunde ab. Das war der größte Tagesgewinn, den er in seinem Leben je erzielt hatte. Das ist der Volltreffer, von dem alle Call-Käufer träumen.

Ich freute mich zwar, von seinem Glück zu hören, aber ich stellte ihm die Frage: „Hast du schon verkauft?"

Er schaute mich leicht verärgert an. „Ich hatte daran gedacht", sagte er. „Aber die Meldung kommt erst am Freitag." Ich sah diesen Blick in seinen Augen. „Und die Nachricht wird gut ausfallen!" Seiner Meinung nach wäre es verrückt, nach einem so großen Gewinn zu verkaufen, wo doch um die Ecke ein noch größerer Gewinn wartet.

Am nächsten Tag, einem Donnerstag, den 29. September, dachte er noch einmal über seinen riesigen Gewinn nach. Er überlegte sich, ob er seine profitablen Calls verkaufen sollte, um neue Calls zu finanzieren. Er sprach sogar mit seinem Broker darüber, aber weder platzierte noch bestätigte er eine entsprechende Order.

Am Freitagmorgen kam die Meldung über HEPH. Zum Unglück meines Freundes hatte die US-Regierung beschlossen, nur 100.000 Dosen des Medikaments zu kaufen, und das reichte nicht annähernd, um dem Unternehmen einen beträchtlichen Gewinn zu bescheren. Wenig überraschend stürzte HEPH nach der Meldung ab.

Ein Bild sagt mehr als tausend Worte und Abbildung 12.5 sagt alles. Als die Aktie zerbröselte, geschah dies auch mit Daniels sämtlichen Gewinnen. Rückblickend zog Daniel daraus mehrere Lehren: Erstens schwor er sich, nie wieder so gierig zu werden (stets leichter gesagt als getan). Zweitens schwor er sich, selbst die Kontrolle über seine Kauf- und Verkaufsentscheidungen zu übernehmen und sie nicht vollständig dem Broker zu überlassen. Schließlich liegt es ja in der Verantwortung des Kunden, dem Broker zu sagen, wann und was er kaufen oder verkaufen soll.

Als ich Daniel ein paar Wochen später traf, hatte er gerade erneut bei seinem Broker eine Order über den Kauf weiterer HEPH-Optionen aufgegeben (allerdings nicht so viele wie beim ersten Mal). Das kommt recht häufig vor; manche Trader nehmen Verluste, die sie mit einer Aktie oder einer Option erlitten haben, persönlich und wollen sich dafür rächen. Doch sobald man bezüglich einer Aktie emotional wird, schlägt einen der Markt wahrscheinlich, und genau das passierte Daniel, nachdem er seine zweite Order platziert hatte. In den drei Monaten danach stieg HEPH nicht mehr über sechs Dollar. Zum zweiten Mal verfielen Daniels Call-Optionen wertlos.

Nachbemerkung: Später kaufte ein anderes Unternehmen Hollis-Eden auf, nachdem es zum Pennystock geworden war.

Nachdem Sie nun die Funktionsweise des Call-Kaufs erlernt haben (und hoffentlich auch eine Lektion über Gier), werden Sie gleich lernen, wie man seine Call-Position managt und pflegt.

13

WIE MAN SEINE CALL-POSITION MANAGT

Die Platzierung der Order ist der leichte Teil des Kaufs von Optionen. In diesem Kapitel werden Sie den schweren Teil erledigen – Ihre Call-Position managen. Nachdem Sie Ihre Order platziert haben, sind Sie voller Hoffnung. Vielleicht haben Sie sich schon ausgerechnet, wie viel Geld Sie damit verdienen werden (immer ein schlechtes Zeichen). Sie haben viele Wahlmöglichkeiten, was Sie tun können, und deshalb müssen Sie sowohl den Basiswert als auch die Option genau verfolgen.

Wie Sie sich erinnern, habe ich in Kapitel 7 besprochen, weshalb es unerlässlich ist, vor und nach jedem Trade einen Trading-Plan zu erstellen. Ein Trading-Plan ist ein Fahrplan, der Ihnen hilft, zu bestimmen, wann Sie in eine Optionsposition einsteigen oder aus ihr aussteigen sollten.

WAS GUTGEHEN ODER SCHIEFGEHEN KANN

Als Käufer von Calls haben Sie das Recht, die Aktie vor dem Fälligkeitsdatum zu kaufen. Deshalb müssen Sie die Position genau beobachten. Sobald Sie die Option besitzen, hat die zugrunde liegende Aktie nur drei Bewegungsmöglichkeiten: nach oben, nach unten oder seitwärts.

Anmerkung: Der Basiswert bestimmt die Entwicklungsrichtung der Kaufoption. Wenn man Calls besitzt, ist es gut, wenn der Basiswert steigt, weil dann der Wert der Option steigt. Wenn der Basiswert fällt, sinkt hingegen der Wert Ihrer Call-Option (von gelegentlichen Ausnahmen abgesehen).

Um ihr Gedächtnis aufzufrischen: Die Boeing-Aktie kostet derzeit 88,16 Dollar. Sie haben im Juni fällige Call-Optionen auf Boeing mit Basispreis 87,50 Dollar gekauft. Die Prämie betrug 3,40 Dollar.

Der Basispreis sinkt

Was soll man tun, wenn sich der Basiswert nach unten bewegt?

Ergebnis: Die Aktie fällt unter den Basispreis. In unserem Beispiel fällt Boeing unter den Basispreis von 87,50 Dollar.

Analyse: Das ist nicht das, was Sie wollten. Wenn der Basiswert fällt, kann man zuschauen, wie der Optionspreis schrumpft. Wenn die Aktie fällt, verliert die Option an Wert. Der Zeitwert der Option verfällt schnell, weil bis zur Fälligkeit nur noch wenige Wochen bleiben.

Der Countdown läuft und Ihre Option wird zum Fälligkeitsdatum wertlos verfallen. Wenn eine Aktie in die falsche Richtung läuft, haben Sie mehrere Möglichkeiten. Erstens könnten Sie, wenn noch etwas Zeit bleibt und Sie nicht glauben, dass die Aktie eine dramatische Wende vollzieht, versuchen, das zu retten, was von dem Kontrakt noch übrig ist, indem Sie die Optionsposition verkaufen.

Erinnern Sie sich daran, dass es Optionen, deren Basiswerte unter dem Basispreis gehandelt werden, schwerfällt, profitabel zu werden. Wenn nur noch eine Woche bleibt, können Sie Ihre fast wertlose Option genauso gut behalten (aber diese Entscheidung können nur Sie treffen).

An diesem Punkt haben Sie durch das Halten der Position bis zur Fälligkeit wenig zu verlieren und können auf ein Wunder hoffen. Manchmal erscheint wenige Tage vor der Fälligkeit eine positive Nachricht über die zugrunde liegende Aktie und zuvor wertlose Call-Optionen werden plötzlich wertvoll. Übrigens: Wenn die Option wertlos verfällt, brauchen Sie überhaupt nichts zu tun. Sie haben die

Option ja schon bezahlt, deshalb ändert sich der Saldo in Ihrem Depot nicht. Das Einzige, was in Ihrem Depot passiert, ist, dass die Option verschwindet.

Die Position verkaufen (oder schließen)

Wenn Sie beschließen, mit Verlust zu verkaufen, funktioniert das genauso, wie wenn Sie mit Gewinn verkaufen. Rufen Sie das Brokerfenster auf und wählen Sie „Sell to Close". Das bedeutet, dass Sie verkaufen, um die Position zu schließen. Sie vermerken es als schlechtes Geschäft und haben daraus vielleicht ein paar Lehren gezogen.

Anweisungen an den Broker: Wenn Sie Ihren Broker anrufen und die obige Order telefonisch aufgeben wollen, können Sie beispielsweise sagen: „Ich möchte den 87,50er-Mai-Call auf Boeing zum derzeitigen Geldkurs oder besser verkaufen, um meine Position zu schließen."

Der Basiswert bleibt gleich

Was sollte man tun, wenn der Kurs des Basiswerts gleich bleibt?

Ergebnis: Die Aktie verbleibt auf dem Basispreis oder in der Nähe. In unserem Beispiel bleibt Boeing zwischen 85 und 88 Dollar.

Analyse: Das ist keine gute Situation. Die Option hat bereits an Zeitwert verloren und in den kommenden Tagen kann es nur noch schlimmer werden. Wenn der Basiswert nicht deutlich steigt – und zwar bald (das Fälligkeitsdatum ist nahe) –, wird dieser Trade zum Verlustgeschäft.

Hinweis: Jetzt sollten Sie darüber nachdenken, die verbliebene Prämie noch zu retten. Sie können die Call-Option verkaufen und Ihren Verlust begrenzen, bevor Sie alles verlieren. Wenn allerdings die Aktie danach dramatisch zulegt, werden Sie sich wünschen, Sie hätten nicht verkauft. Es müssen immer schwierige Entscheidungen getroffen werden, aber treffen Sie sie anhand von etwas anderem als Hoffnung.

Anmerkung: Alle Optionspositionen bis zur Fälligkeit zu halten ist keine gute Idee.

Der Basiswert steigt

Was sollten Sie tun, wenn der Basiswert steigt?

Ergebnis: Die Aktie bleibt über dem Basispreis. In unserem Beispiel steigt Boeing auf 91 Dollar, also deutlich über den Basispreis von 87,50 Dollar.

Analyse: Das ist genau das, was Sie wollten. Da die zugrunde liegende Aktie steigt, können Sie zuschauen, wie der Optionspreis steigt. Je weiter die Aktie über den Basispreis steigt, umso wertvoller wird die Kaufoption.

Wenn der Basiswert über dem Basispreis steht, hat man mehrere Möglichkeiten. Psychologisch lässt sich eine gewinnbringende Position viel leichter managen als eine verlustbringende, aber leichtsinnig werden sollte man dann trotzdem nicht.

Aufgrund der Wankelmütigkeit des Optionsmarkts ist es immer eine gute Idee, Geld vom Tisch zu nehmen und Gewinne zu verbuchen. Seien Sie sich allerdings bewusst, dass Sie vielleicht nicht viel Geld verdienen, wenn Sie Gewinne zu schnell mitnehmen und Verluste zu langsam begrenzen.

Wenn der Basiswert allerdings kräftig steigt und Ihr Gewinn so groß ist, dass Sie Freunde und Verwandte abklatschen, verkaufen Sie sofort! Allzu viele Options-Trader lassen Gewinnpositionen aus Gier zu Verlierern werden. Lassen Sie nicht zu, dass Ihnen das passiert. Wenn Sie mit einer Call-Option einen Volltreffer landen, nehmen Sie das Geld und machen Sie sich aus dem Staub. (Wenn Sie beim Eingehen des Trades ein Gewinnziel festlegen, fällt Ihnen die Entscheidung zum Ausstieg leichter.)

Das heißt, wenn die Aktie über dem Basispreis steht (und Ihre Option im Geld ist), können Sie den Call verkaufen, wenn Sie ihn nicht mehr haben wollen, und den (etwaigen) Gewinn verbuchen.

Um die Optionsposition zu schließen, wählen Sie im Brokerfenster „Sell to Close" aus. Ist Ihre Call-Option bei Fälligkeit im Geld, haben Sie noch eine andere Möglichkeit. Sie haben nämlich das Recht, die Kaufoption auszuüben. Dies zu verstehen ist so wichtig, dass ich ein eigenes Kapitel geschrieben habe, das Ihnen helfen soll, dieses Verfahren zu verstehen. Hinweis: Sie werden später noch lernen, dass es sinnvoller ist, eine Option zu verkaufen als sie auszuüben.

Doch bevor Sie etwas über die Ausübung zu lesen bekommen, werfen wir noch einen Blick auf drei fortgeschrittene Call-Strategien.

FORTGESCHRITTENE CALL-STRATEGIEN

Manche der im Folgenden beschriebenen Strategien werden Sie auf neue Gedanken bringen, wie man Optionen einsetzen kann, um seine Renditen zu steigern.

Optionen auf ETFs kaufen

Anstatt Calls auf einzelne Aktien zu kaufen, können Sie auch Calls auf ETFs wie den SPY (S&P 500), den QQQ (Nasdaq 100), den DIA (Dow Jones Industrial Average) oder den IWM (Russell 2000) kaufen. Der Kauf von Optionen auf ETFs wird in Kapitel 23 besprochen.

In einen höheren Basispreis rollen

Das Rollen nach oben haben wir in dem Abschnitt über die gedeckte Kaufoption bereits besprochen. Man kann das auch mit Call-Optionen machen, die man besitzt. Zur Erinnerung: Einen Call nach oben zu rollen bedeutet, dass man seine aktuelle Position schließt und in eine Position mit höherem Basispreis wechselt.

Nehmen wir beispielsweise an, Sie haben einen Dollar für einen Call auf eine Aktie bezahlt, die bei 20 Dollar steht. Jetzt, zur Fälligkeit, steht die Aktie bei 23 Dollar und der Call ist drei Dollar wert. Anstatt die Option auszuüben, verkaufen Sie sie für drei Dollar (also mit zwei Dollar Gewinn) und ersetzen sie, indem Sie den im nächsten Monat fälligen Call kaufen. Im Prinzip behalten Sie also Ihre Call-Option auf die betreffende Aktie bei.

Anmerkung: Diese Strategie funktioniert am besten, wenn die Aktie „einen Lauf hat".

In eine spätere Fälligkeit rollen

Wenn Sie eine Option rollen (nach vorne rollen), bedeutet dies, dass Sie die Option gegen eine Option mit späterer Fälligkeit austauschen. Deren Basispreis kann identisch oder auch nicht identisch sein, es ändert sich aber das Fälligkeitsdatum. Beispielsweise schließen Sie einen Märzkontrakt und eröffnen einen Aprilkontrakt.

Und jetzt werde ich mich in Kapitel 14 ausführlicher mit dem Ausübungsrecht des Call-Käufers befassen.

14

DIE AUSÜBUNG: IHR KAUFRECHT

Das Gute an der Ausübung ist, dass sie kein Mysterium ist, wenn man die Regeln und Verfahrensweisen einmal verstanden hat. Tatsächlich ist sie ganz einfach. Ich tue in diesem Kapitel mein Bestes, um Ihnen dabei zu helfen, die Ausübung zu verstehen und zu verstehen, welche Schritte Sie vor der Fälligkeit unternehmen können.

WAS DIE AUSÜBUNG BEDEUTET

Als Sie gedeckte Calls verkauften, wurde die Aktie bei Ihnen abgerufen, als der Käufer des Calls seine Option ausübte. Als Call-Verkäufer hatten Sie beim Abruf der Aktie nur eine Verpflichtung, nämlich die Aktie zu liefern. Nun, da Sie die Seite gewechselt haben und Besitzer des Calls sind, sind Sie derjenige, der ihn ausüben kann.

Zur Erinnerung: Der Call-Käufer (das sind jetzt Sie) hat das Recht, die Call-Option auszuüben. Wenn der Käufer eine Call-Option ausübt, kauft er den Basiswert. Erinnern Sie sich, zu welchem Preis der Käufer die Option ausübt? Die Antwort lautet: zum Basispreis, der auch als Ausübungspreis oder Strike bezeichnet wird.

Es gibt mehrere Gründe, aus denen man als Call-Käufer womöglich die Option ausüben und die zugrunde liegende Aktie kaufen möchte, beispielsweise weil man Aktien besitzen möchte. Dafür können Sie sich entscheiden, aber es ist nicht notwendig.

Wenn man eine Call-Option ausübt, bedeutet das einfach, dass man seine im Geld befindliche Call-Option gegen 100 Aktien eintauscht. Man ist zur Ausübung nicht verpflichtet, aber man hat das Recht, es zu einem beliebigen Zeitpunkt vor der Fälligkeit zu tun. [Dies gilt nur für die in diesem Buch behandelten „amerikanischen Optionen“. Die sogenannten „europäischen Optionen“ können nur zur Fälligkeit ausgeübt werden; Anm. d. Ü.]

Wichtige Anmerkung: Sie sollten wissen, dass die meisten Optionsanleger ihre Call-Optionen nicht ausüben. Vielmehr verkaufen sie den Call vor seiner Fälligkeit und schließen so die Position.

WAS MAN VOR DER FÄLLIGKEIT TUN KANN

Die Optionsaktivität nimmt meistens mit Näherrücken der Fälligkeit zu. Käufer und Verkäufer treffen wichtige Entscheidungen. Wenn eine Call-Option im Geld ist, sollte man sie verkaufen oder ausüben?

Hier die vier Möglichkeiten, die Sie haben:

1. Sie können die Option verkaufen.
2. Sie können die Option ausüben.
3. Sie können nichts tun und zulassen, dass die im Geld befindliche Option automatisch ausgeübt wird.
4. Sie können die Option mit oder ohne Erhöhung des Basispreises in den nächsten Monat rollen (im vorigen Kapitel erklärt).

Anmerkung: Wenn die Option aus dem Geld ist, können Sie sie wertlos verfallen lassen.

Wir wollen nun die drei ersten Möglichkeiten erkunden.

Zunächst einmal sollten Sie sich vor der Fälligkeit einen Plan zurechtgelegt haben. Das Letzte, was Sie wollen, ist, mit der Entscheidung bis zum letzten Tag zu warten.

Möglichkeit 1: Die Option verkaufen

Die meisten Anleger verkaufen die Option, wenn sie im Geld ist. Man kann die Option jederzeit verkaufen. Wenn Sie aber beschließen, damit bis zur Fälligkeit zu warten, tätigen Sie den Trade vor Handelsschluss um 16 Uhr New Yorker Zeit. Sie wollen ja nach Börsenschluss am letzten Tag keine Option im Geld haben. Falls das passiert, wird sie automatisch ausgeübt und Sie nehmen die entsprechenden Aktien in Besitz.

Möglichkeit 2: Die Option ausüben

Sehen wir uns Ihre zweite Möglichkeit an: Vielen Anfängern ist nicht klar, dass sie die Option nicht auszuüben brauchen. Das ist eine Wahl, keine Pflicht.

Wenn man sich für die Ausübung entscheidet, tut man das fast immer zur Fälligkeit, nicht früher. Warum nicht? Solange die Optionsprämie vor der Fälligkeit noch ein bisschen Zeitwert beinhaltet, macht man bei einer vorzeitigen Ausübung Verlust (den Zeitwert). (Davon gibt es eine Ausnahme, die ich später noch besprechen werde.)

Für die Ausübung gibt es selten einen guten Grund, aber wenn Sie es vor dem letzten Tag tun wollen, müssen Sie Ihren Broker von dieser Absicht in Kenntnis setzen. Annahmeschluss ist kurz vor Handelsschluss am gewünschten Ausübungstag. Vielen Brokern ist ein Anruf lieber.

Sobald Sie Ihren Broker informiert haben, ist die Entscheidung unwiderruflich und Sie können Ihre Meinung nicht mehr ändern. Ihre Brokerfirma informiert die OCC von Ihrer Ausübungsabsicht und die OCC gibt eine Ausübungsanzeige heraus, die einem zufällig ausgewählten Depot zugeteilt wird. Die Aktien werden automatisch über Nacht aus dem Depot des Verkäufers gebucht und in Ihr Depot geliefert, wo sie am nächsten Morgen sichtbar werden. Der Betrag für den Aktienkauf wird von Ihrem Konto abgebucht.

Wenn Sie beispielsweise einen 87,50er-Mai-Call auf Boeing ausgeübt haben, dann besitzen Sie jetzt 100 Boeing-Aktien, für die Sie 8.750 Dollar bezahlt haben. Hatten Sie fünf Boeing-Calls und haben Sie alle fünf ausgeübt, besitzen Sie jetzt 500 Boeing-Aktien.

Wenn Sie den Kauf am Montag bereuen und die Aktien nicht mehr haben wollen, können Sie sie zum Glück gleich wieder am Aktienmarkt verkaufen.

Leserfrage: Kann man eine Option ausüben, die aus dem Geld ist?

Antwort: Ja, wenn man will, kann man das, aber dabei würde man Verlust machen. Wenn man einen aus dem Geld befindlichen Call ausübt, bezahlt man für die Aktie zu viel. Das ergibt wirtschaftlich keinen Sinn.

Hinweis: Wie gesagt, nur wenige Call-Käufer üben ihre Option aus. Aber wenn Sie die Aktie unbedingt haben wollen, können Sie die Option zur Fälligkeit (aber nicht früher) ausüben.

Möglichkeit 3: Nichts tun

Nichts zu tun ist die schlechteste Wahl. Anfänger vergessen manchmal, dass sie überhaupt eine Call-Option gekauft haben. Stellen Sie sich ihre Überraschung vor, wenn sie plötzlich feststellen, dass sie eine Aktie besitzen, die sie nicht haben wollten oder sich nicht leisten können.

Wichtige Erinnerung: Wenn Ihre Option bei Fälligkeit um einen Cent oder mehr im Geld ist, übt die OCC sie automatisch aus. Die von der Optionsbranche aufgestellte Regel der automatischen Ausübung hat schon so manchen Menschen Kummer bereitet. Vergessen Sie nach dem Kauf einer Kaufoption niemals, dass Sie sie besitzen. Notieren Sie das Fälligkeitsdatum im Kalender und überwachen Sie die Position.

Rein technisch haben Sie bis kurz nach 16 Uhr am Verfallsfreitag Zeit, die Option auszuüben. Jedoch zwingen manche Brokerfirmen Trader, die nicht genug Geld auf ihrem Konto haben, automatisch, die Option vor dem Ende des Tages zu schließen, wenn sie bei Fälligkeit im Geld ist. Rufen Sie Ihren Broker an und finden Sie die genauen Ausübungsregeln heraus.

Leserfrage: Kann eine Option, die aus dem Geld ist, automatisch ausgeübt werden?

Antwort: Nein.

VORZEITIGE AUSÜBUNG

Wie Sie wissen, erfolgt die Ausübung fast immer zum Fälligkeitsdatum. Es gibt aber noch einen anderen Zeitpunkt vor der Fälligkeit, zu dem man es in Erwägung ziehen könnte, eine Option auszuüben.

Leserfrage: Muss man ausüben, um die Dividende mitzunehmen?

Antwort: Ja. Nur Aktionäre bekommen die Dividende. Call-Besitzer bekommen die Dividende nicht.

Anmerkung: Die Nicht-Ausüben-Mitteilung

Hier nun eine Regel, die nur wenige Menschen kennen. Sie können Ihrer Brokerfirma mitteilen, dass Sie nicht wollen, dass eine Option in Ihrem Besitz ausgeübt wird, wenn sie im Geld ist. Das Problem: Wenn Ihre Option zur Fälligkeit im Geld ist und Sie üben sie nicht aus, werfen Sie den etwaigen Barwert weg.

Wenn Sie die Aktie nicht zum Basispreis kaufen wollen, müssen Sie diese Absicht Ihrem Broker vor Annahmeschluss mitteilen. Anmerkung: Sie können diese ganzen Komplikationen vermeiden, indem Sie die Option vor ihrer Fälligkeit verkaufen.

Gehen wir abschließend die wichtigsten Richtlinien für die Ausübung noch einmal durch:

1. Die meisten Menschen kaufen Calls nicht, um Aktien zu besitzen, sondern um Gewinn zu erzielen. Daher haben sie nicht die Absicht, die Option auszuüben. Andere Menschen kaufen Calls, weil sie wirklich daran interessiert sind, die zugrunde liegende Aktie zu einem späteren Zeitpunkt zu besitzen. Übereinstimmende Meinung: Üben Sie Ihren Call nicht aus, sondern verkaufen Sie ihn vor dem Fälligkeitsdatum.
2. Wenn Sie beschließen, eine Option auszuüben, dann tun Sie es am Ende des Tages (also informieren Sie Ihren Broker und schicken Sie ihm eine Ausübungsmitteilung).
3. Wenn Sie Ihre Brokerfirma zur Ausübung anweisen, dann ist das unwiderruflich.
4. Eine vorzeitige Ausübung ist normalerweise finanziell nicht sinnvoll.
5. Die in diesem Buch behandelten amerikanischen Optionen können nach dem Kauf jederzeit ausgeübt werden, solange es zur oder vor der Fälligkeit geschieht. Europäische Optionen können hingegen nur zum Fälligkeitsdatum ausgeübt werden, nicht vorher.

Nachdem Sie nun mit dem Kauf von Calls vertraut sind, werden Sie gleich lernen, wie man Puts kauft – eine andere spekulative Strategie. Wie gesagt, es ist unerlässlich, dass Sie diese Strategie lernen, auch wenn Sie beschließen, sie nie einzusetzen. Zu Ihrer Information: Der Kauf von Puts ist spiegelbildlich zum Kauf von Calls (auch wenn der Grund für den Kauf oder den Verkauf ein anderer ist).

TEIL 4

WIE MAN PUTS KAUFT

15

WIE MAN DIE RICHTIGE PUT-OPTION AUSWÄHLT

Wenn Sie glauben, dass der Markt oder Ihre Aktie im Wert fallen werden, haben Sie mehrere Möglichkeiten. Wenn Sie auf eine Aktie long stehen, können Sie sie zur Vermeidung künftiger Verluste verkaufen. Eine andere Möglichkeit ist es, Aktien zu shorten oder leerzuverkaufen. Und die dritte Möglichkeit ist der Kauf von Puts. (Man sagt auch, dass man „long auf Puts" steht.)

Wenn man Puts kauft, macht man oft Gewinn, wenn der Kurs des Basiswerts fällt. Zum Beispiel gaben vor vielen Jahren die Immobilien-Aktien nach, nachdem sich ihre Kurse verdoppelt oder verdreifacht hatten. Anstatt Immobilien-Aktien zu shorten hätte man auch Puts auf sie kaufen können. Beim weiteren Kursverfall der Immobilien-Aktien hätten die Puts an Wert zugelegt.

Man hat manchmal das Gefühl, dass Put-Käufern kein Respekt entgegengebracht wird. Das liegt vielleicht daran, dass die meisten Anleger darauf programmiert sind, long zu gehen und long zu bleiben. Im Allgemeinen scheut die Allgemeinheit vor Short-Strategien zurück. Schließlich bedeutet Shorten ja, dass man über Aktien negativ denkt. Oder vielleicht liegt es auch daran, dass so wenige Menschen verstehen, wieso und warum irgendjemand Aktien shorten will.

Anmerkung: Wenn Sie nicht wissen, wie man Aktien shortet, können Sie diese faszinierende Strategie in meinem Buch „Understanding Stocks" nachlesen.

Meines Erachtens schließt man sich, wenn man nur eine Seite des Marktes einnimmt – die Long-Seite –, von einem sehr lukrativen Teil des Marktes aus. Wenn man beide Seiten des Marktes tradet, kann man hingegen flexibel sein. Wenn die Kurse stagnieren, kann man gedeckte Calls verkaufen. Sind die Aktien bullish, kann man Calls kaufen. Und wenn die Aktien bearish sind, kann man Puts kaufen.

Eigentlich funktioniert der Kauf von Puts genauso wie der von Calls. Allerdings ist der Grund, aus dem man Puts kauft, ein ganz anderer als der, aus dem man Calls kauft. Wenn man die Gründe versteht, weshalb man eventuell Puts kaufen will, ist man gegenüber vielen Tradern im Vorteil. Es lohnt sich, dass Sie sich die Zeit nehmen, zu verstehen, wie man diese Strategie einsetzt.

Außerdem werden Sie, wenn Sie die mittelschweren und fortgeschrittenen Strategien lernen, zum Beispiel Spreads, häufig Puts kaufen und verkaufen. Und wie Sie in Kapitel 17 lernen werden, werden Puts auch zum Schutz von Aktienportfolios eingesetzt. Tatsächlich ist dies einer der besten Gründe, Puts zu kaufen.

WAS ES BEDEUTET, EINEN PUT ZU KAUFEN

Wenn man einen Put kauft, will man davon profitieren, dass der Preis des Basiswerts sinkt. Je schneller und tiefer die Aktie fällt, umso wertvoller wird die Put-Option. Wenn es während einer langwierigen Baisse den Anschein hat, dass die Aktien fallen, ist der Kauf von Puts eine sinnvolle Strategie.

Wenn man Calls kauft, besitzt man normalerweise nicht das zugrunde liegende Wertpapier. Auch Put-Käufer brauchen den Basiswert nicht zu besitzen. Einfach ausgedrückt: Wenn man Puts kauft, profitiert man, wenn der Basiswert weit und schnell genug fällt. Hingegen verliert man seine Anfangsinvestition, wenn die Aktie steigt. Und da man die Aktie ja nicht shortet, riskiert man beim Kauf von Puts weniger Geld (und deshalb gefällt das Spekulanten so gut).

An der CBOE sagen die Trader untereinander: „Puts sind dein Freund.“ Manche Privatanleger ignorieren die Put-Strategien, aber das ist ein Fehler. Hier nun die beiden wichtigsten Gründe, Puts zu kaufen.

Spekulation

Wenn man spekuliert, hat man das Ziel, in möglichst kurzer Zeit Geld zu verdienen. Wenn man Puts kauft, hofft man, dass die zugrunde liegende Aktie oder der zugrunde liegende Index sich nach unten bewegen. Der Kauf von Puts begrenzt die Verluste, aber es ist jederzeit möglich, dass man seine gesamte Investition oder einen Teil davon verliert.

Puts zu kaufen ist weniger riskant als Aktien zu shorten. Wenn man Puts kauft, weiß man von vornherein, wie viel man verlieren kann. Wenn man Aktien shortet, gibt es keine Grenze, wenn man keine Stop-Loss-Order verwendet. Im Vergleich zum Shorten setzt man beim Put-Kauf weniger Geld ein (auch wenn Puts teuer sein können).

Versicherung oder die Absicherung gegen Risiken

Ein wirkungsvoller Einsatz von Puts ist, sie als Versicherungspolice zu kaufen – um ein Portfolio vor einer Katastrophe am Aktienmarkt zu schützen (und deshalb bezeichnen manche sie als Katastrophenversicherung). Wenn man glaubt, dass ein Portfolio oder eine Aktie einem Risiko ausgesetzt ist, kann man auf einen Teil des Portfolios oder auf das gesamte Portfolio Puts kaufen.

Zwar können Puts den Verlust verringern, aber einen hundertprozentigen Schutz bieten sie nicht. Trotzdem ist der Schutz durch Puts eine der besten Möglichkeiten, sich in volatilen Marktphasen einen ruhigen Schlaf zu verschaffen (auch wenn man seine Aktien verkaufen kann anstatt Puts zu kaufen).

Viele Anleger kaufen Puts auch, um ihre Long-Aktienportfolios abzusichern. Wenn man beispielsweise Investmentfonds und Aktien besitzt, die in Aktienindizes wie etwa den S&P 500 investieren, dann kann man sich gegen Verlustrisiken absichern, indem man Put-Optionen auf einen Index oder auf einen Index-ETF kauft. Das werde ich in Kapitel 23 noch ausführlicher erläutern.

Und schließlich kann man den Optionsmarkt auch zur Steueroptimierung nutzen. Vielleicht machen Ihnen die kurzfristigen Börsenaussichten Sorgen, aber aus steuerlichen Gründen wollen Sie Ihre Aktien nicht verkaufen. Durch den Kauf von Puts können Sie Ihre Aktien unangetastet lassen und gleichzeitig ihren Wert im Falle einer Katastrophe schützen. Fragen Sie aber auf jeden Fall einen Steueranwalt oder Steuerberater, bevor Sie aus steuerlichen Gründen Puts kaufen.

PUT-KAUF: DIE AUSWAHL DES RICHTIGEN UMFELDS UND DER RICHTIGEN AKTIE

Wenn Sie das ideale Marktumfeld für den Kauf von Puts suchen, müssen Sie denken wie ein Leerverkäufer. Oft fällt der Markt schneller, als er steigt. Es kann Wochen oder Monate dauern, bis sich der Markt aufgebaut hat, und er kann an einem Tag im Zuge eines dramatischen Absturzes alle seine Gewinne wieder abgeben.

Die idealen Basiswerte für den Kauf von Puts sind Aktien, die im Begriff stehen, schnell zu fallen. Um solche Aktien leichter zu finden, verwenden manche Trader eine Kombination aus Technischer Analyse und Fundamentalanalyse. Manchmal sind Aktien, die unterhalb ihres gleitenden Durchschnitts über 50, 100 oder 200 Tage stehen, gute Kandidaten für den Kauf von Puts. Man kann auch einen Aktienfilter – einen „Stock Screener" – verwenden, um potenziell schwache Aktien zu identifizieren.

WENN GUTE UNTERNEHMEN VON SCHLECHTEN NACHRICHTEN HEIMGESUCHT WERDEN

Fast jeden Tag werden zu mehreren Aktien schlechte Nachrichten gemeldet. Sogar großartige Unternehmen wie Apple oder Google enttäuschen die Anleger vorübergehend durch eine Ergebnismeldung, sodass die Aktie durch einen Tagesverlust von zehn oder 15 Prozent abgestraft wird. Wenn man zufällig Puts besitzt, wenn die schlechte Nachricht eintrifft, kann man viel Geld verdienen, vielleicht ein Vielfaches seiner Investition. Auch wenn die Aktie nur um sieben oder acht Prozent fällt, kann die Put-Option um 200 bis 1.000 Prozent steigen. (Das passiert auch bei Call-Optionen, allerdings bei Kursanstiegen der Aktie.)

Wenn Sie Puts zu Spekulationszwecken kaufen, sehen Sie sich zuerst das allgemeine Marktumfeld an. Negative Wirtschaftsmeldungen können den gesamten Markt auf Talfahrt schicken, vor allem wenn die Nachricht den Markt unverhofft trifft. Baissen treten alle paar Jahre auf und können Monate oder Jahre dauern. Während einer Baisse sind Puts wirklich Ihr Freund.

In einer Baisse fallen sogar die Aktien von guten Unternehmen. Suchen Sie nach Aktien, die zu weit und zu schnell gestiegen sind. Es braucht nicht viel, damit die Anlegerstimmung von Optimismus in Angst umschlägt. Sobald die Angst in den Markt strömt, eilen die Anleger zu den Ausgängen. Und dann werden Sie froh sein, dass Sie gelernt haben, wie man Puts kauft.

PUTS VERSTEHEN

Das Ziel besteht beim Kauf von Puts darin, Geld zu verdienen, wenn der Basiswert fällt. Das heißt, wenn man Basiswerte für Puts (zum Kaufen) wählt, kann es einem vorkommen, als stehe die Liste der erhältlichen Optionen auf dem Kopf. Es ist nämlich so, dass Put-Optionen, die aus dem Geld sind, Basispreise haben, die *unter* dem Aktienkurs stehen.

Die gleich folgende Tabelle soll Ihnen helfen, zu verstehen, wann eine Put-Option im Geld, aus dem Geld oder am Geld ist.

PUTS KAUFEN: AUS DEM GELD, AM GELD UND IM GELD

Nehmen wir an, die zugrunde liegende Aktie kostet derzeit 30 Dollar und die Restlaufzeit beträgt einen Monat. Sie suchen sich aus, ob Sie eine Option im Geld, aus dem Geld oder am Geld wollen. Für jede Wahl gibt es gute Gründe. Denken Sie daran, dass Sie auf ein gutes Geschäft aus sind, also auf einen günstigen (nicht auf den Preis, sondern auf den Wert bezogen) Put, dessen Preis steigt, wenn der Basiswert fällt.

Die Aktie der YYY Manufacturing Company kostet 30 Dollar und die Optionen sind in einem Monat fällig:

Aktienkurs	Basispreis	Call-Option	Prämie
$30	$40	Tief im Geld	$10,10
$30	$35	Im Geld	$5,20
$30	$32	Leicht im Geld	$3,25
$30	$30	Am Geld	$1,50
$30	$28	Aus dem Geld	$0,70
$30	$25	Aus dem Geld	$0,20
$30	$20	Weit aus dem Geld	$0,01

Um diese Tabelle zu verstehen, müssen Sie umgekehrt denken: Je niedriger der Basispreis, umso weniger teuer die Option. Sie sehen im Chart, dass die YYY-Aktie 30 Dollar kostet. Nehmen wir an, Sie wählen eine Put-Option im Geld mit Basispreis 32 Dollar. Dann bezahlen Sie dafür 3,25 Dollar je Aktie. Die Chancen stehen ziemlich gut, dass YYY, das gerade für 30 Dollar gehandelt wird, zum Handelsschluss am Fälligkeitstag immer noch unter dem Basispreis von 32 Dollar stehen wird. (Anmerkung: Später in diesem Kapitel werden Sie noch etwas über den Break-even-Preis erfahren, sodass Sie herausfinden können, wie tief die Aktie fallen muss, bevor Sie einen Gewinn erzielen.)

Wenn Sie hingegen etwas wagen wollen, können Sie die billige Put-Option mit Basispreis 25 Dollar kaufen. Wie hoch ist die Wahrscheinlichkeit, dass YYY vor der Fälligkeit von 30 auf weniger als 25 Dollar fallen wird? Das ist ein Rückgang von 17 Prozent innerhalb eines Monats. Die Chancen dafür stehen nicht gut und deshalb kostet der Put-Kontrakt zu 25 Dollar nur 0,20 Dollar pro Aktie.

Anmerkung: Wenn Sie einen im Geld befindlichen Put kaufen, dann hat die Option einen Wert, also einen inneren Wert und auch einen Zeitwert. Der einzige Wert, den der Put mit Strike 25 Dollar besitzt, ist sein Zeitwert, der mit jedem Tag abnimmt, der vergeht. Der Zeitwert einer Option stellt „Hoffnung" dar und damit der Trade gelingt, muss sich die Hoffnung (Ihre Prognose des Aktienkurses) bewahrheiten, bevor die Option verfällt.

Kurzer Überblick

1. Eine Put-Option, deren Basiswert unter dem Basispreis steht, ist im Geld.
2. Eine Put-Option, deren Basiswert über dem Basispreis steht, ist aus dem Geld.
3. Eine Put-Option, deren Basiswert dem Basispreis entspricht, ist am Geld.

IM DEPOT ANMELDEN

Melden Sie sich bei Ihrem Brokerdepot an und geben Sie das Symbol des Basiswerts Boeing (BA) ein. Wählen Sie die Option Chain und sehen Sie sich die aufgeführten Basispreise und Fälligkeitsdaten an. Zunächst berechnen Sie den Preis eines Put-Kontrakts.

Was kostet ein Put?

Sie berechnen den Preis eines Puts genauso wie den Preis eines Calls. Sehen Sie sich, um Ihr Gedächtnis aufzufrischen, die Option Chain in Abbildung 15.1 an. Wir kaufen den 90er-Mai-Call auf Boeing mit Briefkurs 3,80 Dollar. Die Boeing-Aktie kostet derzeit 88,10 Dollar.

Kauf eines 90er-Mai-Put-Kontrakts für 3,80 Dollar je Aktie
x 100 Boeing-Aktien
Ergibt: 380 Dollar Kosten

Puts for BA Show Symbols | Show Analytics*

Strike ▲	Action	Last	Change	Bid	Ask	Volume	Open Int
Puts for May 18							
80	Select ▾	0.53	+0.03	0.52	0.54	78	3,257
82.5	Select ▾	0.89	+0.06	0.87	0.89	70	5,843
85	Select ▾	1.41	+0.08	1.45	1.46	59	2,548
87.5	Select ▾	2.36	+0.12	2.37	2.39	134	1,192
90	Select ▾	3.75	+0.25	3.70	3.80	39	298
Puts for Jun 22							
80	Select ▾	0.97	+0.10	1.02	1.04	58	2,581
82.5	Select ▾	1.55	+0.14	1.52	1.55	12	321
85	Select ▾	2.11	+0.02	2.24	2.26	45	482
87.5	Select ▾	3.10	0.00	3.20	3.30	1	371
90	Select ▾	4.20	-0.10	4.50	4.60	2	372

Abbildung 15.1: Option Chain: Puts auf Boeing

Erklärung: Da der Briefkurs 3,80 Dollar je Aktie beträgt und ein Kontrakt 100 Aktien entspricht, ist der höchste Preis, mit dem Sie für den Kauf dieser Option rechnen müssen, 380 Dollar. Wenn Sie zwei Kontrakte kaufen, bezahlen Sie 760 Dollar. Wenn Sie fünf Kontrakte kaufen, bezahlen Sie 1.900 Dollar. Wenn Sie zehn Kontrakte kaufen, bezahlen Sie 3.800 Dollar.

Bedenken Sie: Würden Sie statt Puts zu kaufen 1.000 Aktien shorten, müssten Sie einen Einschuss von circa 44.000 Dollar leisten.

Wie man den Break-even berechnet

Der Schlüssel zu Ihrem Erfolg als Optionshändler ist Ihre Fähigkeit, das Chance-Risiko-Verhältnis auszurechnen, und ein wichtiger Teil dieses Prozesses ist es, den Break-even-Punkt zu kennen. Zur Berechnung des Break-even beim Kauf von Puts sehen wir uns unsere Formel an:

Basispreis des Puts - bezahlte Prämie = Break-even
90 Dollar Basispreis
- 3,80 Dollar bezahlte Prämie
Ergibt: 86,20 Dollar Break-even

Erläuterung: In diesem Beispiel muss der Basiswert Boeing, um den Break-even zu erreichen, auf 86,20 Dollar fallen, wenn Sie die Option bis zur Fälligkeit halten. Alles unterhalb von 86,20 Dollar ist Gewinn. Fällt die Aktie weit genug unter den Basispreis, kann es sein, dass die Option exakt der Bewegung des Basiswerts folgt und die beiden im Gleichschritt gehandelt werden. Zu dem Zeitpunkt, zu dem der Basiswert diesen Punkt erreicht hat, steht die Aktie deutlich unter dem Basispreis (und die Put-Option ist tief im Geld).

DIE FAKTOREN, DIE SICH AUF PUT-OPTIONEN AUSWIRKEN

Die gleichen Faktoren, die sich auf den Preis von Calls auswirken, wirken sich auch auf Puts aus, zum Beispiel der Basispreis, das Fälligkeitsdatum, der Preis des Basiswerts, die Volatilität, Dividenden und Zinsen.

Damit Sie die Put-Option besser verstehen, werfen wir einen Blick auf die Option Chain in Abbildung 15.1. Dort werden nur Put-Optionen gezeigt.

Basispreise

Wenn man Puts zu Spekulationszwecken kauft, hat man mehrere Möglichkeiten. Manche Trader empfehlen, Puts im Geld zu kaufen, weil sie einen inneren Wert haben. Anders gesagt ist ein im Geld befindlicher Put etwas Greifbares wert. Andere sind anderer Meinung und empfehlen, Puts zu kaufen, die aus dem Geld sind. Ich schlage vor, diejenige Art von Optionen zu kaufen, die am besten zu Ihren Fähigkeiten und Kompetenzen passt. Während Sie Erfahrungen sammeln, werden Sie die Basispreise wählen, die am besten zu Ihren persönlichen Bedürfnissen passen.

Zum Beispiel steht die Boeing-Aktie in Abbildung 15.1 bei 88,10 Dollar. Somit ist der 90er-Mai-Call fast zwei Punkte im Geld. Vielleicht wollen Sie wissen, ob 3,80 Dollar für diese Put-Option ein angemessener Preis sind, aber das lässt sich nicht so leicht entscheiden. Beachten Sie, dass der Briefkurs des 90er-Juni-Puts 4,60 Dollar beträgt, also nur 0,80 Dollar mehr. Für 0,80 Dollar bekommen Sie einen zusätzlichen Monat Zeit.

Anmerkung: Wahrscheinlich ist es keine brillante Strategie, teure Puts zu kaufen, die tief im Geld sind, denn die hohen Kosten bedeuten ja, dass man damit viel Geld verlieren kann, wenn die Aktie (trotz unserer Erwartungen) steigt. Schließlich steckt hinter dem Kauf von Optionen ja der Gedanke, weniger Geld einzusetzen. Vielleicht fühlen Sie sich damit wohl, bald fällige im Geld befindliche Puts zu kaufen, weil sie Ihnen einen gewissen inneren Wert und einen verhältnismäßig vernünftigen Preis bieten. Noch wichtiger: Die Aktie braucht sich nicht sehr zu bewegen, damit der Trade profitabel wird.

Wenn man hingegen die billigeren aus dem Geld befindlichen Puts kauft, bekommt man nur Zeitwert. Zum Beispiel ist der 85er-Mai-Call drei Punkte aus dem Geld, sodass Boeing deutlich unter 85 Dollar fallen müsste, damit man Gewinn erzielen würde, wenn man die Option bis zur Fälligkeit hält. Der 80er-Mai-Put wirkt für 0,54 Dollar wie ein Schnäppchen, aber er ist wie ein kleiner Lottoschein. Damit ein Gewinn anfällt, müsste Boeing innerhalb eines Monats um acht Punkte absacken. Das ist möglich, aber nicht wahrscheinlich.

Unerfahrene Anleger, die auf Wunder hoffen, fühlen sich häufig zu billigen Puts hingezogen, die aus dem Geld sind. Und Wunder passieren durchaus, aber normalerweise nicht häufig genug, um diese Strategie zu einer Erfolgsstrategie zu machen. Verwechseln Sie dies auf keinen Fall mit einer Handelsstrategie. Dennoch müssen Sie alle diese Faktoren berücksichtigen, wenn Sie Optionen kaufen.

Und noch etwas, das zu bedenken ist: Wenn Sie spekulieren wollen, kaufen Sie zunächst Puts, die im Geld sind. Nehmen Sie sich dann Zeit, um Ihre Trading-Erfahrungen zu analysieren und herauszufinden, welche Strategie des Put-Kaufs für Sie am besten funktioniert und Ihnen die größten Gewinne bringt. Ihre Ergebnisse hängen von dem ab, was Sie auf den Tisch legen. Wenn Sie nicht gut vorhersagen können, welche Aktien fallen werden, rechnen Sie nicht damit, dass Sie mit dem Kauf von Puts Geld verdienen werden (zumindest bis Sie diese Fähigkeit erworben haben). Wenn Sie hingegen eine recht gute Historie haben, sollte es Ihnen leichtfallen, zu entscheiden, welche Optionen die besten Gewinne bringen werden.

Fälligkeitsdaten

Sie können es zwar in Erwägung ziehen, Puts mit Restlaufzeiten von einem oder zwei Monaten zu kaufen, aber Sie müssen experimentieren und lernen, wie exakt Ihre Börsenprognosen sind. Wenn sich Ihre Vorhersagen schnell bewahrheiten, dürften kurzfristige Optionen (ein Monat) am wirkungsvollsten sein. Wenn die meisten Ihrer zutreffenden Vorhersagen eine Weile brauchen, um sich zu entwickeln, dann kaufen Sie Optionen mit ausreichender Restlaufzeit, damit die Strategie profitabel wird.

Natürlich sind Optionen mit längeren Restlaufzeiten teurer. Wenn Sie eine Option mit einem Monat oder noch weniger Restlaufzeit wählen, ist diese zwar in Dollar billiger, aber sie verliert auch schneller an Wert und lässt Ihnen womöglich nicht genug Zeit, damit sich die Strategie entfaltet.

Ziehen Sie bei der Abwägung zwischen Laufzeit und Kosten in Erwägung, Optionen mit mindestens einem Monat bis zur Fälligkeit zu kaufen. Vergessen Sie nie, dass beim Kauf von Puts (oder Calls) die Zeit nie auf Ihrer Seite ist. Der Hauptgrund, aus dem Spekulanten Verlust machen, ist, dass ihnen die Zeit ausgeht und die Option verfällt. Zudem haben sie keine Ahnung, wie viel man für eine Option bezahlen sollte oder welche Option man kaufen sollte. In Wirklichkeit ist geschicktes Markttiming wichtiger als die Entscheidung, welche Option man kaufen sollte.

WELCHE PUT-OPTION IST DIE RICHTIGE?

Die richtige Put-Option ist diejenige, die zu einem profitablen Trade führt. Zum Beispiel besteht einer der größten Vorteile eines im Geld befindlichen Puts darin, dass schon eine moderate Bewegung des Basiswerts Gewinn bringen kann. Dagegen bieten aus dem Geld befindliche Puts die Chance auf höhere prozentuale Gewinne für weniger Geld, dies jedoch bei geringeren Chancen, überhaupt Geld zu verdienen. Die Wahrscheinlichkeit, dass der Basiswert weit genug fällt, um profitabel zu werden, ist rein spekulativ. Im Idealfall handelt man aufgrund von Geschick und Wahrscheinlichkeiten, nicht rein spekulativ.

Wenn Sie Anfänger sind, sollten Sie den Optionshandel einüben, indem Sie nur ein oder zwei Kontrakte auf einmal kaufen. Dadurch lernen Sie, wie man von fallenden Aktien profitiert. Experimentieren Sie auf jeden Fall mit unterschiedlichen Basispreisen und Fälligkeitsdaten.

Wie schon gesagt, Ihr langfristiges Ziel besteht darin, eigene Kriterien dafür zu entwickeln, was ein gewinnbringender Put ist.

Nachdem Sie nun eine gewisse Vorstellung davon haben, wie man die richtige Put-Option auswählt, werden Sie als Nächstes lernen, wie man eine Put-Position managt.

Anmerkung: Die Schritte zum Kauf eines Puts sind exakt die gleichen wie beim Kauf eines Calls.

16
WIE MAN SEINE PUT-OPTION MANAGT

In diesem Kapitel bespreche ich Möglichkeiten, eine Put-Position zu managen, und einige der Entscheidungen, die man dabei treffen muss. Da Sie bereits wissen, wie man Calls kauft, dürfte Ihnen dieses Kapitel relativ leichtfallen. Schließlich ähnelt das Management einer Put-Position dem einer Call-Position. Das Schwierige daran ist wie immer, mit Gewinn aus der Position auszusteigen, und deshalb ist es unerlässlich, dass Sie einen Trading-Plan haben.

Sehen wir uns nun einige der Risiken an, die man eingeht, wenn man Puts zu Spekulationszwecken kauft.

DIE RISIKEN BEIM KAUF VON PUTS

Der Vorteil beim Kauf von Puts ist, dass die Verluste begrenzt sind, das Gewinnpotenzial hingegen erheblich ist. Aber wie schon gesagt, beim Kauf von Puts besteht das gleiche Risiko wie beim Kauf von Calls: Die Aktie bewegt sich nicht in Ihrem Sinne, die Optionen verlieren an Wert und verfallen wertlos. Tatsächlich ist das größte Risiko beim Kauf von Optionen der Verlust der gesamten Investition.

Wie Sie bereits wissen, verlieren viele Spekulanten durch den Handel mit Optionen Geld. Wenn die Spekulation also Ihr einziger Grund für den Kauf von Puts ist, dann stehen die Chancen eher schlecht, dass Sie Gewinn machen, aber trotzdem ist es möglich, dass es klappt.

Wenn man Puts (oder Calls) kauft, vergisst man leicht, dass Gewinne ebenso flüchtig sind wie Optionen. Aus irgendeinem Grund neigen viele Optionskäufer zu der Überzeugung, die Aktien würden ewig steigen (oder fallen).

Ich rate Ihnen, beim Kauf von Optionen ein Kursziel festzulegen und Gewinne mitzunehmen, wenn dieses Kursziel erreicht wird. Das ist ein wichtiger Teil Ihres Trading-Plans. Put-Optionen sind oft kurzlebig, weil Markttrends häufiger nach oben als nach unten gerichtet sind. Daher ist es ratsam, dass Sie, wenn Sie mit dem Kauf von Puts einen Gewinn erzielen, die Option mit Gewinn verkaufen, ohne das Verfallsdatum abzuwarten (was ich bereits mehrfach geschrieben habe).

Puts (und Calls) zu kaufen ist eine heikle Angelegenheit, weil man sowohl die Entwicklungsrichtung des Basiswerts als auch den zeitlichen Verlauf richtig vorhersagen muss. Wenn Sie kein talentierter Stock-Picker sind, endet die Aktie vielleicht ungefähr dort, wo sie am Anfang stand, und macht Ihren Trade zu einem Verlustgeschäft. Es ist auch möglich, dass Sie Ihr gesamtes Investment verlieren (wenn Sie die Option nicht verkaufen, bevor sie wertlos verfällt).

Die Durchführung des Kaufs von Puts ist einfach, aber damit Gewinn zu machen ist viel schwerer. Nur Sie können entscheiden, ob diese Strategie für Sie und Ihre finanziellen Ziele sinnvoll ist. (Leider bezahlen die meisten Spekulanten zu viel für die falschen Optionen und dies führt zu Verlusten oder zu geringeren als den erwarteten Gewinnen.)

Doch trotz dieser Risiken ist der Kauf von Puts eine sinnvolle Strategie, die Sie in Baissen nutzen können (oder wenn Sie in irgendeinem Markt eine schwache Aktie erkennen).

PUTS KAUFEN: SCHRITT FÜR SCHRITT

Und jetzt die gute Nachricht: Puts zu kaufen ist einfach (das Orderfenster sieht genauso aus wie beim Kauf von Calls). Nehmen wir zum Beispiel an, Sie wollen den 90er-Mai-Put auf Boeing kaufen, der in Abbildung 16.1 zu sehen ist. Die Boeing-Aktie steht bei 88,10 Dollar.

Schritt 1: Nachdem Sie das Symbol des Basiswerts eingegeben haben, sehen Sie sich Geld- und Briefkurs des 90er-Mai-Puts an: 3,70 Dollar und 3,80 Dollar.

Schritt 2: Wählen Sie „Buy to Open" und geben Sie ein Limit von 3,75 oder 3,80 Dollar ein, das nur für den heutigen Tag gilt.
Schritt 3: Bevor Sie die Order aufgeben, sehen Sie sich diese noch einmal in der Vorschau an. Gehen Sie sicher, dass Sie sich nicht vertippt und dass Sie die richtigen Kästchen abgehakt haben. Dies bewahrt Sie vor unnötigen und womöglich kostspieligen Fehlern.

Puts for BA Show Symbols | Show Analytics*

Strike	Action	Last	Change	Bid	Ask	Volume	Open Int
Puts for May 18							
80	Select	0.53	+0.03	0.52	0.54	78	3,257
82.5	Select	0.89	+0.06	0.87	0.89	70	5,843
85	Select	1.41	+0.08	1.45	1.46	59	2,548
87.5	Select	2.36	+0.12	2.37	2.39	134	1,192
90	Select	3.75	+0.25	3.70	3.80	39	298
Puts for Jun 22							
80	Select	0.97	+0.10	1.02	1.04	58	2,581
82.5	Select	1.55	+0.14	1.52	1.55	12	321
85	Select	2.11	+0.02	2.24	2.26	45	482
87.5	Select	3.10	0.00	3.20	3.30	1	371
90	Select	4.20	-0.10	4.50	4.60	2	372

Abbildung 16.1: Option Chain: Puts auf Boeing

Quelle: Fidelity Investments. © 2002 FMR LLC. Alle Rechte vorbehalten. Nutzung mit freundlicher Genehmigung.

Schritt 4: Drücken Sie die Enter-Taste und senden Sie so die Order ab. In diesem Beispiel wird von Ihrem Konto der Preis abgebucht, den Sie für die Option bezahlen, wenn die Order ausgeführt wird, also 380 Dollar oder vielleicht auch 375 Dollar.

Anweisungen an den Broker: Wenn Sie Ihren Broker anrufen, um die Order zu platzieren, sagen Sie beispielsweise: „Ich möchte einen 90er-Mai-Put auf Boeing zum Limit-Kurs von 3,80 Dollar (oder besser) kaufen und die Order soll nur heute gültig sein."

Anmerkung: Wenn Sie sich dafür entscheiden, einen Broker anzurufen, ist das aufgezeichnete Telefonat der Nachweis für die Aufgabe der Order. Achten Sie darauf, deutlich zu sprechen, und verwenden Sie bei der Platzierung des Trades Optionsbegriffe.

WAS DABEI GUTGEHEN ODER SCHIEFGEHEN KANN

Wenn Sie aus diesem Buch etwas gelernt haben, dann, dass der Kauf einer Option der leichteste Teil des Tradings ist. Die harte Arbeit beginnt dann, wenn Ihre Order ausgeführt wurde. Entscheiden Sie vor der Platzierung der Order, was Sie unter verschiedenen Umständen tun werden. Haben Sie ein Gewinnziel und einen maximalen Verlust im Kopf und handeln Sie, wenn eins von beiden erreicht wird.

Wie Sie wissen, kann sich der Basiswert nur in drei Richtungen bewegen: aufwärts, abwärts oder seitwärts. Analysieren wir nun, wie Sie in den jeweiligen Szenarien reagieren würden.

Anmerkung: Sie dürfen nicht vergessen, dass Sie die Position besitzen. Verfolgen Sie den Basiswert und den Preis Ihrer Put-Option. Sie wollen ja keine Gelegenheit verpassen, Ihren angestrebten Gewinn mitzunehmen. Und Sie wollen ja auch nicht, dass die Option wertlos verfällt, weil Sie nicht aufgepasst haben. Wenn Sie traden wollen, machen Sie sich klar, dass es Zeit kostet, die Position zu überwachen.

Der Preis des Basiswerts hilft Ihnen, den Preis des Puts zu bestimmen. Wenn nach dem Kauf von Puts der Basiswert fällt, steigt (meistens) der Wert der Put-Option. Wenn der Basiswert steigt, sinkt (meistens) der Wert der Put-Option. (Gelegentlich gibt es davon Ausnahmen.)

Um Ihr Gedächtnis aufzufrischen: Die Boeing-Aktie steht bei 88,10 Dollar. Wir haben den 90er-Mai-Put auf Boeing (der im Geld ist) für 3,80 Dollar gekauft.

Der Basiswert steigt

Was passiert, wenn der Basiswert steigt?

Ergebnis: Anstatt zu fallen steigt Boeing über den Basispreis von 90 Dollar.

Analyse: Das ist nicht das, was Sie wollten (bedenken Sie, dass es um Puts geht, nicht um Calls). Steigt der Basiswert über den Basispreis, ist der gesamte innere Wert der Option weg. Der Optionspreis fällt und schließlich wird die Option wertlos (außer wenn Boeing plötzlich unter den Basispreis fällt). In diesem Beispiel verlieren Sie 100 Prozent Ihres Investments.

Läuft die Aktie in die falsche Richtung (nach oben), können Sie einen Teil Ihrer Position verkaufen (falls Sie mehr als einen Put gekauft haben), um Ihren Verlust zu minimieren. Sie können sie auch weiter halten, wenn Sie erwarten, dass die Aktie fallen wird.

Wenn Sie sich für das Halten entscheiden, müssen Sie viele Faktoren abwägen, unter anderem die Restlaufzeit, die Volatilität und ob die Chance besteht, dass die Aktie ihre Richtung ändert. Am allerwichtigsten: Sie müssen immer noch gute Gründe für die Überzeugung haben, dass der Aktienkurs sinken wird. Wenn Sie das nicht mehr glauben, behalten Sie den Put nicht.

Um eine Put-Position zu managen, braucht es Geschick und Disziplin, vor allem wenn sie sich gegen einen wendet. Das unterscheidet

Profis von Anfängern. Es ist schon schwer genug, Gewinner zu managen, aber es ist gewaltig viel Geschick und Disziplin notwendig, um Verlierer zu managen. Um richtungsbezogene Trades zu platzieren (zum Beispiel Puts kaufen), müssen Sie lernen, welche Schritte zu unternehmen sind, um den Maximalverlust zu vermeiden.

Der Basiswert bleibt gleich

Was passiert, wenn der Basiswert gleich bleibt?

Ergebnis: Boeing verharrt bei 88 Dollar oder in der Nähe. In unserem Beispiel schwankt Boeing zwischen 88 und 90 Dollar.

Analyse: Das ist keine optimale Situation. Steckt der Basiswert auf neutralem Gebiet fest, verliert die Option an Wert, vor allem wenn das Fälligkeitsdatum näher rückt und der Zeitwert verfällt. Da in der Option noch ein gewisser innerer Wert vorhanden ist, können Sie sie entweder mit Verlust verkaufen und einen Teil der bezahlten Prämie wieder hereinholen oder Sie können noch ein bisschen warten und auf eine Wende hoffen.

Wie Sie wissen, ist Hoffnung keine praktikable Anlagestrategie. Nur Sie können entscheiden, ob Sie Ihre Verluste durch Verkauf begrenzen oder auf eine plötzliche bearishe Bewegung des Aktienkurses warten. Mit größter Wahrscheinlichkeit wird die Aktie keine wundersame Wende vollziehen, während das Fälligkeitsdatum heranrückt.

Der Basiswert fällt

Was passiert, wenn der Basiswert fällt?

Ergebnis: Boeing taucht plötzlich ab und sackt unter den Mai-Basispreis von 90 Dollar. In unserem Beispiel fällt Boeing auf 84 Dollar.

Analyse: Genau das haben Sie als Put-Käufer gewollt und erwartet. Je tiefer der Basiswert unter den Basispreis fällt, umso wertvoller wird die Option.

Wenn die Aktie fällt, ist es sinnvoll, Gewinne mitzunehmen, wenn das Gewinnziel erreicht ist. Wie Sie bereits wissen, gibt es keinen Grund, das Fälligkeitsdatum abzuwarten. Aktien federn oft zurück und das würde Ihren Gewinn gefährden.

Wenn die Aktie unter dem Basispreis steht (also die Option im Geld ist), überlegen Sie sich, den Put zu verkaufen, um sich den Gewinn zu sichern. Zum Schließen der Optionsposition wählen Sie im Brokerfenster „Sell to Close".

Wichtig: Wenn die Put-Option bei Fälligkeit im Geld ist, haben Sie noch eine Möglichkeit: Sie haben ja das Recht, sie auszuüben. Das Verfahren ist das gleiche wie beim Ausüben eines Calls, allerdings mit einem anderen Ergebnis. Es ist wichtig, zu lernen, wie man einen Put ausübt, auch wenn man es nie tun wird.

Anmerkung: Sie haben zwar das Recht, den Put auszuüben, aber sehr wahrscheinlich werden Sie es nicht tun. Wenn Sie ihn ausüben, haben Sie eine Short-Position auf die Aktie. Fast alle Optionsanleger (und insbesondere Spekulanten), die Puts kaufen, verkaufen sie vor der Fälligkeit und vermeiden die Ausübung.

WARUM SOLLTE MAN EINEN PUT AUSÜBEN?

Wie schon gesagt: Wenn man einen Put gekauft hat, hat man vor oder bei Fälligkeit drei Möglichkeiten. Erstens kann man den Put – hoffentlich mit Gewinn – verkaufen. Ebenso wie bei Calls ist bei Puts der Verkauf vor der Fälligkeit empfehlenswert. Zweitens kann man nichts tun, was allerdings nicht zu empfehlen ist. Wenn aber der Put zur Fälligkeit aus dem Geld ist, verfällt er wertlos.

Die dritte Möglichkeit ist die Ausübung, allerdings nur dann, wenn der Put im Geld ist.

Als Käufer eines Calls hat man das Recht, die Option auszuüben und so den Basiswert zu kaufen. Als Käufer eines Puts hat man das Recht, die Option auszuüben und den Basiswert zu verkaufen.

Wenn man einen Put ausübt, wandelt man die Put-Option in eine Short-Position auf den Basiswert um. Man muss die Option nicht ausüben, aber man kann es, wenn man will.

Warum sollte man eine Put-Option ausüben? Vielleicht sind Sie überzeugt, dass die Aktie weiter fallen wird. Durch die Ausübung können Sie von einer weiteren Abwärtsbewegung der Aktie profitieren. Das ist allerdings höchst riskant (weil ein unbegrenztes Verlustpotenzial besteht, wenn die Aktie plötzlich steigt). Weniger riskant ist es, den Put zu verkaufen und einen mit einer späteren Fälligkeit zu kaufen.

Nehmen wir beispielsweise an, die YYY-Aktie kostet derzeit 85 Dollar. Da sich Ihre Put-Option mit fünf Dollar im Geld befindet, beschließen Sie, den Put auf YYY auszuüben und somit die Aktie für 90 Dollar (den Basispreis) zu verkaufen. Sobald Sie Ihren Put ausüben, wird er in eine Short-Position auf die Aktie umgewandelt. Ihr Broker leiht Ihnen 100 YYY-Aktien (und diese werden zum Basispreis verkauft). Sie stehen jetzt auf 100 YYY-Aktien zu 90 Dollar short. Da YYY bei 85 Dollar steht, besitzt Ihre Position nach Ausübung der Option zum Basispreis von 90 Dollar bereits einen Wert von fünf Dollar je Aktie.

Anmerkung für Fortgeschrittene: Sie können die Put-Option, anstatt sie auszuüben, auch in eine spätere Fälligkeit rollen.

Leserfrage: Muss ich die Put-Option ausüben?

Antwort: Nein; und die meisten Menschen tun es nicht. Die meisten Put-Kontrakte werden vor der Fälligkeit verkauft. Stellen Sie aber sicher, dass Sie den Put vor dem Fälligkeitsdatum verkaufen, und warten Sie nicht bis zum letzten Tag ab. Bedenken Sie: Wenn die

Put-Option im Geld ist und fällig wird, wird sie sofort ausgeübt und Sie besitzen eine Short-Position auf den Basiswert.

WIE MAN EINE PUT-OPTION AUSÜBT

Die Abfolge bei der Ausübung einer Put-Option ist die gleiche wie bei der Ausübung einer Call-Option. Sie müssen vor der Fälligkeit Ihrer Brokerfirma mitteilen (fragen Sie Ihren Broker nach der bevorzugten Methode für solche Mitteilungen), dass Sie vorhaben, die Option auszuüben. Sie müssen ihn das vor seinem Annahmeschluss an dem Tag, an dem Sie ausüben wollen, wissen lassen. Wenn Sie sicher sind, dass Sie den Put immer noch ausüben wollen, warten Sie bis Handelsschluss ab.

Sobald Sie Ihrer Brokerfirma mitgeteilt haben, dass Sie die Option ausüben wollen, informiert sie die OCC, die dann eine Ausübungsanzeige an eine zufällige Person übermittelt, die short auf die Option steht. Die Ausübung ist unwiderruflich.

Wenn Sie als Besitzer eines Puts den Put ausüben, besitzen Sie normalerweise keine Aktien, die Sie dem Verkäufer des Puts liefern könnten. Da Sie keine Aktien besitzen, die Sie liefern könnten, leiht Ihnen die Brokerfirma die betreffenden Aktien und Sie haben nun eine Short-Position. Sie sehen diese Position am nächsten Geschäftstag in Ihrem Depot.

Wenn Sie geplant hatten, den Basiswert zu shorten, begrüßen Sie die Ausübung. Wenn Sie nicht mit der Ausübung gerechnet hatten und die Short-Position nicht wollen, müssen Sie die Short-Position eindecken, indem Sie die geliehenen Aktien zurückkaufen.

Sie haben zwar das Recht, den Put vor der Fälligkeit auszuüben, aber die vorzeitige Ausübung eines Puts besitzt keinen wirtschaftlichen Wert. Solange die Option noch eine Zeitprämie beinhaltet, und seien es auch nur ein paar Cent, ergibt die vorzeitige Ausübung keinen Sinn. Das ist, als würde man Geld (den Zeitwert) wegwerfen. Bei Calls kann man sich überlegen, ob man sie vorzeitig ausübt, um eine Dividende mitzunehmen, nicht aber bei Puts.

Manche Brokerfirmen zwingen einen, die Option am letzten Handelstag (normalerweise am dritten Freitag eines Monats) zu verkaufen, wenn sie im Geld ist und im Depot nicht genug Geld vorhanden ist, um die Aktien zu bezahlen. Jede Firma hat ihre eigenen Regeln und Abläufe für die Ausübung. Fragen Sie einfach nach. Die Firma wird es Ihnen gern sagen.

Anmerkung: Ist Ihre Option bei Fälligkeit nicht im Geld, verfällt sie wertlos.

Der Futures-Markt

Auch wenn der Optionsmarkt auf Grundlage der erfolgreichen Plattform des Futures-Markts geschaffen wurde, so handelt es sich doch um zwei völlig unterschiedliche Märkte. Es folgt eine kurze Schilderung, wie der Futures-Markt (oder Terminmarkt) geschaffen wurde und darüber, was häufig hinter den Kulissen passiert.

Die Geschichte

Der Terminhandel lässt sich bis ins mittelalterliche Japan zurückverfolgen, wo Rohstoffe wie Seide und Reis auf ein bestimmtes Datum bezogen im Voraus gehandelt wurden (auch in England sind informelle Futures-Kontrakte ab dem 13. Jahrhundert verzeichnet). In den Vereinigten Staaten wurde die Warenterminbörse in Chicago gegründet, damit Farmer ihr Getreide bereits vor der Ernte verkaufen konnten, sodass sie Liquidität bekamen und sich feste Preise sichern konnten. Somit war der Preis nach der Ernte für sie kein Glücksspiel mehr.

Im Jahr 1848 gründeten Getreidehändler aus dem Mittleren Westen daher zusammen mit wohlhabenden Geschäftsleuten aus Chicago das Chicago Board of Trade (CBOT). Sie wollten eine Zentralstelle für den Kauf und Verkauf landwirtschaftlicher Futures-Kontrakte.

Im Jahr 1865 schuf das Chicago Board of Trade standardisierte Kontrakte namens Futures, um den Farmern aus der Region Chicago Getreide abzukaufen, und außerdem nicht standardisierte Kontrakte namens Forwards. Der Handel mit Getreide und anderen landwirtschaftlichen Produkten fand auf dem Börsenparkett statt, das liebevoll als „Pits“ – „Gruben“ – bezeichnet wurden. Dort gaben die Börsenmitglieder ihre Geld- und Briefkurse bekannt, häufig indem sie brüllten und einander anschrien. Man bezeichnet das als Ausrufverfahren. Mit Handzeichen und Ausrufen tauschten sie mit der Person, die die andere Seite des Geschäfts einnahm, Preis und Anzahl der Kontrakte aus. Für jeden Rohstoff gab es ein eigenes Pit.

Im Jahr 1919 änderte das Chicago Butter and Egg Board, das aus dem Chicago Board of Trade hervorgegangen war, seinen Namen in Chicago Mercantile Exchange (CME oder „die Merc“). Im Jahr 2007 fusionierten CME und CBOT zur CME Group. Es wird zwar garantiert noch weitere Fusionen und Übernahmen geben, aber in Chicago denkt man liebevoll an CBOT und CME als die weltgrößten Terminbörsen zurück. In den letzten Jahren haben die Futures-Börsen auf elektronischen Handel umgestellt.

Die Begriffe des Futures-Handels haben große Ähnlichkeiten mit denen des Optionshandels. Zum Beispiel ist auch ein Future-Kontrakt ein Derivat, was bedeutet, dass er von einem zugrunde liegenden Vermögenswert wie Mais, Sojabohnen oder Devisen abgeleitet ist.

Am Terminmarkt kaufen und verkaufen die Menschen Kontrakte, deren Basiswerte landwirtschaftliche Rohstoffe (Zucker, Mais, Kaffee ...), Devisen (Dollar, Euro, Yen ...), Edelmetalle (Gold, Silber ...), Erdölprodukte (Heizöl, Benzin ...), Zinsprodukte (Staatsanleihen ...) oder Aktienindizes (Nikkei, DAX, Dow Jones ...) sind.

Der Futures-Markt wird vor allem von zwei Arten von Händlern genutzt: den Spekulanten und den Hedgern. Die Hedger nutzen den Terminmarkt als Versicherung, um ihr Produkt zu schützen oder sich Preise zu sichern. So nutzt beispielsweise ein Unternehmen wie Starbucks den Futures-Markt, um sich Kaffeepreise zu sichern, und es lässt sich dieses Produkt natürlich liefern.

Die Spekulanten hingegen nutzen den Futures-Markt, um ihr Einkommen zu steigern und Gewinne zu erzielen, genauso wie sie es an den Aktienbörsen tun. Sie wollen den betreffenden Rohstoff nicht geliefert bekommen. Das heißt, außer wenn man wirklich 1.000 Pfund Kaffee haben will, muss man seine Kontrakte vor dem Fälligkeitstermin verkaufen.

Am Futures-Markt erfolgt eine tägliche Abrechnung zum Marktwert („mark to market"). Wenn ein Futures-Kontrakt zunächst 1.000 Dollar wert ist und der Kontrakt um 500 Dollar fällt, werden die 500 Dollar Verlust am Ende des Tages aus dem Depot gebucht. Zusätzlich zur Mark-to-Market-Regel müssen Futures-Geschäfte durch Bargeld gedeckt sein – das Depot muss bis zum Ende des Tages bar ausgeglichen werden. Die Mark-to-Market-Regel hat schon so manchen arglosen Futures-Händler ruiniert, der dadurch gezwungen wurde, seine Verluste sofort zu bezahlen.

Unter dem Strich ist festzuhalten, dass der Futures-Markt zwar eine nützliche und notwendige Handelsplattform ist, dass man aber den Optionsmarkt beherrschen sollte, bevor man überhaupt daran denkt, mit Futures zu spekulieren.

Nachdem Sie nun wissen, wie man eine Put-Position managt, sehen wir uns andere Einsatzmöglichkeiten für Puts an. Anstatt mit Puts zu spekulieren, nutzen wir sie als Schutzmaßnahme.

17

PROTECTIVE PUTS UND MARRIED PUTS

Die bisher gelernten Put-Strategien sind für Spekulanten gedacht, die an schwachen Basiswerten Geld verdienen wollen. Der Vorteil des Put-Kaufs ist, dass man damit Gewinn erzielen kann, ohne dass man die Aktie shorten muss.

Es gibt aber noch andere Möglichkeiten, Puts einzusetzen. Eine Strategie besteht darin, einen Put auf eine Aktie zu kaufen, die man besitzt. Warum sollte man das tun? Zum Schutz, deshalb nennt sich das Protective-Put-Strategie. Die Kosten eines Protective Puts sind mit der Prämie vergleichbar, die man für eine Versicherungspolice bezahlt.

Der hauptsächliche Nachteil beim Kauf von Puts als Schutz sind die vergleichsweise hohen Kosten. Wie jede Versicherung zehren Protective Puts am Gewinn und das muss man bedenken. Außerdem ist die Versicherung der volatilsten Aktien am teuersten. Aber trotzdem: Wenn mit einer Aktie eine Katastrophe passiert, wäre man froh, man hätte Puts gekauft. Wenn allerdings nichts passiert, fragt man sich vielleicht, weshalb man einen Teil seines Gewinns für einen ungenutzten Schutz geopfert hat.

DER PROTECTIVE PUT: KATASTROPHEN-VERSICHERUNG

Der Kauf von Protective Puts ist dann sinnvoll, wenn man Grund zu der Befürchtung hat, dass die Aktie abstürzen könnte. Die Protective-Put-Strategie wirkt, wenn etwas Unerwartetes passiert (eine Marktkorrektur oder eine Ergebnisverfehlung). Noch besser funktioniert diese Strategie, wenn die Aktie so sehr steigt, dass der Gewinn die Kosten für den Kauf des Puts übersteigt.

Normalerweise kaufen Menschen, die Protective Puts kaufen, eine Anzahl, die der Anzahl der Aktien in ihrem Depot entspricht. Wenn man zum Beispiel 1.000 IBM-Aktien hat und glaubt, die Aktie könnte kurzfristig fallen, dann kann man zehn Put-Kontrakte kaufen. Hat man 100 Aktien, kauft man nur einen Put-Kontrakt.

Auch wenn der Kauf von Protective Puts nach einer klugen Idee klingt, will man ja kein Geld aus dem Fenster werfen. Wenn Sie befürchten, dass Ihre Aktie abstürzen könnte, sollten Sie vielleicht lieber daran denken, Ihre Aktien zu verkaufen als für eine Schutzmaßnahme zu bezahlen.

Fazit: Nur Sie können entscheiden, ob der Betrag, den Sie für Puts bezahlen, die Sicherheit wert ist.

> *Alternatives Investment:* Anstatt einen Protective Put auf den Basiswert zu kaufen, kann man seine Position auch durch den Kauf von Puts auf einen ETF wie den SPY (S&P 500), den QQQ (Nasdaq), den DIA (Dow Jones Industrial Average) oder den IWM (Russell 2000) absichern. Diese Strategie wird in Kapitel 23 vorgestellt.
>
> *Hinweis:* Meines Erachtens sind Puts zum Schutz einer Aktie oder eines Indexfonds eine ausgezeichnete Strategie, auch wenn das kostspielig sein kann. Zudem fällt es den meisten Privatanlegern (und Profis) schwer, den Markt zu timen, sodass ungenutzte Protective Puts ins Geld gehen können.

Andererseits werden die hohen Kosten der Puts vergessen sein, wenn Sie den richtigen Zeitpunkt erwischen und die Strategie funktioniert hat. Trotzdem: Diese Strategie zu nutzen bleibt ganz allein Ihre Entscheidung. Für den Fall, dass Sie eines Tages doch beschließen, sie einzusetzen, ist es auf jeden Fall wichtig, dass Sie wissen, wie diese Strategie funktioniert.

EIN PROTECTIVE-PUT-TRADE

Nun folgt ein Beispiel für einen Protective-Put-Trade.

Beispiel: Sie kaufen im März 100 XYZ-Aktien zum Stückpreis von 45 Dollar. Nach einem Monat fällt XYZ auf 44 Dollar und Sie befürchten, dass die Aktie weiter fallen wird. Anstatt die Aktie mit geringem Verlust zu verkaufen, kaufen Sie einen 42er-Mai-Put auf XYZ. Beachten Sie, dass dieser Put aus dem Geld und daher etwas günstiger ist. Wenn man Puts zu Schutzzwecken kauft, nimmt man normalerweise welche, die aus dem Geld sind.

In diesem Beispiel kostet der Put 2,00 Dollar je Aktie, also 200 Dollar je Kontrakt. Für 200 Dollar schützen Sie Aktien im Wert von 4.200 Dollar (42 Dollar Basispreis x 100 = 4.200 Dollar).

Anmerkung: Der Put schützt vor Verlusten, die unterhalb eines Aktienkurses von 42 Dollar anfallen. Von 44 bis 42 Dollar sind Sie nicht geschützt.

Wenn Ihre Aktie steigt, statt zu fallen, verfällt Ihr Put wertlos, was wohl ein gutes Ergebnis ist (je nach Aktienkurs bei Verfall des Puts). Sie möchten ja daran Geld verdienen, dass die XYZ-Aktie steigt. Der Protective Put war nicht dafür gedacht, profitabel zu sein, sondern nur dafür, Sie vor einer Katastrophe zu bewahren. Dieser Schutz kann höchstens so viel kosten, wie Sie für den Put bezahlt haben, also 200 Dollar. Das ist so ähnlich wie eine nicht in Anspruch genommene Versicherungspolice – dass die Option wertlos verfallen ist, bedeutet nicht, dass Sie Geld verschwendet haben.

Wenn Ihre Aktie unter den Basispreis fällt, steigt der Put und schützt Ihr Portfolio gegen Verlust. Wenn in unserem Beispiel XYZ auf 35 Dollar fällt, verlieren Sie zwar neun Dollar je Aktie (44 - 35 = 9), aber der Wert des Puts steigt beträchtlich.

Wenn in diesem Beispiel die Aktie auf 35 Dollar fällt, ist der Put weit im Geld; nun müssen Sie eine Entscheidung fällen, während das Fälligkeitsdatum näher rückt. Sehen wir uns Ihre Möglichkeiten kurz an:

1. Sie können den Put ausüben und somit ihre Long-Position auf die Aktie verkaufen.
2. Sie können den wertvoll gewordenen Put verkaufen und so den größten Teil des durch die Aktie entstandenen Verlusts ausgleichen.
3. Sie können nichts tun und es zulassen, dass der Put automatisch ausgeübt wird.

Egal, wofür Sie sich entscheiden – entscheiden Sie sich vor dem Fälligkeitsdatum, welche Aktion sie planen. Warten Sie mit der Entscheidung nicht bis zur Fälligkeit.

Untersuchen wir Ihre drei Möglichkeiten nun genauer:

1. Steht die Aktie unter dem Basispreis (ist der Put also im Geld), haben Sie das Recht, den Put auszuüben. Wenn man einen Put im Geld auf eine Aktie ausübt, die man besitzt, weist man seinen Broker an, die zugrunde liegende Aktie zum Basispreis zu verkaufen. Wählen Sie diese Möglichkeit, wenn Sie die Aktie nicht besitzen wollen.

   In diesem Beispiel wird in einer Transaktion Ihr Put ausgeübt und YYY zum Basispreis verkauft.

Anmerkung: Wenn man einen Put ausübt, tut man das fast immer zum Fälligkeitsdatum, nicht vorher. Normalerweise ist es wirtschaftlich nicht sinnvoll, einen Put vorzeitig auszuüben, auch dann nicht, wenn man die Aktie verkaufen will.

2. Wenn der Protective Put im Geld ist, können Sie ihn jederzeit verkaufen. Sind Sie bezüglich des Basiswerts nicht mehr bearish, verkaufen Sie den Put und behalten Sie die Aktie im Depot.

3. Wenn Sie nichts tun und der Protective Put auch nur um einen Cent im Geld ist, wird er ausgeübt und der Basiswert wird zum Basispreis verkauft. Wenn Sie wollten, dass die Aktie verkauft wird, ist das ein gutes Ergebnis.

Anmerkung: Ist der Put hingegen zur Fälligkeit aus dem Geld, verfällt er wertlos und Sie besitzen die Aktie immer noch. Wenn Sie die Aktie behalten wollen, dann ist auch das ein gutes Ergebnis.

Nächste Entscheidung: Wenn Sie die Aktie immer noch haben und immer noch eine Versicherung wollen, müssen Sie wieder einen Put kaufen. Ich hoffe, Ihnen ist klar, dass das teuer werden kann.

EINSATZ EINES PUTS ALS STOP-LOSS

Es folgt nun ein Beispiel für die Verwendung eines Puts als Stop-Loss.

Beispiel: Im März haben Sie die YYY-Aktie für 60 Dollar gekauft und sie ist schnell auf 66 Dollar gestiegen. Sie beschließen, einen Teil Ihres Gewinns für den Fall zu sichern, dass YYY eine Wende vollzieht. Sie könnten zwar die gesamte Position mit 600 Dollar Gewinn verkaufen (keine schlechte Wahl), aber vielleicht glauben Sie ja, die Aktie werde noch weiter steigen, oder Sie haben steuerliche Gründe. Jedenfalls beschließen Sie, dass ein traditioneller Stop-Loss nicht angebracht ist.

In diesem Beispiel kaufen Sie einen 64er-April-Put, der aus dem Geld ist. Der Put kostet 2,50 Dollar je Aktie beziehungsweise 250 Dollar je Kontrakt, jedoch schützt er 6.400 Dollar Ihres Investments. Wenn YYY unter den Basispreis von 64 Dollar fällt, haben Sie garantiert das Recht, Ihre Aktien für 64 Dollar zu verkaufen.

Anmerkung: Dieser Protective Put gibt Ihnen das Recht, YYY für 64 Dollar zu verkaufen. Aber von 66 bis 64 Dollar schützt der Put Sie nicht.

Je enger der Stop-Loss, umso höher die Kosten für den Schutz. Stellen Sie ihn sich als Versicherungspolice mit geringerer Selbstbeteiligung vor. Im obigen Beispiel kostet der 65er-April-Put mehr als der 64er-April-Put und bietet einen zusätzlichen Schutz. Hätte man hingegen den weit aus dem Geld befindlichen 60er-April-Put gewählt, dann würde er zwar viel weniger kosten, aber damit würde man riskieren, seinen gesamten Gewinn zu verlieren.

Außerdem kostet der Put umso mehr, je weiter die Fälligkeit noch entfernt liegt. Ein Put mit zwei Monaten Restlaufzeit kostet mehr als ein einmonatiger Put. Und drei Monate kosten noch mehr.

Einen Nachteil hat es jedoch, einen Put als Stop-Loss einzusetzen. Stop-Loss-Orders kosten nichts, aber Protective Puts kosten Geld. Nur Sie können entscheiden, wie viel Sie für den Schutz zu zahlen bereit sind.

DER MARRIED PUT

Der Begriff „Married Put", also „verheirateter" Put, beruht auf einer alten Vorschrift der US-Steuerbehörde IRS. Der Begriff hat die Jahre überdauert, obwohl die IRS ihn nicht mehr anerkennt. Bei dieser Strategie kauft man *gleichzeitig* den Basiswert und die Put-Option. Ebenso wie der allgemeine Protective Put ist er eine Absicherungsstrategie, die Anlagen vor einem Kursrückgang des Basiswerts schützen soll. Der Unterschied ist, dass man bei einem Protective Put den Put nach der Aktie kauft, beim Married Put hingegen zum selben Zeitpunkt.

Anmerkung: Da Protective Put und Married Put eigentlich die gleiche Strategie sind, sprechen die meisten Menschen nur von Protective Puts. Es handelt sich um eine Absicherung gegen potenzielle Verluste.

Hoffentlich haben Sie jetzt eine bessere Vorstellung von den Vor- und Nachteilen des Schutzes durch Puts. Einerseits schützt einen der Put im Worst-Case-Szenario. Andererseits kostet der Put Geld und ist bei manchen Aktien oder Indizes teuer.

Als Nächstes werden Sie eine Optionsstrategie namens Collar kennenlernen, die einem hilft, Positionen mit gedeckten Calls zu schützen.

18

DER COLLAR

Wie Sie wissen, besteht das hauptsächliche Risiko beim Verkauf gedeckter Calls darin, dass der Basiswert fallen könnte. Besitzt man einen gedeckten Call auf eine fallende Aktie, gleicht die Prämie, die man durch den Verkauf des gedeckten Calls einnimmt, nicht viel von dem Verlust aus.

Glücklicherweise gibt es eine Strategie namens Collar, die den Wert des Basiswerts schützen kann, wenn man gedeckte Kaufoptionen verkauft. Wenn Sie nach dem Verkauf eines gedeckten Calls glauben, dass der Basiswert abstürzen könnte, und Sie sich schützen wollen, können Sie einen Collar aufbauen. Vielleicht hat die Aktie einen hübschen Anstieg hinter sich und der Collar ist eine Strategie, um die Gewinne zu schützen. (Vergessen Sie nicht, dass Sie zur Sicherung dieser Gewinne auch einfach die Aktie verkaufen können.)

Der Aufbau eines Collars ist verhältnismäßig einfach. Zuerst kauft man die Aktie, dann verkauft man eine gedeckte Kaufoption. Und schließlich kauft man einen Protective Put. Durch den Put entsteht ein Collar. Man kann entweder einen Collar auf eine bestehende Position eines gedeckten Calls aufbauen oder eine neue Collar-Position eingehen.

Defensive Anleger, die in erster Linie ihr Kapital bewahren und nicht übergroße Gewinne erzielen wollen, wissen den Collar womöglich zu schätzen. Im Prinzip tauscht man dabei einen Teil des möglichen Gewinns gegen den Schutz ein, aber trotzdem lassen sich mit dieser Strategie recht ordentliche Gewinne einfahren. Betrachten Sie diese Strategie als „versicherte gedeckte Kaufoption".

WESHALB VIELLEICHT KEINEN COLLAR AUFBAUEN?

Ein Nachteil, wenn man einer Aktie ein einschränkendes Halsband – so die Bedeutung von „Collar" – umlegt, ist die Tatsache, dass man dadurch seinen Gewinn erheblich einschränkt. Man schränkt aber auch seinen potenziellen Verlust ein. Diese Strategie ist zwar nicht dafür gedacht, viel Geld zu verdienen, aber man kann sie so gestalten, dass bei jedem Trade ein ordentliches Aufwärtspotenzial besteht. Man opfert dabei der Sicherheit Gewinnpotenzial.

Der Collar begrenzt zwar die Verluste, aber er beseitigt sie nicht. Letztlich machen Optionsgeschäfte und insbesondere der Collar die Geldanlage weniger riskant, aber nicht risikolos. Zum Beispiel können Anleger mit einem Collar Geld verdienen, wenn die Aktie fällt. Aber ohne Collar können die Aktienverluste extrem werden. Vielleicht macht man mit einem Collar gelegentlich Verlust, aber er verhindert, dass man schweren Schaden erleidet.

Ebenso wie mit einer Versicherung erkauft man sich mit einem Collar Seelenfrieden und diese Strategie ist für konservative Anleger oder für Menschen geeignet, denen die Kapitalbewahrung wichtiger ist als die Mehrung des Vermögens.

Hinweis: Normalerweise konstruiert man einen Collar so, dass sowohl der Call als auch der Put aus dem Geld sind.

Hinweis: Wenn man einen Collar eingeht, senkt man das Risiko. Das Schöne am Collar ist, dass man ihn so konstruieren kann, dass die aus dem Call bezogene Prämie den Put finanziert. Man nennt das Zero Cost Collar oder Costless Collar, wie Sie noch sehen werden.

Gehen wir jetzt ein paar Beispiele für Collars durch.

IHR ERSTER COLLAR

Im August kaufen Sie YYY-Aktien für 52 Dollar das Stück. Sie verkaufen einen (durch die Aktien gedeckten) 55er-September-Call und bekommen dafür eine Prämie von 2,20 beziehungsweise 220 Dollar. Sie gehen den Collar ein, weil Sie es sich nicht leisten können, mit dieser Aktie viel Geld zu verlieren, und weil Sie sich vor einem vorübergehenden Rücksetzer schützen wollen.

Sie kaufen einen 50er-September-Put zum Preis von 2,00 beziehungsweise 200 Dollar (2,00 Dollar x 100) und vervollständigen dadurch den Collar. Ihr Put schützt den Wert Ihrer YYY-Aktien, falls sie unter 50 Dollar fallen.

Hinweis: Nehmen Sie sowohl beim Call als auch beim Put Basispreise aus dem Geld.

Eine Bemerkung zu Zero Cost Collars: Sie nehmen mit dem Verkauf der Call-Option mehr ein (220 Dollar), als Sie für den Put bezahlt haben (200 Dollar). Die Differenz kann klein sein (in diesem Beispiel nur 20 Dollar), aber das bedeutet, dass Sie für den Collar kein Geld aus der Kasse nehmen müssen. Deshalb heißt er Zero Cost Collar. Das ist eine gute Sache, denn wenn die Fälligkeit naht und mit dem Kurs von YYY nichts Besonderes passiert, hat der Schutz nichts gekostet.

Anmerkung: Je nach den gewählten Basispreisen kann der Put im richtigen Leben mehr kosten als der Call, sodass man für den Schutz doch etwas bezahlen muss.

EIN COLLAR TRADE

Werfen wir einen Blick darauf, was mit dem Collar gutgehen oder schiefgehen kann.

Beispiel: Der Basiswert YYY steigt und steht bei Handelsschluss am Verfallstag auf 57 Dollar.

Wenn YYY bei Fälligkeit über dem Basispreis von 55 Dollar steht, wird die Aktie abgerufen (wird also zum Basispreis von 55 Dollar verkauft). Der Put-Teil des Collars verfällt wertlos.

Sie haben für den Collar eine Gutschrift von 20 Dollar (220 - 200 = 20) erhalten und außerdem mit dem Basiswert einen Gewinn von drei Punkten beziehungsweise 300 Dollar erzielt (Sie haben die Aktie für 52 Dollar gekauft und für 55 Dollar verkauft). Gesamtgewinn: 320 Dollar. In diesem Beispiel fungiert der Put als nicht genutzter Versicherungsschutz. Dieser Trade hat den mit der Collar-Position möglichen maximalen Gewinn gebracht.

Anmerkung: Allen, die befürchten, ein Collar bringe zu wenig Gewinn, beweist dieses Beispiel das Gegenteil.

Beispiel 2: Der Basiswert YYY fällt bis zur Fälligkeit auf 45 Dollar.

Der Put ist im Geld und der Call verfällt wertlos. Der Put beseitigt alle Verluste unterhalb eines Basispreises von 50 Dollar. Dank des Collars ist der Kurssturz der Aktie für den Besitzer des Collars keine Katastrophe.

Wenn YYY noch tiefer fällt, macht das für Sie als Collar-Besitzer keinen Unterschied. Der Wert Ihres Puts steigt in gleichem Maße, wie die Aktie an Wert verliert. Wenn Sie die Aktie bei Fälligkeit behalten wollen, verkaufen Sie den Put. Wenn Sie Ihr Portfolio lieber von dieser Aktie befreien wollen, üben Sie den Put aus.

Anmerkung: Die hauptsächliche Funktion des Collars ist nicht, Gewinn zu liefern, sondern Schutz zu bieten, wenn der Basiswert fällt. Anstatt mit der Aktie 700 Dollar zu verlieren, haben Sie in diesem Beispiel nur 180 Dollar verloren (200 Dollar Verlust durch die Aktie und 20 Dollar Gewinn durch den Options-Trade). Das ist der mit dieser Position maximal mögliche Verlust.

Beispiel 3: YYY steigt bis zur Fälligkeit auf 53 Dollar.

Wenn sich YYY zwischen den Basispreisen des Calls und des Puts (55 und 50 Dollar) bewegt und zur Fälligkeit bei 53 Dollar steht, verfallen beide Optionen wertlos und Sie behalten YYY. Außerdem behalten Sie die zuvor kassierte Prämie von 20 Dollar und brauchen bei Fälligkeit nichts zu tun. Zwar verfällt der Put wertlos, aber betrachten Sie die bezahlte Prämie als ungenutzte Versicherungsprämie.

Anmerkung: Ohne Collar wäre Ihr Gewinn um 20 Dollar geringer gewesen.

Risiken: Auf dem Papier klingt diese Strategie attraktiv, aber in Wirklichkeit begrenzt sie den möglichen Gewinn. Das ist der Hauptgrund, weshalb sie nicht öfter eingesetzt wird. Doch sie begrenzt auch den möglichen Verlust und darin besteht der Kompromiss. Dies ist eine Strategie für sehr konservative Anleger (oder für Anleger, die sich vorübergehend Sorgen machen). Außerdem: Wenn der Basiswert fällt, wird der dadurch entstehende Gesamtverlust niemals vollständig ausgeglichen.

Werfen wir nun einen genaueren Blick auf LEAPS-Optionen.

Was sind LEAPS?

„Long-term equity anticipation securities" (LEAPS) sind langfristige Optionskontrakte mit Laufzeiten von sieben Monaten bis zu drei Jahren. In gewisser Weise ist der Kauf eines LEAPS so ähnlich, wie wenn man ein Auto für drei Jahre least, nur dass man nicht das Recht auf einen Autokauf, sondern auf einen Aktienkauf least. Ebenso wie bei einem Leasingvertrag profitiert man von der Nutzung der Aktie, ohne dass sie einem gehört.

Vor allen Dingen sind LEAPS von der längeren Laufzeit abgesehen mit traditionellen Optionen identisch. Um die Aufzeichnungen zu vereinfachen, haben LEAPS andere Symbole. Genauer gesagt: Sobald die Restlaufzeit von LEAPS nur noch sieben bis neun Monate beträgt, werden sie nicht mehr als LEAPS klassifiziert und ihr Symbol ist das einer üblichen Option.

Viele erfahrende Anleger mögen LEAPS, weil sie damit ihre bevorzugten Optionsstrategien über längere Zeiträume einsetzen können und dadurch, dass sie nicht so oft zu traden brauchen, Gebühren sparen. Manche bezeichnen LEAPS als „Aktie des armen Mannes", weil Menschen, die sich keine Aktien leisten können, manchmal LEAPS kaufen.

Anmerkung: LEAPS sind immer günstiger als Aktien, kosten aber mehr als normale Optionen.

Nachteile von LEAPS

Die Investition in LEAPS hat aber auch Nachteile. Zunächst einmal ist der Kauf von Calls oder Puts trotz allem eine spekulative Strategie, man kann also durch den Kauf von LEAPS Geld verlieren, wenn der Basiswert vor der Fälligkeit nicht schnell genug in die richtige Richtung läuft.

Zudem sind die Geld-Brief-Spannen von LEAPS ein bisschen größer als bei traditionellen Optionen. Das kann zum Problem werden, wenn man gleich wieder aus der Position aussteigen muss. Wenn man eine LEAPS-Call-Option kauft, sollte man einen Basiswert wählen, den man wirklich haben will.

Da LEAPS sehr empfindlich auf Änderungen der Volatilität reagieren, muss man auch gut verstehen, wie sich die Volatilität auf die Preisbildung von Optionen auswirkt. Wenn Sie Optionsneuling sind, sollten Sie zuerst Standardoptionen verstehen, bevor Sie überhaupt an LEAPS denken.

Sie sollten sich dabei folgende Fragen stellen. Erstens: Sind Sie Trader oder Anleger? LEAPS sind für Trader nicht ideal. Zweitens: Brauchen Sie die zusätzliche Zeit, die eine LEAPS-Option bietet? Falls ja, dann kann das rechtfertigen, dass Sie Geld für ein Finanzinstrument ausgeben, dessen Fälligkeit bis zu drei Jahre in der Zukunft liegt.

Ein LEAPS-Trade

Hier ein kurzes Beispiel dafür, wie man einen LEAPS-Call kauft. Im Januar kostet die YYY-Aktie 92 Dollar. Sie interessieren sich für YYY als Buy-and-Hold-Investment. Wenn Sie 100 Aktien kaufen, kostet Sie das 9.200 Dollar zuzüglich Gebühren.

Stattdessen entscheiden Sie sich für den Kauf eines tief im Geld befindlichen 85er-Januar-Calls, der in zwölf Monaten fällig ist. Der Kontrakt kostet 900 Dollar, sodass Sie an diesem Trade höchstens 900 Dollar verlieren können. Da der Call tief im Geld ist, bietet er eine angemessene Beteiligung an Kursgewinnen und einen guten Schutz gegen Kursverluste. In diesem Beispiel kaufen Sie einen LEAPS-Call auf YYY als Alternative zu der Aktie.

Anmerkung für Fortgeschrittene: Wenn man LEAPS besitzt, ist der tägliche Zeitwertverlust gering (jedenfalls anfangs). Nach den ersten sechs Monaten sind circa 15 Prozent der Zeitprämie verschwunden (wenn man einen LEAPS am Geld mit 24 Monaten Restlaufzeit kauft). Außerdem kann man (ebenso wie bei allen anderen Call-Optionen) Geld verlieren, wenn der Basiswert fällt und dadurch die Call-Option aus dem Geld gerät. Und wenn die Aktie stagniert, verliert man die Zeitprämie der LEAPS-Option von 200 Dollar ganz oder teilweise, weil die Uhr tickt.

Wenn hingegen der Preis von YYY steigt, kann ein erheblicher Gewinn anfallen. Manche Menschen kaufen LEAPS als langfristige Anlage. Bedenken Sie aber, dass es sich trotz allem um Optionen handelt und dass es besser ist, sie zu verkaufen als sie vor der Fälligkeit oder bei Fälligkeit auszuüben.

Glückwunsch! Jetzt kennen Sie die grundlegenden Optionsstrategien. Vielleicht möchten Sie eine Pause machen, bevor Sie weiterlesen. Schließlich kann es auch bei den einfachsten Optionsstrategien eine Weile dauern, bis man sie verstanden hat.

Vorschlag: Wenn Sie das Gefühl haben, dass Sie eine Pause brauchen, können Sie zu Teil 6 springen, einem meiner Lieblingsteile. Danach können Sie jederzeit zurückblättern und Teil 5 lesen, der die mittelschweren und fortgeschrittenen Strategien enthält.

Wenn Sie sich hingegen mit den einfachen Optionsstrategien wohlfühlen und bereit sind, weiterzulesen, wartet jetzt Teil 5 auf Sie. Ich tue mein Bestes, um die Strategien verständlich zu erklären.

TEIL 5

MITTELSCHWERE UND FORTGESCHRITTENE STRATEGIEN

19

CREDIT UND DEBIT SPREADS

Manche von Ihnen warten schon lange darauf, etwas über mittelschwere und fortgeschrittene Optionen zu erfahren. Vielleicht haben Sie ein teures Seminar oder einen teuren Kurs besucht und wollen eine kurze Auffrischung. Oder vielleicht haben Sie vor, einen Kurs zu besuchen (oder die Series-7-Prüfung abzulegen), und wollen wissen, was auf Sie zukommt. Jedenfalls sind die in Teil 5 enthaltenen Strategien die Spielwiese der erfahrenen Anleger. Viele dieser Strategien, zum Beispiel Spreads, sind faszinierend und flexibel.

Es ist sinnvoll, diese Strategien zu verstehen. Schließlich besteht Ihr Ziel letztlich darin, sich einen Vorsprung gegenüber anderen Tradern zu verschaffen. Indem Sie alle in diesem Buch enthaltenen Strategien erlernen, kommen Sie diesem Ziel einen Schritt näher.

In Teil 5 werden Sie Credit Spreads, Debit Spreads, Straddles und Strangles, den Verkauf bar besicherter und „nackter" Puts, die Griechen, Iron Condors, Calendar Spreads, den Butterfly, den Handel mit Optionen auf ETFs und Indizes, Wochen-Optionen und Mini-Optionen kennenlernen. Das sind viele Informationen und deshalb ist dieses Kapitel das längste des Buches.

Fangen wir nun mit Credit Spreads und Debit Spreads an. Mit ihnen können Sie quasi alles haben.

WAS SIND SPREADS?

Im Grunde ist ein Spread eine Position, die aus einer Long-Option und aus einer Short-Option besteht. Genauer gesagt kauft man dabei einen Call (oder Put) und verkauft einen anderen Call (oder Put). Es ist wirklich so einfach. Es gibt zwar massenhaft schicke Bezeichnungen für verschiedene Spreads, aber vergessen Sie nie, dass alle diese Strategien darauf beruhen, dass man Calls und Puts kauft und verkauft. Bei Spreads braucht man das Underlying (den Basiswert) nicht zu besitzen und das ist gut so, weil es den Handel mit ihnen erleichtert.

Anmerkung: Der Hauptunterschied zu dem, was Sie bisher gelernt haben, ist die Tatsache, dass die beiden Trades gleichzeitig erfolgen.

Noch wichtiger ist, dass Spreads Strategien sind, die das Risiko senken (also Absicherungsstrategien). Manche Strategien sind richtungsbezogen (direktional), sodass ihr Gelingen von der Bewegung des Basiswerts (sowie von der Volatilität) abhängt. Andere sind marktneutral und es hängt vom zeitlichen Verlauf ab, ob Profite anfallen.

Erfolgreiche Options-Trader bevorzugen Spreads, weil sie dafür gedacht sind, das Risiko zu senken. Solange man nicht zu viele Spreads auf einmal tradet, sind die Verluste begrenzt, aber auch die Gewinne. Für viele Trader sind allerdings die Renditen sehr akzeptabel, vor allem wenn sie nicht zu viel Geld aufs Spiel setzen müssen.

Ein riesiger Vorteil ist, dass man Spreads konstruieren kann, die weniger Kapital verbrauchen, aber über das Potenzial höherer prozentualer Gewinne auf das Investment verfügen. Das ist ein weiterer Grund, weshalb Spreads bei Anlegern so beliebt sind.

Auch sprechen Spreads erfahrene Anleger an, weil sich im Handel mit Spreads die volle Kraft und Flexibilität von Optionen offenbart. Tatsächlich gibt es zu fast jeder Marktmeinung einen Spread, egal wie bullish, bearish oder neutral Sie auch sein mögen.

Indes sind Spreads nicht risikolos und bevor man einen Spread eingeht, muss man unbedingt die Risiken sowie die potenziellen Belohnungen verstehen.

DIE UNTERSCHIEDE VERSTEHEN

Bevor wir loslegen, schauen wir uns das Vokabular an. Zunächst einmal gibt es viele Arten von Spreads, aber die meisten fallen in eine von nur drei Kategorien: vertikale, horizontale und diagonale Spreads. Die in diesem Kapitel besprochenen Spreads sind vertikale Spreads. Vorläufig beschränken wir uns dabei auf zwei vertikale Spreads – Credit Spread und Debit Spread. (Übrigens: Man spricht deshalb von vertikalen Spreads, weil das Fälligkeitsdatum identisch ist.)

Bei einem Credit Spread kassiert man eine Prämie. Das bedeutet, dass die Prämie der verkauften Option höher ist als die der gekauften Option. Bei Credit Spreads besagt der Plan, dass die Zeit verrinnt und das eingenommene Geld zum Gewinn wird.

Bei einem Debit Spread gibt man für den Trade Geld aus und die gekaufte Option kostet mehr als die verkaufte. Man profitiert davon, wenn der Basiswert vor der Fälligkeit in die richtige Richtung läuft. Später werden Sie das verstehen.

Sie werden feststellen, dass die vier vertikalen Spreads ähnliche Namen haben: Bull Put, Bull Call (beides Hausse-Spreads oder Bull Spreads), Bear Call und Bear Put (beides Baisse-Spreads oder Bear Spreads).

Machen Sie sich nichts daraus, wenn Sie die Namen der Strategien durcheinanderbringen. Sie sollten sich allerdings merken, dass es nur zwei Arten vertikaler Spreads gibt: Credit Spreads und Debit Spreads. Und dass für diese Spreads entweder Calls oder Puts verwendet werden. Vergeuden Sie keine Zeit damit, die Namen der Strategien auswendig zu lernen, denn später werden sie Ihnen einleuchten.

Was ist besser, ein Credit Spread oder ein Debit Spread? Darauf gibt es wirklich keine richtige Antwort. Im Allgemeinen mögen Anleger Credit Spreads, weil sie Bares einbringen (nicht unbedingt Gewinn, aber beim Eingehen des Trades nimmt man Geld ein). Andere mögen Debit Spreads, weil ihr Wert steigt, wenn der Trade funktioniert. Wenn Sie mehr über Spreads lernen, können Sie selbst entscheiden, welche Strategie Ihren Bedürfnissen entspricht.

Und jetzt etwas, das Sie interessieren wird: Wenn Sie einen Credit Spread oder einen Debit Spread eingehen, ist ein zusätzliches Ziel die Senkung des Risikos. Wenn Sie einen Debit Spread eingehen, ist Ihr Ziel die Senkung der Kosten.

Bedenken Sie Folgendes: Es ist unerlässlich, dass Sie die Risiken und Belohnungen des Handels mit Spreads kennen (was übrigens für alle Strategien gilt). Auch wenn Spreads dafür gedacht sind, die Risiken zu senken, so bleiben doch Risiken. Wenn Sie die Risiken nicht verstehen, können Spreads unangenehm werden (vor allem wegen der Fallstricke, die auf die Unachtsamen warten). Zum Glück warne ich Sie vor diesen potenziellen Fallstricken und damit fange ich gleich an.

DIE RISIKEN BEIM HANDEL MIT SPREADS

Spreads sind sehr leistungsfähige Werkzeuge. Richtig eingesetzt kann einem ein solches Werkzeug helfen, ein schönes Haus zu bauen, das einem Einkommen und Sicherheit bietet. Falsch eingesetzt kann dieses Werkzeug dazu führen, dass das gesamte Haus in Trümmer fällt.

Seien Sie sich beim Handel mit Spreads der Worst-Case-Szenarien bewusst. Manchmal meinen die Menschen, mit geringerem Risiko zu handeln bedeute gar kein Risiko. Seien Sie sich dieses Unterschieds bewusst. Scheuen Sie sich auch nicht, Fragen zu stellen, wenn Sie die Konzepte nicht vollständig verstehen. Es kann eine Weile dauern, bis man sie vollständig versteht. (Vergessen Sie nicht, die gebührenfreie Nummer anzurufen, wenn Sie Fragen haben.)

Wenn man zum ersten Mal von Spreads hört, kommt es einem vor, als hätte man den Weg zum leichten Geld gefunden. Doch leider benehmen sich Basiswerte und Optionen im richtigen Leben oft nicht so, wie man es erwartet. Bei Spreads sind Ausübung und Zuteilung besonders wichtig und wenn einem nicht vollständig klar ist, was alles schiefgehen kann, sitzt man am Ende auf einer unwillkommenen Aktienposition. Meistens lässt sich dieses Problem leicht beheben, aber nicht immer, und deshalb ist es am besten, Problemen vorzubeugen, bevor sie auftreten.

Anmerkung: Da Spreads eine Handelsstrategie der Stufe 3 sind, verlangen fast alle Brokerfirmen, dass man eine Einschussvereinbarung ausfüllt, bevor sie einem Spreads erlauben. Bei manchen Brokerfirmen darf man Spreads im Rahmen eines Altersvorsorgeplans verwenden und das darin angelegte Geld als Sicherheit nutzen. Erfragen Sie bei Ihrem Broker die genauen Regeln.

Nachdem Sie nun eine grundsätzliche Vorstellung davon haben, dass immer ein Risiko vorhanden ist, fangen wir damit an, etwas über Spreads zu lernen. Um es Ihnen leichter zu machen, bespreche ich zuerst die Credit Spreads und dann die Debit Spreads.

Hinweis: Auch wenn ein Spread aus verschiedenen Optionen besteht, stellen Sie sich einen Spread als eine einzige Position vor.

Viel Glück und willkommen in der Welt des Spread-Tradings!

CREDIT SPREAD: BULL PUT

Ich freue mich, Sie mit dem beliebten Bull Put Spread (auch als Put Credit Spread oder Put-Hausse-Spread bezeichnet) bekannt zu machen. Da es sich um einen Credit Spread handelt, bekommen Sie Geld, wenn Sie diesen Trade eingehen. Ihr Ziel ist es, so viel wie möglich von diesem Geld zu behalten. Warum? Dieses Geld ist der Maximalgewinn, den Sie mit dieser Strategie erzielen können.

Normalerweise setzt man einen Bull Put Spread ein, wenn man den Basiswert leicht bullish sieht. Bei dieser Strategie verkauft man eine Put-Option (Short Put) und kauft gleichzeitig eine andere Put-Option (Long Put). Beide Puts haben dasselbe Fälligkeitsdatum (deshalb ist es ein vertikaler Spread), aber verschiedene Basispreise.

Das Interessante an diesem Spread ist, dass der Long Put als Protective Put fungiert und große Verluste durch den verkauften Put verhindert. Um sicherzugehen, dass der gesamte Trade nicht in einem Verlust resultiert, handeln Sie mit der angemessenen Anzahl von Spreads. Außerdem reduziert der Kauf des Protective Puts den Gewinn. So funktioniert ein Spread. Wenn dies schwer zu verstehen ist, so werden Sie es verstehen, wenn Sie sich mit den Beispielen in diesem Kapitel befassen.

Risiken und Belohnungen beim Bull Put Spread

Ein Vorteil des Bull Put Spreads (und anderer Optionsstrategien) ist, dass sich leicht berechnen lässt, wie viel man mit dem Trade gewinnen oder verlieren kann. In der Optionsterminologie: Das Risiko ist definiert (begrenzt). Anleger mögen den Bull Put Spread, weil sie dabei gleich Geld einnehmen.

Wenn alles gut läuft, kann der Bull Put Spread (ebenso wie andere Optionsstrategien) wie ein Zauber wirken, er kann aber auch schrecklich in die Hose gehen. Ich tue mein Bestes, um Ihnen zu helfen, Überraschungen zu vermeiden.

Eigenschaften eines Bull Put Spreads

Bevor Sie überhaupt in Erwägung ziehen, Ihren ersten Bull Put Spread einzugehen, sehen wir uns die folgenden Kriterien an:

- *Basiswert:* Bevor Sie Ihren ersten Spread platzieren, denken Sie über Ihre Prognose für die zugrunde liegende Aktie nach. Das ist eine bullishe Strategie und Sie sind bezüglich der Aktie leicht bullish eingestellt. Sie müssen Nachforschungen anstellen, um Aktien zu finden, die Ihren Kriterien entsprechen. (Hoffentlich kommen Sie auf Ideen für Aktien, wenn Sie weiterlesen.)

- *Basispreis:* Wenn Sie diese Strategie anwenden, besteht der Schlüssel zum Erfolg in der Auswahl der richtigen Aktienkurse und Basispreise. Insbesondere müssen Sie eine ausreichende Prämie hereinholen, damit sich die Strategie lohnt. Die Wahl des richtigen Basispreises ist ein Balanceakt zwischen Chance und Risiko und das fällt einem mit zunehmender Trading-Erfahrung leichter.

Short Put: Normalerweise ist der Basispreis des Short Puts (des verkauften Puts) aus dem Geld.

Long Put: Normalerweise ist der Basispreis des Long Puts (des gekauften Puts) noch weiter aus dem Geld.

Um gute Chancen zu haben, mit einem Bull Put Spread Gewinn zu erzielen, fängt man im Allgemeinen mit Puts an, die aus dem Geld sind, und hofft, dass beide Puts wertlos verfallen. Man kann für den Short Put auch einen Basispreis am Geld wählen und so eine höhere Prämie kassieren, aber dadurch steigt die Wahrscheinlichkeit, dass man Verlust macht. Spreads am Geld sind für Trader geeignet, die darauf vertrauen, dass der Aktienkurs nicht sinken wird.

Bedenken Sie: Bei dieser Strategie wollen Sie nicht, dass die Puts irgendwann im Geld sind, vor allem nicht zum Fälligkeitsdatum.

Vorbehalt: Wenn Sie ein erfahrender Trader sind, widersprechen Sie diesen Richtlinien womöglich. Aber als Anfänger muss man ja irgendwo anfangen und so empfehle ich, mit den genannten Kriterien anzufangen. Wenn Sie Erfahrungen sammeln, finden Sie vielleicht andere Kriterien für die Optionen, die Sie auswählen – Kriterien, die Ihren Zielen und Ihren Erwartungen an den Basiswert entsprechen. Das wird Ihnen hoffentlich größere Gewinne einbringen.

Regel: Grundsätzlich gilt: Je größer der Abstand zwischen den Basispreisen, umso bullisher (und umso riskanter) Ihre Position. Wenn Sie beispielsweise einen 60er-Put verkaufen und einen 55er-Put kaufen, sind die fünf Punkte Differenz bullish. Wenn Sie einen 60er-Put verkaufen und einen 50er-Put kaufen, ist der Spread von zehn Punkten noch bullisher. Der Basiswert muss über den höheren Basispreis steigen (oder darüber bleiben), damit Sie den maximalen Profit erzielen.

Fälligkeitsdatum: Für einen Bull Put Spread wollen Sie wahrscheinlich Zeiträume von 30 bis 45 Tagen wählen. Schließlich wirkt der Zeitwertverlust ja zu Ihren Gunsten. Zum Fälligkeitstermin ist die Zeit abgelaufen und Sie wollen beide Puts aus dem Geld sehen (also dass der Aktienkurs über den Basispreisen beider Optionen steht), sodass sie wertlos verfallen. Wenn das passiert, besteht Ihr Gewinn in dem Geld, das Sie für den Verkauf des Spreads eingenommen haben, abzüglich der Gebühren. Ein kurzer Zeitrahmen erhöht diese Wahrscheinlichkeit. Damit mag Ihr Gewinn geringer ausfallen, aber es erhöht auch die Chancen, dass Sie die Prämie behalten.

Denken Sie einmal über Folgendes nach: Sie haben für den Verkauf des Spreads bereits eine Gutschrift erhalten. Der Long Put, den Sie gekauft haben, schützt Ihre Short-Position. Wenn Sie den Long Put nicht hätten, bräuchten Sie den Trade nicht zu machen oder Sie hätten ein unbegrenztes Verlustpotenzial. Wenn bei dieser Strategie der Long Put wertlos verfällt, sollte Sie das nicht stören. Er wurde ja nur zum Schutz gekauft.

Wenn der Spread plötzlich an Wert zulegt, bedeutet das, dass der Basiswert fällt. Das ist nicht das, was Sie wollen. Stellen Sie sich die Long-Option, die Sie gekauft haben, nicht als etwas vor, von dem Sie wollen, dass sein Wert steigt. Sie wollen, dass sein Wert ebenso wie der des verkauften Puts sinkt. Sie wollen, dass Ihre Versicherungsoption (der Long Put) an Wert verliert und zur Fälligkeit nicht gebraucht wird.

Implizite Volatilität: Ist die implizite Volatilität hoch, ist auch die Prämie hoch. Beim Verkauf von Optionen ist das ideal. Schließlich bedeutet eine hohe Prämie mehr Geld und das wollen Sie ja. Das heißt, wenn Sie einen Bull Put Spread verkaufen, bedeutet eine hohe implizite Volatilität auch eine höhere Prämie, aber sie bedeutet auch, dass die Aktie wahrscheinlich volatiler ist, sodass die Wahrscheinlichkeit steigt, dass Sie Geld verlieren.

Im Idealfall hofft man, dass die implizite Volatilität hoch ist und im Begriff steht, zu fallen. Zu wissen, wann die implizite Volatilität im Begriff steht, einen Höhepunkt zu überschreiten und zu sinken, ist leider leichter gesagt als getan, so ähnlich wie „billig kaufen und teuer verkaufen". Der beste Weg zum schnellen und ordentlichen Gewinn ist vielmehr eine hohe Prämie und dass sich die Aktie vor der Fälligkeit in die richtige Richtung bewegt.

Wie viel Geld kann man dabei verlieren (oder verdienen)?

Maximales Risiko: Das maximale Risiko beim Bull Put Spread ist die Differenz zwischen den Basispreisen und der aus dem Spread bezogenen Prämie. Das heißt, je größer der Abstand zwischen den Basispreisen, umso mehr Prämie erhält man, aber umso mehr Geld kann man auch verlieren. Ein Spread von zehn Punkten ist aggressiver als einer von fünf Punkten. Anders gesagt liefert der 10-Punkte-Spread dem Trader zwar mehr Cash, aber er erhöht auch den potenziellen Verlust.

Sehen wir uns konkrete Beispiele an, die Ihnen helfen dürften, die Risiken und Chancen des Bull Put Spreads zu verstehen. Der erste Spread, den man macht, ist immer der schwierigste. Wenn Sie Erfahrungen sammeln, werden Spreads immer leichter zu managen!

Ihr erster Bull Put Spread

Im Oktober glauben Sie, dass die YYY Manufacturing Company, die derzeit bei 43 Dollar steht, in den nächsten ein oder zwei Monaten auf 45 Dollar oder noch höher steigen wird. Da Sie bezüglich der Aussichten dieser Aktie bullish gestimmt sind und auch das Risiko begrenzen wollen, erwägen Sie, einen Bull Put Spread einzugehen.

Sie verkaufen einen 42er-November-Put auf YYY zu einem Limit-Kurs von 3,60 Dollar, wofür Sie 360 Dollar (3,60 x 100) bekommen. Zugleich kaufen Sie einen 40er-November-Put auf YYY zu einem Limit-Kurs von 2,70 Dollar, wofür Sie 270 Dollar (2,70 x100) bezahlen. Somit stehen Sie mit 90 Dollar im Plus.

Anweisungen an Ihren Broker: Wenn Sie bei Ihrem Broker einen Bull Put Spread platzieren, können Sie sagen: „Ich möchte einen im März fälligen Put Spread zu 40/42 mit einer Gutschrift von 0,90 Dollar oder besser verkaufen."

Anmerkung: Die genauen Preise der einzelnen Optionen brauchen Sie nicht anzugeben.

Erinnerung: In diesem Beispiel sind beide Puts aus dem Geld. Der 42er-November-Put ist aus dem Geld und der 40er-November-Put ist noch weiter aus dem Geld. Der Trade beginnt mit Optionen aus dem Geld, was die Chancen steigert, dass beide Optionen am Ende aus dem Geld sein werden. Wenn beide Puts zur Fälligkeit wertlos verfallen, können Sie die anfängliche Prämie als Gewinn verbuchen.

Maximaler Gewinn: In diesem Beispiel beträgt die Prämie, die Sie als Gewinn einnehmen, 90 Dollar (die 360 erhaltenen Dollar minus die 270 bezahlten Dollar ergibt 90 Dollar) abzüglich Gebühren. Das ist der höchste Betrag, den Sie mit diesem Trade verdienen können.

Anmerkung: Egal, was passiert, Sie behalten die 90 Dollar und haben das Ziel, möglichst viel davon zu behalten.

Anmerkung: Rechnen Sie als realistischer Trader nicht damit, an jedem Trade den maximalen Gewinn zu verdienen. Man weiß ja nie, wann aus dem Nichts ein unvorhergesehenes Ereignis auftaucht und Ihre Trading-Pläne zunichtemacht. Vergessen Sie auch nicht, dass Sie aus einem Trade jederzeit vor der Fälligkeit aussteigen können, um sich einen Gewinn zu sichern und das Risiko zu eliminieren.

Maximaler Verlust: In diesem Beispiel beläuft sich der maximale Verlust aus dem Trade auf 110 Dollar – die Differenz zwischen den beiden Basispreisen abzüglich der vereinnahmten Prämie (200 Dollar Differenz der Basispreise minus 90 Dollar vereinnahmte Prämie = 110 Dollar) zuzüglich Gebühren.

Anmerkung: Bevor Sie einen Spread eingehen, berechnen Sie stets den maximalen Gewinn und das maximale Risiko und schreiben Sie beides in Ihren Trading-Plan.

Gutgegangen oder schiefgelaufen?

Schauen wir nun, was gutgehen und was schiefgehen kann, wenn man einen Bull Put Spread eingeht.

Noch einmal: Die YYY-Aktie steht bei 43 Dollar. Sie verkaufen einen 42/40-November-Put-Spread mit einem maximal möglichen Gewinn von 90 Dollar. Ihr maximaler Verlust beträgt 110 Dollar.

Beispiel 1: Der Basiswert YYY steht bei Fälligkeit über dem November-Put-Basispreis von 42 Dollar.

Das ist genau das, was Sie erhofft hatten. Wenn der Basiswert steigt, verlieren beide Puts an Wert. Solange der Basiswert über dem Basispreis bleibt, können Sie die erhaltene Prämie behalten.

Wenn YYY zum Handelsschluss am Fälligkeitsdatum über 42 Dollar steht, verfallen die Puts wertlos. (Beachten Sie: Wenn die Aktie *vor* der Fälligkeit über dem Basispreis steht, sind die Puts noch nicht wertlos.) In diesem Beispiel könnte drei Wochen, nachdem Sie die Position eingegangen sind, der Long Put auf 0,50 Dollar und der Short Put auf 1,00 Dollar fallen. Zu diesem Zeitpunkt ist der Spread immer noch 0,50 Dollar wert, aber im Idealfall verfallen beide Puts zur Fälligkeit wertlos.

Einen gewinnbringenden Trade schließen

Vor dem Fälligkeitsdatum haben Sie mehrere Möglichkeiten, einen im Gewinn stehenden Trade zu managen. Erstens können Sie bis zum Fälligkeitsdatum warten und versuchen, den maximalen Gewinn zu erzielen. In diesem Fall verdienen Sie, falls beide Puts zur Fälligkeit wertlos verfallen, das Maximum von 90 Dollar.

Damit dies verständlicher wird: Sie haben die 90 Dollar schon auf der Bank. Wenn aber die Optionen nicht wertlos verfallen, müssen Sie für den Ausstieg aus dem Trade ein bisschen Geld ausgeben. Geben Sie weniger als 90 Dollar aus, erzielen Sie Gewinn, geben Sie mehr aus, Verlust.

Zweitens können Sie beide Hälften des Spreads vor der Fälligkeit schließen und die Gewinne mitnehmen. Im obigen Beispiel gelingt es Ihnen so vielleicht, für 0,50 Dollar aus dem Spread auszusteigen. Das ist kein schlechtes Ergebnis. Den maximalen Gewinn zu erzielen ist zwar optimal, aber darauf zu warten birgt ein Risiko. In einem Worst-Case-Szenario könnten Sie gezwungen sein, aus dem Trade auszusteigen, indem Sie bei Fälligkeit bis zu 200 Dollar bezahlen (das passiert, wenn die Aktie unter dem niedrigeren Basispreis von 40 Dollar steht).

Um Komplikationen zu vermeiden, sollten alle Trader beide Hälften des Spreads spätestens zur Fälligkeit schließen (falls der Ausstiegs-Zielkurs erreicht wird, auch früher). Trader, die versuchen, aus einem Trade auch noch den letzten Cent herauszuholen, verlieren letztlich oft ihren gesamten Gewinn. Egal, wofür Sie sich entscheiden, überwachen Sie Ihre Position genau und gehen Sie sicher, dass Sie keine Positionen halten, die zu riskant sind.

Beispiel 2: Die zugrunde liegende Aktie YYY fällt vor der Fälligkeit im November unter den Basispreis von 42 Dollar.

Das ist nicht das, was Sie wollten. Im richtigen Leben funktionieren Optionsgeschäfte nicht immer wie erhofft. Wenn der Basiswert fällt statt zu steigen, kann man mit einem Bull Put Spread Verlust machen. Manchmal sind die Erwartungen, die man an eine Aktie hat, falsch.

Wenn in diesem Beispiel YYY unter den Basispreis von 42 Dollar fällt, steigt der Wert des Spreads. Der Short Put läuft ins Geld und legt schneller an Wert zu als der Put, den Sie gekauft haben.

Ihr Ziel war es, möglichst viel von den 90 Dollar Prämie zu behalten. Wenn in diesem Beispiel auch der 40er-November-Put bei Fälligkeit im Geld ist, dann ist der Spread 200 Dollar wert und Sie verlieren den Maximalbetrag von 110 Dollar.

Steht die Aktie zwischen den Basispreisen, verfällt Ihr Long Put wertlos und Sie müssen darauf achten, den 42er-November-Put einzudecken. Kaufen Sie diesen Put nicht (um die Position zu schließen), stehen Sie auf 100 Aktien long, nachdem Ihnen eine Ausübungsanzeige zugeteilt wurde. (Das Eindecken des Puts kostet je nach Aktienkurs einen bis 199 Dollar.)

Das wichtigste Konzept ist, dass der Long Put Ihr Schutz ist und dass Sie ohne diesen Schutz der Möglichkeit eines großen Verlusts ausgesetzt sind. Würde die Aktie beispielsweise auf 30 Dollar fallen, dann müssten Sie 1.200 Dollar (den inneren Wert der Option) bezahlen, um den 42er-November-Put einzudecken. Da Sie einen Spread von zwei

Punkten haben, belaufen sich die Kosten für das Schließen der Position nur auf maximal 200 Dollar, also die Differenz zwischen den Basispreisen.

Einen verlustbringenden Trade schließen

Wenn Sie in einem verlustbringenden Trade stecken, haben Sie mehrere Möglichkeiten, unter anderem Ihre Verluste zu begrenzen (durch Kauf des Put Spreads, um die Position zu schließen) und zu einem anderen Trade überzugehen. Normalerweise besteht die effektivste Maßnahme, die man treffen kann, darin, beide Put-Optionen zu schließen.

Wenn Sie in diesem Beispiel beschließen, beide Hälften des Spreads vor der Fälligkeit zu schließen (ratsam, um das Risiko zu managen), kaufen Sie den verkauften Put (zum Schließen) zurück und verkaufen (zum Schließen) den Put, den Sie besitzen. Vielleicht bezahlen Sie für das Schließen des Spreads 160 Dollar, sodass Sie 70 Dollar Verlust machen. Unter keinen Umständen sollten Sie bei einem 2-Punkte-Spread 200 Dollar bezahlen (erst recht nicht mehr), um aus der Position herauszukommen. Das schlimmste denkbare Szenario ist die Zahlung von 200 Dollar bei Fälligkeit (sodass keine Notwendigkeit besteht, vorher so viel zu bezahlen).

Im richtigen Leben kann der Verlust in diesem Beispiel größer oder kleiner als 70 Dollar sein, aber das Maximum nicht überschreiten. Deshalb ist es so wichtig, beide Teile des Spreads gleichzeitig zu schließen.

Leider halten manche Options-Trader an einer Verlustposition fest, weil sie auf ein Wunder hoffen. Doch traurigerweise passieren Wunder nicht sehr oft.

Nichts tun

Sie haben noch eine dritte Chance, und zwar nichts zu tun und das Fälligkeitsdatum abzuwarten. Das ist nicht zu empfehlen, denn kluge Trader managen ihr Risiko und lassen die Chips nicht dahin fallen, wo sie zufällig landen.

Normalerweise wird der Long Put automatisch ausgeübt, wenn beide Puts zur Fälligkeit im Geld sind. Gleichzeitig ist der Short Put in diesem Beispiel mehr als zwei Punkte im Geld und wird automatisch (garantiert) ausgeübt. Ihnen wird eine Ausübungsanzeige zugeteilt. In diesem Beispiel gleichen die Ausübung und die Zuteilung einander aus; Sie müssen die Aktie für 42 Dollar kaufen und für 40 Dollar verkaufen, sodass Sie pro Spread 200 Dollar Verlust machen. Somit fällt der Maximalverlust an.

Beispiel 3: Der Basiswert YYY fällt bis zur Fälligkeit auf 41 Dollar (zwischen den Basispreisen 40 und 42 Dollar).

Landet der Basiswert zwischen den Basispreisen, müssen Sie auf Details achten. In einem Best-Case-Szenario verfallen beide Optionen wertlos und Sie behalten die anfänglich erhaltene Gutschrift. Es besteht jedoch auch eine Wahrscheinlichkeit, dass der Put, den Sie besitzen, wertlos verfällt, Ihnen aber der Short Put zugeteilt wird. Das ist nur eine kleine Unannehmlichkeit, also keine Panik! Die Lösung: Decken Sie die Short-Put-Option vor Handelsschluss am Fälligkeitstag (oder früher) ein, um die Zuteilung zu vermeiden. Dann sind die Position und das Risiko eliminiert.

Wenn der Fälligkeitstermin gekommen ist, beseitigen Sie das Problem, indem Sie den 42er-November-Put schließen. Das löst das Problem, weil dann keine Möglichkeit der Zuteilung mehr besteht. Ihr 40er-November-Put verfällt dann am Ende des Tages. In diesem Beispiel beläuft sich der Kapitalbedarf für den vorgeschlagenen Trade auf 100 Dollar. Der Verlust beträgt nur zehn Dollar zuzüglich Gebühren (100 Dollar für den Ausstieg minus die 90 Dollar anfangs vereinnahmte Prämie).

Zweifellos sorgen Ausübung und Zuteilung bei Anfängern für die größte Verwirrung. Eines der Risiken von Credit Spreads entsteht, wenn der Trader leichtsinnig ist. Wird die Long-Hälfte verkauft und die Short-Hälfte offen gelassen, besteht ein hohes Risiko, sodass es zu Problemen kommen kann und auch kommen wird. Zum Glück lassen es die Brokerhäuser nicht zu, dass Trading-Neulinge solche Aktionen durchführen.

Beherzigen Sie aus diesem Grund den folgenden Rat: Traden Sie die beiden Optionen immer als Spread. Schließen Sie nicht eine Hälfte, ohne die andere zu schließen. Wird eine Option in Aktien umgewandelt (durch Zuteilung), schließen Sie die Aktienposition und verkaufen Sie Ihre Long-Option.

Das Zuteilungsrisiko

Wenn Sie mit den Kniffligkeiten von Ausübung und Zuteilung nicht vertraut sind, kann es sein, dass Sie am Ende auf einer nicht gewünschten Aktienposition sitzen. Wie bereits erwähnt, arbeiten der Long Put und der Short Put als Team zusammen. Wenn Sie eine Position halten, die zur Fälligkeit im Gewinn (aus dem Geld) steht, verfallen beide Put-Optionen wertlos.

Wenn Sie eine Position halten, bei der beide Optionen im Geld sind, haben Sie das Worst-Case-Szenario und den maximalen Verlust. Der Long Put wird dann automatisch ausgeübt, und der Short Put wird zugeteilt. Die Ausübung und die Zuteilung „kürzen" die Aktienposition „weg" und Sie besitzen den Spread nicht mehr. Aber Sie verlieren den höchstmöglichen Betrag.

Dieses Problem tritt auf, wenn der Long Put verkauft wird oder wertlos verfällt und Sie nur noch den Short Put haben. Wie schon gesagt, schließen Sie die gesamte Position. (*Regel:* Verkaufen Sie Ihren Long Put nicht, ohne den Short Put einzudecken.)

Wenn Sie meinen Rat, den im Geld befindlichen Short Put einzudecken, nicht befolgen, stehen Sie am Montagmorgen nach dem Fälligkeitsdatum mit einer Long-Position auf eine Aktie da, die gefallen ist. Das war nicht der Plan, als Sie den Bull Put Spread eingingen. Lassen Sie bitte nicht zu, dass das passiert. Sie können zwar sofort hingehen und die Aktienposition verkaufen, aber besser ist es, eine Zuteilung zu vermeiden.

Anmerkung: Dies ist das erste Mal in diesem Buch, dass Sie der Zuteilung eines Short Puts begegnet sind. Um es zu wiederholen: Wenn Sie einen Short Put haben, der zugeteilt wird, sind Sie verpflichtet, die zugrunde liegende Aktie zum Basiswert zu kaufen. Vermeiden Sie all diese Probleme, indem Sie die Position spätestens am Fälligkeitsfreitag eindecken.

Wenn Ihre Position im Gewinn steht, besteht eine Möglichkeit darin, beide Hälften des Spreads vor der Fälligkeit zu schließen und weniger als den Maximalgewinn mitzunehmen. Wenn Ihre Position im Verlust steht, können Sie sich dafür entscheiden, beide Hälften des Spreads vor der Fälligkeit zu schließen und zu retten, was noch zu retten ist, indem Sie einen geringeren als den maximalen Verlust mitnehmen.

Bedenken Sie jedenfalls, dass Abwarten ein Risiko beinhaltet. Sie können sich entscheiden, abzuwarten und die Position bis zum Freitag zu halten, aber dann sind Sie in einer Situation, in der sich der Wert des Spreads innerhalb sehr kurzer Zeit erheblich ändern kann. Ich rate Ihnen, auszusteigen, wenn das Risiko unangenehm wird.

Vorzeitige Zuteilung

Die meisten Menschen glauben (aus gutem Grund) nicht, dass ihre Position vorzeitig zugeteilt wird, aber gelegentlich passiert es doch. Das ist allerdings kein Problem, also bleiben Sie ruhig. Verkaufen Sie die Aktie und den Put, den Sie besitzen. Dadurch schließen Sie die Position. Erfolgt eine vorzeitige Zuteilung, rufen Sie Ihre Brokerfirma an, um sicherzustellen, dass keine Nachschussforderung erfolgt (dann wären Sie gezwungen, Geld nachzuschießen oder die Position zu schließen). Aber Sie wissen ja schon, wie Sie da herauskommen: Verkaufen Sie die Aktie und verkaufen Sie Ihren Long Put.

Schlussbemerkungen

Hier eine Übersicht über die wichtigsten Punkte zum Bull Put Spread:

1. Beim Bull Put Spread (und allen anderen vertikalen Spreads) will man eine Zuteilung vermeiden.
2. Machen Sie nicht den Fehler, nur den Long Put zu verkaufen, denn dann setzen Sie sich einem unnötigen Risiko aus. Der Long Put ist dafür gedacht, die Position gegen größere Verluste zu schützen, deshalb *verkaufen Sie ihn nicht*.

3. Noch schmerzhafter: Manche Anleger schließen einen profitablen Trade nicht, weil sie ein paar Cent extra nachlaufen. Aktien haben die seltsame Angewohnheit, gleich nachdem man einen fantastischen Buchgewinn verzeichnet hat, in die falsche Richtung zu laufen. Wenn Sie bei einem Bull Put Spread das Ziel verfolgen, eine profitable Position zu schließen und den größten Teil der erhaltenen Prämie zu behalten, dann schließen Sie sie, wenn das Ziel erreicht ist. Schließen Sie beide Hälften des Spreads vor der Fälligkeit. Dann beziehen Sie aus dem Spread zwar nicht den maximalen Gewinn, aber Sie vermeiden etwaige Komplikationen aufgrund einer Zuteilung.
4. Erliegen Sie nicht der Versuchung, schnell ein bisschen Gewinn vom Tisch zu nehmen. Ziel ist es, genug Gewinn mitzunehmen, um das eingegangene Risiko zu rechtfertigen.
5. Üben Sie, bevor Sie Ihren ersten Spread eingehen. Wenn Sie bereit sind, echtes Geld zu investieren, fangen Sie mit einem 1:1-Spread an (ein Long Put und ein Short Put). Wählen Sie ein Fälligkeitsdatum, Basispreise und eine Prämie, die Ihrer Einschätzung der Entwicklungsrichtung des Basiswerts entsprechen.

CREDIT SPREAD: BEAR CALL

Da Sie nun etwas über den Bull Put Spread gelernt haben, dürfte der Bear Call Spread recht leicht verständlich sein. Warum? Beide sind Credit Spreads. Der eine ist bullish, der andere bearish, aber der Einstieg in den Trade funktioniert bei beiden gleich.

Der Bear Call Spread (auch Call Credit Spread oder Call-Baisse-Spread) ist eine Strategie, die Sie einsetzen können, wenn Sie den Basiswert leicht bearish sehen. Genauer gesagt kaufen Sie eine Call-Option und verkaufen gleichzeitig eine andere Call-Option. Als Preis für das begrenzte Risiko sind auch die Belohnungen begrenzt. Beide Calls haben dasselbe Fälligkeitsdatum (es ist ein vertikaler Spread), aber unterschiedliche Basispreise. Auch bei dieser Strategie verkaufen Sie die Short- und kaufen zum Schutz die Long-Hälfte – ganz einfach.

Bei dieser Strategie profitieren Sie, wenn der Basiswert fällt. Wie bei anderen Spread-Strategien auch sichern Sie sich gegen das Risiko ab (indem Sie eine Call-Option kaufen, die Sie gegen das mit dem Verkauf der anderen Call-Option verbundene Risiko absichert). Und ebenso wie beim Bull Put Spread hoffen Sie, dass das Geld, das Sie erhalten, sich als der Gewinn aus dem Trade erweist. Ihr Ziel ist es, das Risiko zu managen, die Position zu überwachen und die Prämie als Gewinn zu verbuchen.

Bei diesem Spread ist es immer so, dass man für den verkauften Call eine höhere Prämie erhält, als man für den gekauften Call bezahlt. Man verkauft den teureren Call und hofft, dass sein Wert sinkt und dass er vielleicht sogar wertlos verfällt. Der gekaufte Call interessiert einen nicht. Er hat nur einen Zweck – das Risiko zu begrenzen.

EIGENSCHAFTEN EINES BEAR CALL SPREADS

Bevor Sie Ihren ersten Bear Call Spread eingehen, sehen wir uns die folgenden Kriterien an:

- *Basiswert:* Sie sind bezüglich der Aktie moderat bearish und wollen schwache, underperformende Aktien. Das Gelingen oder Scheitern der Strategie hängt davon ab, dass die Aktie nicht zu sehr steigt.
- *Basispreis:* Damit diese Strategie gelingt, muss man genug Prämie hereinholen, um das hohe eingegangene Risiko zu rechtfertigen.

Short Call: Normalerweise ist der Basispreis des Short Calls (des verkauften Calls) aus dem Geld.

Long Call: Normalerweise ist der Basispreis des Long Calls (des zum Schutz gekauften Calls) weiter aus dem Geld.

Ebenso wie beim vorigen Credit Spread (Bull Put) fängt man mit Calls aus dem Geld an, weil es dann wahrscheinlicher ist, dass die Optionen zur Fälligkeit aus dem Geld sein werden.

Anmerkung: Manche Anleger nehmen einen Short Call, der am Geld ist und eine höhere Prämie liefert, aber auch die Wahrscheinlichkeit erhöht, dass man mit dem Trade Verlust macht. Wie gesagt, finden Sie eine Position, mit der Sie sich aufgrund des von Ihnen erwarteten Verhaltens der zugrunde liegenden Aktie wohlfühlen.

Anmerkung: Wenn Sie Anfänger sind, fangen Sie mit den oben angegebenen Kriterien an.

Regel: Je größer der Abstand zwischen den Basispreisen, umso mehr Prämie nehmen Sie ein und umso größer ist der potenzielle Verlust. Wenn Sie zum Beispiel einen 55er-Call verkaufen und einen 60er-Call kaufen, dann ist die 5-Punkte-Differenz bearish. Wenn Sie einen 55er-Call verkaufen und einen 65er-Call kaufen, dann steigert der 10-Punkte-Spread die potenzielle Belohnung, verdoppelt aber auch das auf dem Spiel stehende Geld. Damit Sie den maximalen Profit erzielen, muss der Basiswert unter dem niedrigeren Basispreis bleiben.

Fälligkeitsdatum: Ebenso wie bei der vorigen Strategie entscheiden Sie sich vielleicht für einen kurzen Zeitrahmen (30 bis 45 Tage) und erhöhen dadurch die Wahrscheinlichkeit, dass die Optionen bis zur Fälligkeit aus dem Geld bleiben. Bei allen vertikalen Spreads hat man die Zeit auf seiner Seite.

Wenn Sie einen Bear Call Spread eingehen, haben Sie das Ziel, dass die zugrunde liegende Aktie unter den Basiswerten der Calls bleibt, aus denen der Spread besteht, sodass beide Calls bei Fälligkeit aus dem Geld sind und wertlos verfallen. Wenn das passiert, ist die Gutschrift, die Sie durch den Verkauf des Calls erhalten haben, Ihr Gewinn.

Anmerkung: Sie möchten nicht, dass der Basiswert über den Basispreis steigt. Wie gesagt, es kommt auf den Wert des Call Spreads an. Achten Sie nicht auf die Preise der einzelnen Optionen, aus denen der Spread besteht.

Implizite Volatilität: Beim Verkauf von Optionen möchte man, dass die implizite Volatilität hoch ist, damit man mehr Geld einnimmt. Sobald man die Position besitzt, erzielt man Gewinn, wenn die implizite Volatilität abnimmt. Es gibt keine Garantie dafür, dass das passieren wird, aber es wäre ideal.

Wie viel kann man damit verlieren (oder verdienen)?

Maximales Risiko: Das maximale Risiko beim Bear Call Spread ist die Differenz zwischen den Basispreisen und der beim Verkauf des Spreads eingenommenen Prämie. Das heißt, je größer der Abstand zwischen den Basispreisen (des Spreads), umso mehr Geld kann man verlieren (oder verdienen). Ein Spread von zehn Punkten ist kostspieliger als ein 5-Punkte-Spread, wenn sich die Marktmeinung als falsch erweist.

Sprechen wir nun über konkrete Beispiele.

Ihr erster Bear Call Spread

Sie glauben im November, dass die Aktie der YYY Manufacturing Company, die derzeit bei 53 Dollar steht, im Laufe der nächsten ein bis zwei Monate unter 45 Dollar fallen wird. Da Sie die Aussichten der Aktie bearish sehen, wollen Sie von einem Rückgang profitieren, aber auch das Risiko begrenzen. Dafür ist der Bear Call Spread eine geeignete Strategie.

Sie gehen einen Bear Call Spread ein, in dem Sie einen 55er-Dezember-Call auf YYY verkaufen (Short Call) und einen 60er-Dezember-Call kaufen (Long Call), wofür Sie netto 150 Dollar oder mehr erhalten.

Anweisungen an Ihren Broker: Wenn Sie bei Ihrem Broker einen Bear Call Spread aufgeben, sagen Sie zum Beispiel: „Ich möchte einen Credit Call Spread auf YYY eingehen, ich verkaufe einen 55er-Dezember-Call und kaufe einen 60er-Dezember-Call gegen eine Netto-Gutschrift von 1,50 Dollar oder mehr."

Alternative: Sie können auch sagen: „Ich möchte einen Call Spread auf YYY 55 zu 60 mit Fälligkeit Dezember gegen eine Gutschrift von 1,50 Dollar oder mehr verkaufen."

Zur Erinnerung: In diesem Beispiel sind beide Calls aus dem Geld, wobei der gekaufte Call weiter aus dem Geld ist. Die Strategie besteht darin, mit Optionen aus dem Geld anzufangen, sodass eine erhöhte Wahrscheinlichkeit besteht, dass beide Optionen auch aus dem Geld enden. Wenn beide Calls zur Fälligkeit wertlos verfallen, ist die anfänglich kassierte Prämie Ihr Gewinn.

Maximaler Gewinn: In diesem Beispiel beträgt die Prämie oder Gutschrift, die Sie erhalten haben, 150 Dollar abzüglich Gebühren. Das ist Ihre Gutschrift und der Höchstbetrag, den Sie an dem Trade verdienen können.

Anmerkung: Egal was passiert, die anfänglichen 150 Dollar behalten Sie. Wie viel Sie am Anfang bekommen haben, ist wichtig, denn das stellt Ihr bestmögliches Ergebnis dar.

Bedenken Sie: Rechnen Sie als realistischer Trader nicht damit, dass Sie mit irgendeinem Trade den maximalen Gewinn erzielen.

Maximaler Verlust: In diesem Beispiel beträgt Ihr maximaler Verlust aus dem Trade 350 Dollar (500 Dollar Differenz zwischen den Basispreisen minus die netto erhaltenen 150 Dollar ist gleich 350 Dollar) zuzüglich Gebühren.

Somit können Sie im schlimmsten Fall mit diesem Trade höchstens 350 Dollar verlieren. Im richtigen Leben ist das Schlimmste, was passieren könnte, dass die Aktie bei Fälligkeit über 60 Dollar steht.

Anmerkung: Bevor Sie einen Spread eingehen, rechnen Sie immer den maximalen Gewinn und das maximale Risiko aus und tragen Sie sie in einen Trading-Plan ein.

Gutgegangen oder schiefgelaufen?

Sehen wir uns nun an, was beim Bear Call Spread gutgehen oder schieflaufen kann.

Noch einmal: YYY steht derzeit bei 53 Dollar. Sie verkaufen einen 55er-Dezember-Call auf YYY und kaufen einen 60er-Dezember-Call auf YYY, wofür Sie netto 150 Dollar bekommen. Ihr maximaler Verlust beträgt 350 Dollar.

Beispiel 1: Der Basiswert YYY bleibt bis zur Fälligkeit im Dezember unter dem Basispreis von 55 Dollar.

Das ist genau das, was Sie wollten. Während der Kurs von YYY fällt (oder wenigstens nicht steigt), verlieren beide Calls an Wert. Solange die zugrunde liegende Aktie unter dem Basispreis bleibt, können Sie die gesamte vereinnahmte Prämie als Gewinn behalten.

Bleibt YYY bis zum Handelsschluss am Fälligkeitstag unter 55 Dollar, verfallen beide Calls wertlos. In diesem Beispiel könnte der Long Call drei Wochen, nachdem Sie die Position eingegangen sind, auf 0,90 Dollar und der Short Call auf 2,05 Dollar fallen. Zu diesem Zeitpunkt ist der Spread also 1,15 Dollar wert und Sie stehen (mit dem Buchgewinn) im Plus. In einer idealen Welt verlieren beide Calls, während Sie die Position weiterhin halten, an Wert und verfallen schließlich wertlos.

Einen gewinnbringenden Trade schließen

Sie haben vor der Fälligkeit mehrere Möglichkeiten, einen gewinnbringenden Trade zu schließen. Erstens können Sie bis zum Fälligkeitsdatum warten und so möglicherweise den maximalen Gewinn erzielen. In diesem Fall müssen beide Calls wertlos verfallen.

Zweitens können Sie beide Hälften vor der Fälligkeit schließen und die etwaigen Gewinne mitnehmen. Vielleicht klappt es im obigen Beispiel, dass Sie 115 Dollar bezahlen. Auch das ist ein gutes Ergebnis. Die 35 Dollar Gewinn (150 -115 = 35) sind zwar nicht so befriedigend wie der maximale Gewinn, aber beim Halten von Positionen besteht immer ein Risiko.

Um Komplikationen zu vermeiden, sollten Anfänger beide Seiten des Spreads vor der Fälligkeit schließen, sobald ihr Zielkurs erreicht wurde.

Beispiel 2: YYY steigt vor der Fälligkeit im Dezember über den Basispreis von 60 Dollar.

Das ist nicht das, was Sie wollten. In der Welt des Tradings klappen Trades nicht immer wie erhofft. Wenn die zugrunde liegende Aktie steigt statt zu fallen, kann man mit dem Bear Call Spread Geld verlieren.

Ihr Ziel war es, möglichst viel von der anfangs erhaltenen Prämie von 150 Dollar zu behalten. In diesem Beispiel verlieren Sie an dem Spread derzeit Geld. Ist der Call, den Sie besitzen, zur Fälligkeit im Geld, können Sie den Maximalbetrag von 350 Dollar verlieren.

Einen verlustbringenden Trade schließen

Man managt einen Bear Call Spread genauso wie einen Bull Put Spread (weil beide Credit Spreads sind). Gewöhnlich ist das Schließen beider Calls der beste Risikomanagement-Plan. Wenn YYY auf 55 Dollar steigt, dann ist das nicht das, was man wollte. Je höher die Aktie steigt, umso mehr kostet es (bei einem 5-Punkte-Spread bis zu 500 Dollar), die Position zu schließen.

Es ist ratsam, beide Hälften des Spreads vor dem Fälligkeitsdatum zu schließen. Kaufen Sie in diesem Beispiel, wenn Sie können, den Spread gegen eine Zahlung von 3,40 Dollar pro Stück zurück (Kaufen zum Schließen). Da Sie anfangs eine Gutschrift von 150 Dollar erhalten haben, beträgt Ihr Verlust 190 Dollar. Im richtigen Leben kann der Verlust größer (oder kleiner) sein.

Anmerkung: Die riskanteste Entscheidung ist die, bei Näherrücken der Fälligkeit nichts zu tun.

Beispiel 3: Der Basiswert YYY steigt bis zur Fälligkeit auf 57 Dollar (zwischen den Basispreisen 55 und 60 Dollar).

Manchmal landet der Basiswert zwischen den Basispreisen. Es besteht auch die Möglichkeit, dass der Long Call wertlos verfällt, während der Short Call vorzeitig zugeteilt wird. Das ist aber kein sehr großes Problem. Kaufen Sie einfach die Aktien, um die Short-Aktienposition einzudecken (wenn eine Short-Position zugeteilt wurde, stehen Sie short), und verkaufen Sie Ihren Long Call, falls er einen Wert besitzt.

Das Zuteilungsrisiko

Wie bereits erwähnt arbeiten der Long Call und der Short Call als Team zusammen. Wenn man zum Fälligkeitsdatum eine im Gewinn stehende Position (aus dem Geld) hält, verfallen beide Call-Optionen wertlos.

Zudem wird, wenn Sie zur Fälligkeit immer noch eine im Geld befindliche Long-Call-Position halten, der Short Call automatisch zugeteilt und Ihr Long Call wird automatisch ausgeübt. Die beiden Aktien-Trades kürzen einander weg und man besitzt keine Position mehr. Wenn das passiert, erleidet man den größtmöglichen Verlust.

Dieses Problem tritt auf, wenn der Long Call verkauft wird oder wertlos verfällt und man auf dem im Geld befindlichen Short Call sitzen bleibt. (Wie gesagt, bei Anfängern lassen die Broker das nicht zu.) Allerdings ist das keine große Sache, wenn man Folgendes bedenkt: Verkaufen Sie niemals den Long-Call, solange Sie den anderen Call noch geshortet haben.

Um zu vermeiden, dass Ihnen eine Ausübungsanzeige auf den im Geld befindlichen Short-Call zugeteilt wird, während Ihr Long Call nicht im Geld ist, decken Sie einfach den Short Call vor Handelsschluss am Fälligkeitsfreitag ein. Vergessen Sie das nicht. Sie wollen ja nach der Fälligkeit keine Short-Aktienposition haben.

Zur Erinnerung: Wie gesagt kann es sein, dass Ihnen die Ausübung eines Short Calls zugeteilt wird, während Sie den Basiswert nicht besitzen. Bei einer Zuteilung sind Sie verpflichtet, Aktien zu shorten. Alle diese Probleme können Sie vermeiden, indem Sie mit Ihrer Entscheidung nicht bis zum letzten Tag warten. Wenn Sie mit einer Position im Verlust stehen, überlegen Sie sich, beide Hälften des Spreads zu schließen und zu retten, was noch zu retten ist.

Vorzeitige Zuteilung

Es kann auch passieren, dass Ihr Short Call vor der Fälligkeit zugeteilt wird, also vorzeitig. Das ist nicht wahrscheinlich, aber möglich. Wird Ihre Position vorzeitig zugeteilt, können Sie die Aktien kaufen und Ihren Long Call verkaufen. Vorschlag: Wenn Sie nicht sicher sind, was Sie als Nächstes tun sollen, rufen Sie Ihren Broker an.

DEBIT SPREAD: BULL CALL

Nachdem Sie nun wissen, wie man Credit Spreads aufbaut, erfahren Sie jetzt etwas über den Bull Call Spread, der auch als Debit Call Spread oder Call-Hausse-Spread bezeichnet wird. Diese Strategie ist so beliebt, weil man damit ohne zu hohe Vorabkosten von einem steigenden Aktienkurs profitieren kann.

Anders als beim Kauf eines reinen Calls kauft man beim Bull Call Spread eine Call-Option und finanziert einen Teil der dafür anfallenden Kosten durch den Verkauf einer anderen Call-Option. Man leistet für den Spread vorab eine Zahlung aus eigener Tasche.

Normalerweise setzt man einen Bull Call Spread ein, wenn man den Basiswert mäßig bullish sieht (wenn man extrem bullish ist, kann man ja einfach einen Call kaufen). Um die Kosten und Risiken des Trades zu reduzieren, gehen Sie einen Bull Call Spread ein.

Wie gesagt, Sie kaufen eine Call-Option und verkaufen gleichzeitig eine andere Call-Option. Beide Optionen haben dasselbe Fälligkeitsdatum, aber unterschiedliche Basispreise.

Der Bull Call Spread ist ideal, wenn man von der zugrunde liegenden Aktie sehr überzeugt ist. Man kauft einen Call mit einem gewissen Basispreis und finanziert einen Teil der dafür anfallenden Kosten durch den Verkauf eines Calls mit einem höheren Basispreis. Da die teurere Option gekauft wird, müssen Sie für diesen Spread vorab Geld bezahlen. Wegen dieser Zahlung spricht von einem Debit Spread.

Überschreitet die zugrunde liegende Aktie beide Basispreise, bringt die Strategie zum Fälligkeitsdatum den größtmöglichen Gewinn. Das mit einem Call Debit Spread angestrebte Ziel ist, dass die Aktie bis zur Fälligkeit über die Basispreise beider Optionen hinaus steigt beziehungsweise über beiden Basispreisen bleibt. Sie können sich auch dafür entscheiden, die Position vor dem Fälligkeitsdatum zu schließen.

Ihr letztliches Ziel: Den Call Spread zu einem höheren Preis als dem Kaufpreis verkaufen.

Anmerkung: Manche Anleger mögen Debit Spreads, weil sie weniger kosten als eine einfache Call-Option. Außerdem braucht man hier anders als bei Credit Spreads keine Sicherheiten zu hinterlegen. Man braucht lediglich genug Geld, um die Position zu bezahlen.

Außerdem ist bei Debit Spreads, da sie weniger kosten als Calls, der potenzielle Gewinn beziehungsweise Verlust geringer. Anders gesagt bezahlt man beispielsweise statt drei Dollar für einen Call nur zwei Dollar für einen Spread.

Denken Sie einmal über Folgendes nach: Anders als ein Credit Spread beinhaltet ein Debit Spread keine Option, die Schutz bietet. Warum nicht? Weil kein Schutz gebraucht wird. Wenn man auf eine Option long steht, besteht nicht die Möglichkeit eines gigantischen Verlusts, und deshalb ist kein Schutz nötig. Hingegen kauft man beim Credit Spread, bei dem man eine Option shortet, eine andere Option, um jenen großen Verlust zu verhindern. Beim Debit Spread wird die zweite Option verkauft, um die Kosten zu senken.

Risiken und Belohnungen beim Bull Call Spread

Wie bei anderen Spread-Strategien kann man auch hier sowohl die potenziellen Gewinne als auch die potenziellen Verluste im Voraus berechnen. Zudem ist bei dieser Strategie der Verlust begrenzt, dafür aber auch der Gewinn. Eher aggressive Trader ziehen vielleicht den einfachen Kauf eines Calls vor. Indes erfordert diese Strategie weniger Kapital als der einfache Kauf eines Calls und liefert mehr Trades, die Gewinn bringen.

Der Höchstbetrag, den man mit einem Bull Call Spread verlieren kann, ist die Prämie, die man dafür bezahlt hat. Natürlich birgt auch er Risiken. Beachten Sie, dass zwar beim Kauf von Optionen, die aus dem Geld sind, die Zeit gegen einen arbeitet, dies jedoch für einen Debit Spread, der im Geld ist, nicht gilt. Wissen Sie auch, warum nicht? Bei einem aus dem Geld befindlichen Spread muss die Aktie in die gewünschte Richtung (nach oben) laufen, sonst wird die Option wertlos. Wenn aber beide Optionen bereits im Geld sind, ist das Vergehen der Zeit günstig, denn man will ja nicht, dass der Kurs des Basiswerts fällt. Je weniger Zeit also verbleibt, umso besser die Chancen, dass beide Optionen im Geld auslaufen (sodass der Spread seinen maximalen Wert erreicht).

Bedenken Sie, dass Sie, um einen Gewinn zu erzielen, die Kosten des Spreads überbieten müssen. Kostet er zu viel, fällt es dem Trade schwerer, in die Gewinnzone zu kommen, und man kann den größten Teil seiner Investition oder die gesamte Investition verlieren.

Empfehlung: Bevor Sie einen Bull Call Spread eingehen, überlegen Sie sich ein vernünftiges Kursziel für die Aktie und erstellen Sie anhand dieser Prognose eine Strategie. Wenn Sie bullish gestimmt sind und das Risiko senken wollen, indem Sie Ihre Wette absichern, kann der Bull Call Spread für Sie die richtige Strategie sein.

Die Eigenschaften des Bull Call Spreads

Bevor Sie Ihren ersten Bull Call Spread eingehen, sehen wir uns die folgenden Kriterien an:

- *Basiswert:* Da Sie den Basiswert moderat bullish sehen, möchten Sie starke Top-Aktien finden, die schnell und weit steigen (nicht leicht zu finden). Ihr Ausblick für die zugrunde liegende Aktie bestimmt, welche Basispreise Sie wählen.
- *Basispreis:* Es gibt viele Kombinationen von Basispreisen, die Ihren Ausblick für den Basiswert widerspiegeln. Am Wichtigsten ist, dass der Long Call und der Short Call bei Fälligkeit im Geld sein sollten. So erzielt man den maximalen Gewinn. Wie sorgt man am besten dafür, dass das passiert?

Hinweis: Auch wenn die niedrigen Kosten aus dem Geld befindlicher Optionen sie attraktiv machen, so sind sie doch spekulativ, denn die Aktie muss steigen, damit man damit Geld verdient. Setzt man Optionen ein, die im Geld sind, ist keine Kursbewegung erforderlich. Indes kosten im Geld befindliche Optionen mehr, sodass man der Wahl der Basiskurse mehr Überlegungen widmen muss. Wählen Sie Optionen, die zu Ihrem realistischen Ausblick für die

Aktie passen. Für viele Anleger, die diese Strategie verwenden, ist es sinnvoller, Optionen im oder am Geld zu kaufen, als Optionen aus dem Geld zu kaufen.

Der Spread: Die Differenz zwischen den Basispreisen der Call-Optionen des Spreads bestimmt Ihren maximalen Gewinn oder Verlust. Wenn Sie beispielsweise einen 45er-Call kaufen und einen 50er-Call verkaufen, ist die Differenz von fünf Punkten der höchste Wert, den Ihr Spread erreichen kann (und vergessen Sie nicht, bei der Berechnung des Gewinnpotenzials die bezahlte Prämie abzuziehen).

Wenn Sie einen 45er-Call kaufen und einen 55er-Call verkaufen, ist Ihr potenzieller Lohn zwar höher, aber auch Ihr potenzieller Verlust (weil Sie mehr bezahlt haben). Je größer der Abstand zwischen den Basispreisen der Calls, umso mehr können Sie durch eine große bullishe Bewegung gewinnen.

Leserfrage: Ist die Zeit beim Handel mit Bull Call Spreads mein Freund oder mein Feind?

Antwort: Beides. Wenn Sie einen Bull Call Spread aus dem Geld kaufen, bezahlen Sie dafür. Das Problem ist natürlich, dass dann die Zeit gegen Sie arbeitet. In diesem Fall ist die Zeit Ihr Feind.

Wenn Sie aber einen Bull Call Spread kaufen, bei dem beide Optionen im Geld sind, ist die Zeit Ihr Verbündeter, weil der Aktienkurs dann nicht zu steigen braucht, damit der Spread seinen maximalen Wert erreicht.

Prämie: Überlegen Sie sich im Voraus, wie viel Sie für die Prämie ausgeben wollen. Je niedriger die Prämie, umso höher der potenzielle Gewinn, aber umso geringer auch die Chancen, überhaupt Gewinn zu erzielen. Da Sie Gewinn anstreben, sollten Sie keine zu hohe Prämie bezahlen.

Fälligkeitsdatum: Normalerweise ist dies eine kurzfristige Strategie für Anleger, die die Aussichten des Basiswerts bullish sehen. Wie schon gesagt: Wenn man einen aus dem Geld befindlichen Call Spread kauft, schadet der Zeitwertverlust der Position. (Wenn man einen im Geld befindlichen Call Spread kauft, kommt der Zeitwertverlust der Position zugute.)

Implizite Volatilität: Grundsätzlich geht man Debit Spreads ein, wenn die implizite Volatilität gering ist, denn dann sind auch die Optionspreise niedrig. Dann kostet der Kauf des Spreads weniger. Damit man bei niedriger impliziter Volatilität kaufen kann, muss man wissen, ob die implizite Volatilität zum geplanten Kaufzeitpunkt hoch oder niedrig ist.

Wie viel kann man dabei verdienen (oder verlieren)?

Maximaler Gewinn: Der größte Gewinn, den man mit diesem Trade erzielen kann, ist die Differenz der Basispreise abzüglich der bezahlten Prämie. Wenn Sie beispielsweise einen 30er-Call gekauft und einen 33er-Call verkauft haben, dann beträgt die Differenz drei Punkte. Ihr maximaler Gewinn beträgt dann 300 Dollar (drei Punkte Differenz zwischen den Basispreisen mal hundert) abzüglich der anfangs gezahlten Prämie.

Maximaler Verlust: Der Höchstbetrag, den Sie mit diesem Trade verlieren können, ist das anfangs bezahlte Geld.

Ihr erster Bull Call Spread

Nachdem Sie nun eine grundsätzliche Vorstellung davon haben, wie ein Bull Call Spread funktioniert, sehen wir uns konkrete Beispiele an.

Sie sind im August überzeugt, dass die YYY-Aktie, die derzeit bei 44 Dollar steht, in den kommenden zwei Monaten auf 47 Dollar oder mehr steigen wird. Sie beschließen, einen Bull Call Spread einzugehen, um diese Kursbewegung auszunutzen. (*Anmerkung:* In diesem Beispiel ist die gekaufte Option nur leicht aus dem Geld, sodass eine ordentliche Chance auf Gewinn besteht – falls sich die Aktie wie erwartet verhält.)

Kaufen Sie mithilfe einer Spread-Order einen 45er-Oktober-Call und verkaufen Sie einen 50er-Oktober-Call. Der Limit-Kurs beträgt 2,00 Dollar.

Kosten: Ihre Gesamtkosten für diesen Trade betragen 200 Dollar zuzüglich Gebühren.

Wenn Sie einen Bull Call Spread bei Ihrem Broker aufgeben wollen, können Sie beispielsweise sagen: „Ich möchte einen 45er-Oktober-Call kaufen und einen 50er-Oktober-Call verkaufen für eine Nettoprämie von 2,00 Dollar oder weniger pro Stück."

Gutgegangen oder schiefgelaufen?

Werfen wir einen Blick darauf, was gut oder schlecht laufen kann, wenn man einen Bull Call Spread eingeht.

Beispiel 1: Der Basiswert YYY steigt vor der Fälligkeit über den Basispreis von 45 Dollar.

Das ist das, was Sie erhofft und erwartet hatten. Wenn der Basiswert YYY vor der Fälligkeit über 45 Dollar steigt, legt der Wert des Spreads zu.

Anmerkung: Wenn die Long-Call-Option weiter ins Geld läuft, wird die Spanne zwischen den beiden Call-Optionen größer, geht aber nie über das Maximum von fünf Dollar hinaus. Die Aktie muss zur Fälligkeit mindestens bei 47 Dollar stehen, damit Sie Gewinn erzielen. Warum? Bei 47 Dollar ist der Long Call 2,00 Dollar wert (innerer Wert) und der Short Call ist wertlos. Netto ist der Spread somit 2,00 Dollar wert und das ist ja Ihr Break-even-Punkt (da Sie dafür 2,00 Dollar bezahlt haben).

Einen gewinnbringenden Trade schließen

Da der Basiswert wie erwartet gelaufen ist, wollen Sie vielleicht beide Hälften des Spreads vor dem Fälligkeitstermin schließen. Wenn Sie im obigen Beispiel eine Limit-Order aufgeben, können Sie beispielsweise den 45/50-Oktober-Call-Spread gegen eine Gutschrift von 3,20 Dollar verkaufen (schließen). Dann beträgt Ihr Gewinn 120 Dollar (320 - 200 = 120).

Sie können zwar versuchen, mit dem Trade noch mehr Gewinn zu erzielen, indem Sie ihn länger halten, aber dafür müssen Sie über die Aktie nach wie vor eine bullishe Meinung haben. Es ist allerdings nicht empfehlenswert, den Spread für die maximale Dauer zu halten. Die Aktie müsste ja über den oberen Basispreis (50 Dollar) steigen. Da die Aktie anscheinend nicht so weit steigen wird, schließen Sie beide Hälften des Spreads vor der Fälligkeit, sobald Ihr Gewinn-Zielkurs erreicht wurde.

Einen verlustbringenden Trade schließen

Wenn der Markt nicht Ihren Plänen gemäß läuft, kann es wünschenswert sein, den Verlust zu begrenzen, wie Sie im nun folgenden Beispiel sehen werden.

Beispiel 2: Der Basiswert YYY bleibt vor dem Fälligkeitsdatum unter dem Basispreis von 45 Dollar.

Steht YYY unter 45 Dollar und die Fälligkeit steht noch bevor, dann fallen aufgrund des Zeitwertverlusts die Preise beider Teile des Spreads. Das hatten Sie nicht erwartet. Zum Beispiel kann der Wert des Debit Spreads von den anfänglichen 2,00 Dollar auf 1,40 Dollar sinken, sodass sich ein Buchverlust von 60 Dollar ergibt. Dann müssen Sie entscheiden, ob Sie die 1,40 Dollar mitnehmen oder den Spread weiter halten, während sich der Zeitwertverlust beschleunigt.

Sie können sich dafür entscheiden, vor der Fälligkeit aus dem Trade auszusteigen, indem Sie den 45/50-Oktober-Spread zum Schließen der Position zu einem Limit-Preis von 0,55 Dollar verkaufen (wobei Sie wünschen, Sie hätten sie früher geschlossen, als die Prämie noch bei 1,40 Dollar stand). Der Nettoverlust beträgt dann 145 Dollar (200 - 55 = 145).

Anmerkung: Wenn Sie mit dem Schließen Ihrer Position bis zum Fälligkeitsfreitag warten, können Sie Ihr gesamtes Investment von 200 Dollar verlieren. Manchmal muss man den Verlust mitnehmen und zum nächsten Trade übergehen.

Das Zuteilungsrisiko

Wenn der Basiswert zum Fälligkeitsdatum zwischen den beiden Basispreisen landet, kann ein Problem auftreten. Aber in diesem Fall besitzen Sie ja die im Geld befindliche Option, sodass kein Zuteilungsrisiko besteht. Verkaufen Sie Ihre im Geld befindliche Option vor Handelsschluss am Fälligkeitsfreitag.

Im Sinne des Risikomanagements müssen Sie dabei Ihren Short Call zurückkaufen (für den Sie 0,05 Dollar oder weniger bezahlen), weil Ihr Broker es nicht zulässt, dass Sie eine ungedeckte („naked" oder „nackte") Short-Call-Position besitzen – selbst wenn bis zur Fälligkeit nur noch Minuten bleiben.

Das Schlimmste, was passieren kann, wenn Sie den Call nicht verkaufen: Am Montag haben Sie eine Long-Position auf eine Aktie, die im Sinken begriffen ist. Weshalb sollten Sie sich in diese Situation bringen? Das ist nicht das Chance-Risiko-Verhältnis, dass Sie wollten, als Sie den Call Spread kauften. Verkaufen Sie den Call Spread spätestens am Freitag der Fälligkeit.

Stoff zum Nachdenken

Wenn es Ihnen gefallen hat, gedeckte Calls auf Aktien zu verkaufen, die Sie besitzen, wie wäre es dann damit, diese Strategie auf eine Aktie anzuwenden, die Sie nicht besitzen? Wenn sich das für Sie gut anhört, könnte der Bull Call Spread etwas für Sie sein. Im Grunde ähneln die Konzepte einander, aber man bindet beim Spread nicht so viel Kapital.

Wenn zum Beispiel die YYY-Aktie bei 58 Dollar steht und Sie glauben, dass sie auf 65 Dollar steigt, können Sie einen Bull Call Spread 55/65 eingehen: Sie kaufen den im Geld befindlichen 55er-Call und verkaufen den 65er-Call. Das hat unter anderem den Vorteil, dass Ihr Geld nicht in einer Aktienposition gebunden ist. Der größte Vorteil ist jedoch, dass der mögliche Verlust begrenzt ist. Ein Nachteil ist indes, dass man für den Besitz des 55er-Calls eine Zeitprämie bezahlt, die an dem möglichen Gewinn zehrt.

Anmerkung: Ich habe viele Beispiele mit Optionen aus dem Geld gebracht. Das ist keine Empfehlung, sondern nur praktisch, weil das für Anfänger leichter zu verstehen ist. Die Entscheidung, welche Option für den Kauf oder Verkauf geeignet ist, liegt allein bei Ihnen. Meine Meinung: Als Anfänger können Sie damit beginnen, dass Sie eine Option wählen, die leicht im Geld ist. Warum? Dann ist die Wahrscheinlichkeit, dass der Long Call am Ende im Geld ist, höher.

DEBIT SPREAD: BEAR PUT

Der letzte unserer vier vertikalen Spreads ist der Bear Put Spread, auch als Put Debit Spread oder Put-Baisse-Spread bezeichnet. Diese Strategie können Sie einsetzen, wenn Sie von einer fallenden Aktie profitieren wollen, ohne dafür allzu viel Geld auszulegen. Da man dafür etwas bezahlt, spricht man von einem Debit Spread.

Bei dieser Strategie kauft man eine Put-Option und finanziert einen Teil der Kosten durch den Verkauf einer anderen Put-Option. Anders gesagt trägt der verkaufte Put zur Bezahlung des gekauften Puts bei. Durch den Verkauf des Puts werden die Kosten gesenkt, aber auch der potenzielle Gewinn.

Diese Strategie setzt man ein, wenn man den Basiswert moderat bearish sieht (wenn man extrem bearish ist, kann man ja einfach einen Put kaufen).

Damit diese Strategie den maximalen Ertrag bringt, müssen beide Optionen bei Fälligkeit im Geld sein. Wie Sie aus den vorherigen Beispielen wissen, ist es oft besser, die Position vorzeitig zu schließen. Wenn der Aktienkurs sinkt (was Sie erwarten), können Sie einen Gewinn erzielen, wobei allerdings die Gewinne und die Verluste begrenzt sind.

Ihr Ziel ist es, dass die zugrunde liegende Aktie tief genug fällt, damit der Spread Gewinn einbringt. Wenn beide Put-Optionen zum Fälligkeitsdatum im Geld sind, verdienen Sie das mögliche Maximum. Die Aktie muss weit genug fallen, damit Sie mehr einnehmen als die Kosten des Spreads.

Und ebenso wie bei anderen Spread-Strategien können Sie Ihre potenziellen Gewinne und Verluste im Voraus berechnen. Bei dieser Strategie ist der Verlust begrenzt, aber auch der Gewinn. Um es zu wiederholen: Wenn Sie glauben, dass der Basiswert fallen wird, ziehen Sie es vielleicht vor, einfach einen Put zu kaufen, aber für die Spread-Strategie ist weniger Kapital erforderlich als für den Kauf eines Puts.

Der Höchstbetrag, den Sie mit einem Bear Put Spread verlieren können, ist die Prämie, die Sie für den Spread bezahlt haben. Ebenso wie beim Bull Call Spread ist das größte Risiko hier, dass die Zeit gegen Sie arbeitet und die Optionen wertlos verfallen. Wenn der Basiswert nicht vor der Fälligkeit unter den Basispreis des Puts fällt, den Sie besitzen, können Sie Ihre gesamte Investition verlieren.

Und wenn Sie für den Spread zu viel bezahlen, schränkt dies den potenziellen Gewinn noch mehr ein. Ein großer Teil des potenziellen Risikos hängt von dem gewählten Basispreis ab. In der wirklichen Welt ist es unwahrscheinlich, dass Sie den maximalen Lohn erzielen, denn dafür müssten Sie die Position bis zum Verfall der Optionen halten. Sie müssen nicht nur bezüglich der Entwicklungsrichtung der Aktie richtigliegen, sondern das muss auch vor der Fälligkeit passieren.

Ihr letztliches Ziel: Den Spread teurer verkaufen, als Sie ihn gekauft haben.

Eigenschaften des Bear Put Spreads

- *Basiswert:* Sie suchen nach schwachen Aktien, von denen Sie glauben, dass sie (bald) weiter fallen werden. Leider ist das nicht leicht.
- *Basispreise:* Sie wollen, dass der Long Put und der Short Put zum Fälligkeitsdatum im Geld sind. So erzielen Sie den größtmöglichen Gewinn.
- *Der Spread:* Wie Sie von den anderen Spreads her wissen, gilt: Je größer die Differenz zwischen den Basispreisen, umso mehr kosten die Positionen (wodurch das Risiko steigt), aber desto höher auch der potenzielle Gewinn.

Wenn Sie beispielsweise einen 50er-Put kaufen und einen 45er-Put verkaufen, stellt die Differenz von fünf Punkten einen typischen Baisse-Spread dar. Wenn Sie einen 50er-Put kaufen und einen 40er-Put verkaufen, ist das bearisher und ermöglicht höhere Gewinne (und Verluste).

Damit Sie Gewinn erzielen, brauchen nicht beide Optionen bei Fälligkeit im Geld zu sein. Das ist lediglich für den maximalen Gewinn erforderlich.

Ihr erster Bear Put Spread

Sehen wir uns ein paar konkrete Beispiele für Bear Put Spreads an.

Sie glauben im Juni, dass die YYY-Aktie, die gerade bei 41 Dollar steht, in den nächsten ein oder zwei Monaten unter 37 Dollar fallen wird. Sie beschließen, einen Bear Put Spread einzugehen.

Geben Sie eine Spread Order über den Kauf eines 40er-November-Puts auf YYY und den Verkauf eines 35er-November-Puts auf YYY ein. In diesem Beispiel sind die Basispreise des Long Puts und des Short Puts aus dem Geld und die zu zahlende Prämie beträgt 1,50 Dollar zuzüglich Gebühren.

Maximaler Gewinn: Um Ihren maximalen Gewinn zu berechnen, nehmen Sie die Differenz zwischen den Basispreisen (5 Dollar x 100) und ziehen davon Ihren anfänglichen Nettozahlbetrag (150 Dollar) ab. Der Höchstbetrag, den Sie mit diesem Trade gewinnen können, sind 350 Dollar (500 Dollar Differenz zwischen den Basispreisen minus 150 Dollar Nettokosten der Option ergibt 350 Dollar).

Es ist zwar möglich, dass Sie den maximalen Gewinn erzielen, aber verlassen Sie sich nicht darauf, vor allem dann nicht, wenn Sie nicht erwarten, dass die Aktie unter 35 Dollar fällt.

Maximaler Verlust: Der Höchstbetrag, den Sie bei diesem Trade verlieren können, ist der anfänglich bezahlte Betrag, also 150 Dollar. Wie bei allen vertikalen Spreads steht der maximale Verlust im Voraus fest. Diese Strategie ist zwar weniger riskant als manch andere Strategie (zum Beispiel Shorten), sie liefert aber auch nur eine begrenzte Belohnung.

Gutgegangen oder schiefgelaufen?

Werfen wir einen Blick darauf, was beim Bear Put Spread gutgehen oder schiefgehen kann.

Beispiel 1: Der Basiswert YYY fällt vor der Fälligkeit unter den Basispreis von 40 Dollar.

Das ist genau das, was Sie erwartet und geplant hatten. Erinnern Sie sich, dass Sie für diesen Spread 150 Dollar bezahlt haben und dass die Aktie bei Fälligkeit mindestens um 1,50 Dollar unter 40 Dollar (dem Basispreis Ihrer Put-Option) stehen muss, damit der Spread profitabel ist.

Anmerkung: Wenn das Fälligkeitsdatum näher rückt und die Long-Option weiter ins Geld läuft, wird die Spanne zwischen den beiden Put-Optionen größer (was gut ist), überschreitet aber nie fünf Dollar.

Einen gewinnbringenden Trade schließen

Da der Basiswert wie erwartet gelaufen ist, können Sie beschließen, beide Teile des Spreads vor der Fälligkeit zu schließen. Im obigen Beispiel könnten Sie eine Limit-Verkaufsorder (Verkaufen zum Schließen der Position) für den 35/40-November-Spread zu einem Limit-Preis von 360 Dollar oder mehr aufgeben. Der Gewinn beträgt 210 Dollar (360 - 150).

Auch hier ist es nicht ratsam, zu versuchen, durch Halten bis zum Ende den maximalen Gewinn zu erzielen. Schließen Sie beide Hälften des profitablen Trades vor der Fälligkeit. Bedenken Sie, dass kein Zuteilungsrisiko besteht, wenn man die teurere Option besitzt, weil man in diesem Fall die Ausübungsentscheidung in der Hand hat.

Beispiel 2: Der Basiswert YYY bleibt vor oder kurz vor dem Fälligkeitsdatum über dem Basispreis von 40 Dollar.

Bleibt YYY vor der Fälligkeit über 40 Dollar, sinkt der Preis des Spreads. Das hatten Sie weder erwartet noch gewollt. Zum Beispiel kann der Wert des Spreads auf 0,80 Dollar fallen.

Um zu vermeiden, dass Sie mit einer Verlustposition das Maximum verlieren, schließen Sie beide Hälften eines im Verlust stehenden Spreads vor dem Fälligkeitsdatum. Wenn Sie nicht mehr darauf vertrauen, dass die zugrunde liegende Aktie sich entwickeln wird wie vorhergesagt, ist es am besten, den Verlust zu begrenzen und zu etwas anderem überzugehen. Wenn Sie bis zur Fälligkeit warten, können Sie das gesamte Investment von 150 Dollar verlieren.

Einen verlustbringenden Trade schließen

Schließen Sie vor dem Fälligkeitsdatum beide Hälften, indem Sie den Spread verkaufen (um die Position zu schließen). Geben Sie eine Verkaufsorder für den 35/40-November-Put-Spread zum von Ihnen angegebenen Kurslimit ein.

Das Zuteilungsrisiko

Wie bereits beim Bull Call Spread erwähnt, besteht kein Zuteilungsrisiko, wenn man die Ausübungsentscheidung selbst in der Hand hat. Man muss allerdings aufpassen, wenn der Kurs des Basiswerts bei Fälligkeit zwischen den beiden Basispreisen landet.

Vergessen Sie nicht, Ihren Spread zu verkaufen, also die Long-Option zu verkaufen und die Short-Option zu kaufen. Wenn Sie es vergessen, wird die Long-Hälfte automatisch ausgeübt und die Short-Hälfte verfällt wertlos. In einem solchen Fall stehen Sie short auf die Aktien.

Anders gesagt halten Sie am Montagmorgen nach der Fälligkeit den Basiswert short. Sie können jederzeit hingehen und die Aktie kaufen (manchmal mit Gewinn, manchmal mit Verlust), aber weshalb ein Wochenende voller Sorgen durchmachen? Wie ich bereits wiederholt gesagt habe, ist es viel effizienter, den Spread vor der Fälligkeit zu schließen. Dann bekommen Sie zwar nicht den maximalen Gewinn, vermeiden aber auch alle Komplikationen der Ausübung.

Vorzeitige Zuteilung

Gelegentlich wird der Short Put vorzeitig zugeteilt. Das ist kein größeres Problem, denn dann rufen Sie Ihre Brokerfirma an und üben den Long Put aus (der noch weiter im Geld ist als der Short Put). Dann existieren beide Put-Positionen nicht mehr, die Aktien-Trades würden einander wegkürzen und Sie würden den größtmöglichen Gewinn einstreichen, ohne dass eine Position bleibt.

Die gute Nachricht: Eine vorzeitige Zuteilung ist unwahrscheinlich. Denken Sie daran, dass Sie bei einer Zuteilung die Option ausüben und sich das Maximum sichern können, aber wahrscheinlich wird das nie passieren.

Nachdem Sie nun etwas über Spreads gelernt haben, werfen wir einen Blick auf zwei Optionsstrategien der Mittelstufe – Straddles und Strangles. Wenn man Straddles und Strangles *kauft*, dann funktioniert das am besten, wenn der Basiswert in irgendeine Richtung große Kursbewegungen vollzieht.

20

DER KAUF VON STRADDLES UND STRANGLES

Wenn Sie einen guten Grund für die Überzeugung haben, dass die zugrunde liegende Aktie eine große Bewegung in die eine oder andere Richtung (nach oben oder nach unten) vollziehen wird, und wenn Sie bereit sind, eine Wette darauf einzugehen, dann könnte der Straddle das sein, was Sie suchen.

Nehmen wir beispielsweise an, Sie wissen, dass eine Ergebnismeldung, das Ergebnis einer Zulassungsprüfung der FDA für ein Arzneimittel oder eine Verlautbarung der Federal Reserve bevorsteht. Solche Ereignisse können den Markt oder Ihre Aktie bewegen. Das Problem dabei ist, dass Sie nicht wissen, ob die Ergebnisse gut oder schlecht ausfallen werden. Mit einem Straddle können Sie möglicherweise unabhängig von der Bewegungsrichtung der Aktie Geld verdienen. Sie spekulieren darauf, wie groß die Preisänderung sein wird, aber in welche Richtung sie geht, ist Ihnen egal. Hört sich toll an, oder?

Um von der erwarteten Kursbewegung zu profitieren, können Sie einen aus zwei Teilen bestehenden Straddle kaufen, der es Ihnen ermöglicht, gleichzeitig eine bearishe und eine bullishe Position einzunehmen. Je höher die implizite Volatilität der Optionen auf die zugrunde liegende Aktie, desto größer die Erwartung, dass die Bewegung groß ausfallen wird. Dann kostet es auch mehr, sich daran zu beteiligen. Schließlich sind Sie ja nicht der Einzige, der auf die Meldung setzen will, und daher wird der Straddle nicht billig.

Das Verlockende am Straddle ist, dass man damit Gewinn erzielen kann, wenn sich der Basiswert weit genug in eine beliebige Richtung bewegt. Auf dem Papier bietet der Long Straddle einen potenziell hohen Gewinn bei begrenztem (aber nicht geringem) Verlust. Im richtigen Leben ist es jedoch schwierig, mit dieser Strategie Gewinn zu erzielen, und das vor allem, weil die Optionen oft überteuert sind.

Von Straddles zu profitieren ist schwieriger, als vielen Tradern klar ist. Aufgrund einer Vielzahl von Faktoren (vor allem aufgrund der impliziten Volatilität) bewegt sich der Basiswert häufig nicht so weit, dass die Optionen einen Ertrag abwerfen.

Bewegt sich die Aktie nicht stark in irgendeine Richtung, können Sie über Nacht einen sehr großen Teil Ihrer Anlagesumme verlieren. Der Straddle ist eine abgesicherte Position und somit besteht das Ziel darin, von der einen Seite des Straddles mehr zu profitieren, als man mit der anderen Seite verliert. Zudem ist es kostspielig, sowohl einen Call als auch einen Put auf eine volatile Aktie zu kaufen, und das macht es noch schwieriger, aus einem solchen Geschäft als Gewinner hervorzugehen.

Und Sie wissen ja: Wenn Sie für die implizite Volatilität zu viel bezahlen, können Sie selbst dann Verlust machen, wenn die Aktie eine kräftige Kursbewegung vollzieht. Aus allen diesen Gründen ist der Kauf eines Straddles eine Strategie, die Sie wohl nur gelegentlich einsetzen werden, wahrscheinlich nicht öfter.

Anmerkung: Man kann Straddles kaufen (Long Straddle) oder verkaufen (Short Straddle). In diesem Kapitel besprechen wir nur den Long Straddle (Kauf). Der Short Straddle produziert zwar häufiger Gewinne, aber er ist eine unglaublich riskante Strategie der Stufe 5 (mit dem Potenzial unbegrenzter Verluste) und für die meisten Anleger nicht empfehlenswert.

EIGENSCHAFTEN DES STRADDLES

Basiswert: Die ideale Aktie ist eine, die wahrscheinlich eine große Bewegung in irgendeine Richtung machen wird, und zwar je früher, desto besser, aber auf jeden Fall vor dem Fälligkeitsdatum. Die richtige Aktie zu identifizieren entscheidet bei dieser Strategie über den Erfolg.

Optionen: Der Call und der Put haben den gleichen Basispreis und das gleiche Fälligkeitsdatum.

Basispreis: Normalerweise versuchen Anleger, Optionen zu kaufen, deren Basispreise am Geld sind. Bei einer Aktie, die circa 40 Dollar kostet, kann man sich für den 40er-Dezember-Call und den 40er-Dezember-Put entscheiden. Wie immer liegt die Entscheidung, welchen Basispreis Sie wählen, bei Ihnen, allerdings sollten Straddles am Geld sein, außer wenn man den Trade mit einer Markttendenz (eher bullish oder eher bearish) beginnen will.

Fälligkeitsdatum: Beim Long Straddle ist die Zeit Ihr Feind. Wenn sich die Optionen ihrer Fälligkeit nähern, beschleunigt sich der Zeitwertverlust (und das ist schmerzlich). Sie sollten den Straddle nicht bis zur Fälligkeit halten, wenn beide Optionen wertlos verfallen könnten.

Implizite Volatilität: Die Volatilität ist ein wichtiger Faktor, der sich auf die Optionspreise auswirkt und für einen Straddle von entscheidender Bedeutung ist. Manche Anleger versuchen, einen Straddle zu kaufen, wenn die Volatilität gering ist und erwartet wird, dass sie zunimmt. Allerdings ist in unserem Beispiel (wenn Meldungen bevorstehen) die implizite Volatilität selten, falls überhaupt, niedrig. Wenn die implizite Volatilität niedrig ist, sehen die Optionshändler keine große Kursbewegung voraus.

Deshalb ist zu dem Zeitpunkt, zu dem Sie eine Meldung zu einer Aktie hören, die den Kurs bewegt, mit höchster Wahrscheinlichkeit die implizite Volatilität (und mit ihr die Optionspreise) bereits gestiegen. Selbst wenn sich der Aktienkurs bewegt, kann es daher sein, dass Sie so viel für die implizite Volatilität bezahlt haben, dass Sie damit Verlust machen.

Sobald die aufregende Nachricht nicht mehr erwartet wird, können die implizite Volatilität und die Optionspreise über Nacht völlig zusammenbrechen. Dadurch entstehen dem Straddle-Besitzer Verluste, falls die Aktie dann keine Preisänderung von ordentlichem Ausmaß durchmacht.

IHR ERSTER STRADDLE

Im September glauben Sie, dass die YYY-Aktie, die derzeit bei 50,74 Dollar steht, dramatisch steigen oder fallen wird, wenn in der kommenden Woche die Geschäftszahlen bekannt gegeben werden. Deshalb kaufen Sie einen YYY-Straddle mit Basispreis 50 und bezahlen dafür 4,25 Dollar. In diesem Beispiel sind Call und Put am Geld oder fast am Geld.

Die Gesamtkosten für diesen Trade betragen 425 Dollar (250 Dollar für den Call und 175 Dollar für den Put = 425 Dollar) zuzüglich Gebühren.

Maximaler Gewinn: Theoretisch ist das Gewinnpotenzial während der Laufzeit der Optionen unbegrenzt, aber in Wirklichkeit steigen Aktien auf eine Nachricht hin nicht um Hunderte von Punkten. Außerdem nehmen Sie wahrscheinlich Ihre Gewinne frühzeitig mit. Sobald die Meldung veröffentlicht wird und die Aktie sich bewegt (oder eben nicht), besteht kein Grund mehr, den Straddle zu besitzen. Verkaufen Sie ihn.

Maximaler Verlust: Der Höchstbetrag, den Sie bei diesem Trade verlieren können, ist der anfangs bezahlte Betrag, 425 Dollar. Sie verlieren dieses Maximum, wenn YYY zur Fälligkeit bei 50 Dollar oder in der Nähe schließt und Sie den Fehler gemacht haben, den Straddle nicht zu verkaufen.

Break-even bei Fälligkeit: In diesem Beispiel belaufen sich die Gesamtkosten für den Straddle auf 425 Dollar. Somit liegt der untere Break-even bei 45,75 Dollar (50 - 4,25). Der obere Break-even liegt bei 54,25 Dollar (50 + 4,25).

Abbildung 20.1 ist ein Beispiel eines Fensters für die Eingabe eines Straddles.

Gutgegangen oder schiefgegangen

Schauen wir, was beim Straddle gutgehen oder schiefgehen kann.

Beispiel 1: Aufgrund eines positiven Geschäftsberichts steigt der Basiswert YYY am Tag der Bekanntgabe auf 55,30 Dollar.

Das hatten Sie erwartet. YYY ist über den Break-even-Preis von 54,25 Dollar gestiegen und Sie haben einen Buchgewinn erzielt. Sie wurden belohnt und darum ist es Zeit, aus dem Trade auszusteigen. Die 50er-Oktober-Call-Option ist 6,50 Dollar wert (5,30 Dollar innerer Wert plus 1,20 Dollar Zeitwert) und die 50er-Oktober-Put-Option kostet derzeit 0,15 Dollar. Da der Kurs des Basiswerts steigt, steigt auch die Call-Option, während die Put-Option fällt. Je weiter sich der Basiswert vom Basispreis entfernt, umso höher der potenzielle Gewinn.

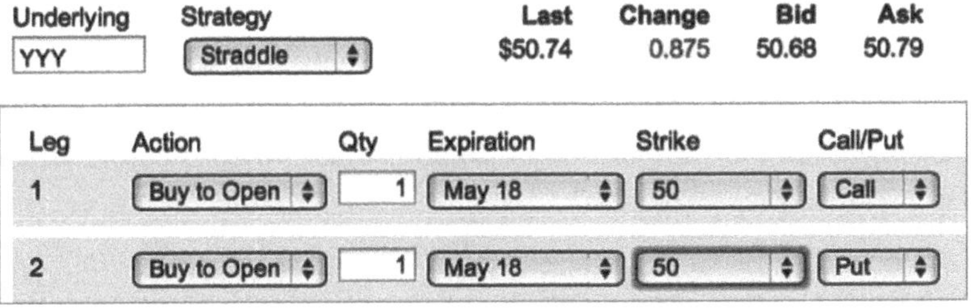

Abbildung 20.1: Das Straddle-Eingabefenster

Quelle: Fidelity Investments. © 2002 FMR LLC. Alle Rechte vorbehalten. Nutzung mit freundlicher Genehmigung.

Einen gewinnbringenden Trade schließen

Sie beschließen, vor der Fälligkeit auszusteigen. Im obigen Beispiel können Sie den Straddle verkaufen und dafür möglicherweise 6,60 Dollar bekommen (6,45 + 0,15). Ihr Gesamtgewinn betrüge 235 Dollar (660 - 425 Anfangsinvestition = 235 Dollar) abzüglich Gebühren.

Wichtige Anmerkung: Wegen des Zeitwertverlusts halten die meisten Trader Straddles nicht bis zur Fälligkeit, sondern nehmen schnell ihre Gewinne mit oder begrenzen schnell ihre Verluste. Wenn man zu lange wartet, kann sich ein Gewinn schnell in einen Verlust verwandeln. Nehmen Sie bei Straddles Ihr Geld vom Tisch und machen Sie sich aus dem Staub.

Anmerkung: Manche erfahrenen Trader schließen die profitable Hälfte, lassen aber die verlustbringende Hälfte offen, weil sie auf eine plötzliche Wende hoffen. An dieser Idee ist nichts auszusetzen, wenn der Preis der anderen Hälfte gering ist.

Beispielsweise verliert man, wenn man den 50er-Oktober-Put hält, wahrscheinlich die verbliebenen 15 Dollar, aber das sind eben nur 15 Dollar. (Wenn Sie mit 15 Dollar spekulieren wollen, dann können Sie das gern tun.) Allerdings besteht der größte Fehler, den man bei dieser Strategie machen kann, darin, dass man beide Optionen bis zur Fälligkeit hält.

Anmerkung: Achten Sie darauf, vor der Fälligkeit aus dem Trade auszusteigen, um die automatische Ausübung einer im Geld befindlichen Option zu verhindern.

Beispiel 2: Der Basiswert YYY fällt aufgrund eines schlechten Geschäftsberichts auf 34 Dollar.

Sie hatten gehofft, dass das passieren würde. Da YYY unter den Breakeven-Preis von 45,75 Dollar gefallen ist, ist die 50er-Oktober-Put-Option nun 16 Dollar wert (innerer Wert). Hingegen will niemand den 50er-Oktober-Call kaufen und er ist im Grunde wertlos. Dieser Trade war ein riesiger Erfolg. Verkaufen Sie den 50er-Oktober-Put und kassieren Sie Ihren Gewinn von 1.175 Dollar (1.600 - 425 = 1.175) abzüglich Gebühren.

Beispiel 3: Der Basiswert YYY steigt zwei Wochen vor Fälligkeit auf 51 Dollar.

Das ist nicht das, was Sie wollten. In diesem Beispiel ist der Basiswert zwar gestiegen, aber nicht über den Break-even-Preis von 54,25 Dollar. Der Wert beider Optionen ist gesunken und das ist beim Traden mit Straddles das Worst-Case-Szenario (und dass die Position nicht sofort nach der Bekanntgabe verkauft wurde, hat es noch schlimmer gemacht).

Wenn nur noch zwei Wochen bleiben und kein großer Zeitwert mehr vorhanden ist, ist es höchste Zeit, den Trade aufzugeben. Der 50er-Oktober-Call auf YYY ist 1,45 Dollar wert, der 50er-Oktober-Put auf YYY 0,45 Dollar. Jetzt müssen Sie eine Entscheidung treffen: bis zur Fälligkeit warten und auf einen plötzlichen Kursanstieg hoffen oder beide Hälften sofort schließen, um den noch verbliebenen Wert zu retten.

Anmerkung: Bleibt der Basiswert über den Basispreisen, verlieren Sie an der Position fast Ihr gesamtes Geld. Damit sie profitabel wird, muss die Aktie den unteren oder den oberen Break-even-Punkt überschreiten.

Wie man einen verlustbringenden Trade managt

Da YYY nicht gelaufen ist wie erwartet, beschließen Sie, Ihre Verluste zu begrenzen und beide Hälften des Straddles zu schließen. Das ist ein kluger Schachzug. Ihr Gesamtverlust mit dem Trade beträgt 235 Dollar (425 Dollar Anfangskosten des Straddles minus 190 Dollar [145 Dollar für die Call-Option + 45 Dollar für die Put-Option] = 235 Dollar) zuzüglich Gebühren.

Hätten Sie bis zur Fälligkeit abgewartet, hätten Sie möglicherweise die gesamte Anfangsinvestition von 425 Dollar verloren. Es ist zwar unwahrscheinlich, aber YYY hätte auch plötzlich unter 45,75 Dollar fallen (sehr unwahrscheinlich) oder über 54,25 Dollar steigen (geringe, aber trotzdem relevante Wahrscheinlichkeit) und Ihren Trade retten können.

Als Options-Trader kann man nur auf Wahrscheinlichkeiten zurückgreifen. Außer wenn Sie erwarten, dass die Aktie aus irgendeinem unbekannten Grund einen Kurssprung vollführen wird, schließen Sie die Position und retten Sie einen gewissen Spread-Wert, anstatt bis zum Fälligkeitsdatum abzuwarten. Diese Entscheidung können nur Sie treffen.

Werfen wir nun einen Blick auf Strangles, eine andere Optionsstrategie der Mittelstufe, die Ähnlichkeiten mit Straddles hat.

STRANGLES KAUFEN

Beim Strangle sind zwei Trades möglich: Long Strangle (Kauf) und Short Strangle (Verkauf).

Der Long Strangle

Um einen Long Strangle aufzubauen, kauft man normalerweise einen aus dem Geld befindlichen Call und einen aus dem Geld befindlichen Put mit identischem Fälligkeitsdatum, aber unterschiedlichen Basispreisen (denken Sie daran, dass beim Straddle die Basispreise der Optionen gleich sind).

Nehmen wir zum Beispiel an, die YYY-Aktie steht im Januar auf 62 Dollar. Sie kaufen einen 65er-März-Call auf YYY und einen 55er-März-Put auf YYY, was netto 4,55 Dollar kostet.

Oberer Break-even: 69,55 Dollar
(65 Dollar Basispreis + 4,55 Dollar Zahlbetrag)
Unterer Break-even: 50,45 Dollar
(55 Dollar Basispreis - 4,55 Dollar Zahlbetrag)
Maximaler Verlust: Der Höchstbetrag, den Sie bei diesem Trade verlieren können, sind die Gesamtkosten des Strangles, also 455 Dollar.

Wenn die Aktie zwischen den Basispreisen von 55 und 65 Dollar steht, wenn die Fälligkeit ansteht, erleiden Sie den maximalen Verlust. Vor Erreichen der Fälligkeit sinkt der Wert des Strangles täglich und die

Restprämie (noch verbliebene Prämie) hängt davon ab, wie viel Zeit bis zur Fälligkeit der Optionen noch bleibt.

In diesem Fall verfallen beide Optionen wertlos, wenn man sie bis zur Fälligkeit hält. Es ist zu empfehlen, die Positionen irgendwann zu schließen und ein bisschen Geld zu retten. Das Halten bis zur Fälligkeit ist eine hochriskante Spekulation.

Steht die Aktie unter 55 Dollar oder über 65 Dollar, haben Sie einen Gewinn erzielt oder auch nicht – je nach Aktienkurs (denken Sie an die Break-even-Kurse) und verbleibender Laufzeit.

Fazit: Ebenso wie beim Straddle muss beim Strangle der Basiswert eine sehr große Bewegung in irgendeine Richtung vollziehen, sonst macht man Verlust.

Maximaler Gewinn: Der Grund, aus dem manche Anleger gern Strangles kaufen, ist die Tatsache, dass der Gewinn während der Laufzeit der Optionen theoretisch unbegrenzt ist.

Anmerkung: Strangles haben abgesehen von den unterschiedlichen Basispreisen Ähnlichkeiten mit Straddles. Außerdem ist es hier noch schwieriger, Gewinn zu erzielen, wenn die Position bis zur Fälligkeit gehalten wird. Anleger mögen Strangles aus lauter falschen Gründen – zum Beispiel weil sie billiger sind als Straddles. Sie übersehen, dass hier der Basiswert eine noch größere Kursbewegung vollziehen muss.

Der Zeitpunkt, einen Strangle einzugehen, ist (wie beim Straddle) dann, wenn eine Meldung wie etwa Unternehmenszahlen oder eine Fed-Verlautbarung ansteht *und* die implizite Volatilität nicht allzu hoch ist. (Leider kostet der Straddle gerade dann am meisten.) Wenn man etwas über die zugrunde liegende Aktie weiß, was sonst niemand weiß, können Strangles zwar gelegentlich große Gewinne abwerfen, aber Verluste sind viel häufiger.

Dabei kann vieles schiefgehen, zum Beispiel kann die implizite Volatilität nachlassen (nachdem die Nachricht bekannt wird), es fällt ein

Zeitwertverlust an oder die Kursbewegung der Aktie nach der Meldung ist zu klein. Allerdings ist der Gewinn dann, wenn der Basiswert sich wie erhofft verhält, groß.

Die Chancen, dass ein Trade profitabel wird, stehen beim Strangle nicht sehr gut. Diese Strategie überlässt man am besten erfahrenen Tradern, weil die Gewinnchancen so gering sind.

Der Short Strangle: Nicht empfehlenswert

Um es unverblümt zu sagen: Der Short Strangle (Verkauf eines Strangles) ist ein äußerst riskanter Trade und für Anfänger nicht empfehlenswert. (Die Brokerhäuser lassen einen diesen Trade nur ausführen, wenn man für Trading der Stufe 5 zugelassen ist.) Diese Strategie besteht darin, einen aus dem Geld befindlichen Call und einen aus dem Geld befindlichen Put zu verkaufen.

Nehmen wir beispielsweise an, dass sich die YYY-Aktie in einer Handelsspanne von 32 bis 34 Dollar bewegt hat. Sie sagen voraus, dass YYY diese Trading-Range in näherer Zukunft nicht verlassen wird. Dann könnten Sie einen Short Strangle eingehen, indem Sie einen 35er-Januar-Call und einen 30er-Januar-Put verkaufen. Die Prämie könnte 1,50 Dollar betragen.

Da Sie sowohl einen Call als auch einen Put verkaufen, erhalten Sie für beide Hälften des Trades Prämien. Der Strangle funktioniert bei Aktien am besten, die sich kaum bewegen. Nebenbei gesagt: Wenn Sie einen Short Strangle auf eine volatile Aktie eingehen, dann sind möglicherweise Sie derjenige, der „strangled" wird, also „erdrosselt" oder „erwürgt".

Im obigen Beispiel sind zwei Ergebnisse möglich. Verbleibt YYY zwischen 30 und 35 Dollar, kann man die Strangle-Prämie behalten, wenn die Optionen verfallen. Was aber, wenn YYY eine signifikante Kursbewegung in die eine oder andere Richtung vollzieht? Wenn YYY beispielsweise auf 23 Dollar fällt? In diesem Fall würde die Put-Prämie auf mehr als sieben Dollar (den inneren Wert) steigen, während die

Call-Prämie fast gleich null wäre. *Resultat:* ein Verlust von 450 Dollar (600 - 150 = 450).

Zur Auflösung eines Strangles kauft man die Optionen, die man verkauft hat, um den Strangle einzugehen. In einem Worst-Case-Szenario kann man mit beiden Teilen des Strangles Verlust machen und deshalb deckt man *immer* beide Seiten ein, wenn man aus dem Trade aussteigt. Wieso kann man doppelt verlieren? Nehmen wir einmal an, Sie bekommen Angst, wenn die Aktie steigt, und deshalb kaufen Sie den Call zu einem überhöhten Preis. Wenn dann die Aktie plötzlich wendet, bekommen Sie wieder Angst und bezahlen für den Put zu viel.

Stellen Sie sich selbst folgende Frage: Warum sollte man einen komplexen Trade mit begrenztem Ertrag und unbegrenztem Verlust eingehen? Ein Bekannter von mir hat einmal gesagt: „Wenn man schon der Meinung ist, ‚nackt' zu verkaufen sei schlecht – beim Short-Strangle ist man ja doppelt nackt!" Und das stimmt, man ist auf beiden Seiten nackt. Strategien dieser Art verschaffen den Optionen einen schlechten Ruf, weil allzu viele Trader damit ihre Depots in die Luft jagen.

Im nächsten Kapitel werden Sie zwei faszinierende Strategien kennenlernen: den Verkauf bar besicherter Puts und den Verkauf von „naked Puts", also „nackten" – ungedeckten – Puts.

21

DER VERKAUF BAR BESICHERTER UND „NACKTER" PUTS

Die beiden nächsten Strategien – der Verkauf bar besicherter Puts und der Verkauf „nackter" (also ungedeckter) Puts – werden oft missverstanden, sind aber äußerst nützlich. Wenn Sie eine Strategie wollen, mit der Sie eine Aktie zum Angebotspreis kaufen und daraus ein Einkommen beziehen können, dann sollten Sie sich diese Strategien ansehen.

Die Trades sind identisch, allerdings muss man bei bar besicherten Puts ausreichend Kapital als Sicherheit beiseitegelegt haben, um die womöglich zugeteilten Aktien zu bezahlen. Beim Verkauf ungedeckter Puts braucht man hingegen lediglich ausreichende Sicherheiten für Einschusskredite. Der Verkauf besicherter Puts ist eine Strategie der Stufe 2, während der Verkauf von Naked Puts zur Stufe 4 gehört, vor allem, weil dafür ein Einschusskredit genutzt werden muss.

WAS DER VERKAUF BAR BESICHERTER PUTS BEDEUTET

Nehmen wir an, Sie sind am Kauf einer Aktie interessiert, allerdings unter ihrem derzeitigen Börsenkurs. Durch den Verkauf besicherter Puts könnten Sie die Aktie möglicherweise günstiger bekommen, es könnte aber auch sein, dass Sie die Position mit Gewinn auflösen.

Anders gesagt ist der Verkauf besicherter (oder gedeckter) Puts ein strategischer Weg zum Kauf von Aktien, die man gern verbilligt haben möchte. Der Haken an der Sache ist, dass man dafür genug Geld auf dem Konto haben muss, um die Aktien zu kaufen – für den Fall, dass einem eine Ausübungsanzeige für die Put-Option zugeteilt wird. (Mit der Zuteilung befassen wir uns gleich noch.)

Beim Verkauf bar besicherter Puts möchte man, dass der Basiswert steigt, sodass die Option wertlos verfällt und man die Prämie als Gewinn behalten kann. Fällt der Aktienkurs kurzzeitig, erleidet man vielleicht einen vorübergehenden Verlust, aber dann kann man die Aktie zum gewählten Zielpreis (zum Basispreis) kaufen. Dieser Preis ist der Basispreis abzüglich der von Ihnen vereinnahmten Prämie.

RISIKEN UND BELOHNUNG BAR BESICHERTER PUTS

Der hauptsächliche Nutzen bar besicherter Puts ist, dass man das aus dem Verkauf des Puts erhaltene Geld (die Prämie) behält. Egal, in welche Richtung sich die Aktie bewegt, ob nach oben oder nach unten, man steckt das Geld ein und bekommt gleichzeitig die Chance, die Aktie zu einem günstigeren Preis zu kaufen.

Wenn Sie die Aktie haben wollen, ist das Ihre Chance, eine Prämie zu kassieren, während Sie gleichzeitig warten und sehen, ob Sie die Aktie kaufen. Wenn Sie genug Geld als Sicherheit auf dem Konto haben, können Sie bar besicherte Puts verkaufen.

Der Verkauf bar besicherter Puts klingt zwar nach einer brillanten Strategie, aber es gibt dabei auch Risiken. Das größte Risiko besteht, wenn man diese Strategie dann einsetzt, wenn der Basiswert dramatisch unter den Basispreis fällt, denn dann bringt der Trade Verlust. Dann haben Sie nicht mehr das Gefühl, Aktien zum Sonderpreis gekauft zu haben. Jedoch ist dieses Risiko ein bisschen geringer als das von Besitzern der Aktie. Sie beide machen Verlust, wenn der Aktienkurs fällt, aber Ihr Verlust wird durch die eingenommene Prämie verringert.

Beim absoluten Worst-Case-Szenario – wenn die Aktie auf null fällt – verlieren Sie das gesamte als Sicherheit hinterlegte Geld. Indes ist dies das gleiche Schicksal, das alle Aktionäre heimsucht. Kommt es zu einem Börsencrash oder zu einer Korrektur, werden Sie wünschen, Sie hätten eine andere Strategie eingesetzt.

Hinweis: Wenn Sie diese Strategie anwenden, verkaufen Sie nicht zu viele Puts.

Setzen Sie diese Strategie nur bei Aktien ein, die Sie kaufen wollen, und nur für die Anzahl von Aktien, die Sie kaufen wollen. Stürzt der Basiswert plötzlich ab und Ihnen wird die Aktie „zugeschoben" – so eine Bedeutung von „put" –, sind Sie nicht enttäuscht. Schließlich müssen Sie ja überzeugt sein, dass sich der Besitz der Aktie lohnt, denn sonst hätten Sie ja keine Anstrengung unternommen, sie zu kaufen.

Und schließlich bedeutet der Verkauf von Puts auch, dass sich der Gewinn auf die vereinnahmte Prämie beschränkt. Sie erhalten im Austausch gegen den begrenzten Gewinn Bargeld. Schnellt die Aktie plötzlich in die Höhe, wünschten Sie vielleicht, Sie hätten die Aktie unmittelbar gekauft anstatt einen bar besicherten Put zu verkaufen, aber Sie bekommen für Ihre Mühen auch einen hübschen Profit.

Werfen wir einen genaueren Blick auf die Eigenschaften dieser Strategie.

DIE EIGENSCHAFTEN DES BAR BESICHERTEN PUTS

Basiswert: Wenn nach dem Verkauf von Puts der Basiswert steigt, steckt man die Prämie ein und kauft die Aktie nicht. Wenn hingegen der Basiswert fällt, kann man gezwungen sein, die Aktie zum Basispreis zu kaufen. In beiden Fällen funktioniert die Strategie. Entscheidend bei dieser Strategie ist, dass es sich bei der gewählten Aktie um eine handeln muss, die man haben will.

Bedenken Sie: Wenn die Aktie zu sehr steigt, können Sie aufgrund Ihres relativ kleinen Gewinns enttäuscht sein. Lassen Sie sich dadurch nicht beirren: Sie haben sich entschieden, den Put zu verkaufen anstatt die Aktie zu kaufen, und daran lässt sich jetzt nichts mehr ändern. Und wenn die Aktie fällt, bekommen Sie sie zwar billiger, aber Sie haben auch eine Position, die Verlust bringt. Denken Sie einfach daran, dass dieser Verlust geringer ist, als wenn Sie die Aktie gekauft hätten.

Basispreis: Es ist ratsam, zunächst Puts zu verkaufen, die aus dem Geld sind (außer wenn Sie die Aktie unbedingt haben wollen). Warum Puts aus dem Geld? Dann ist die Wahrscheinlichkeit höher, dass die Option wertlos verfällt und Sie die Prämie als Gewinn behalten können. Schließlich finden die meisten Options-Trader Gewinne besser als Aktienbesitz. Wenn man mit Optionen handeln will, ist es daher wichtig, zu denken wie ein Trader. Aber nur Sie wissen, wie sehr Sie die Aktie haben wollen.

Hinweis: Es lohnt sich bei dieser Strategie nicht, Optionen zu verwenden, die im Geld sind, weil deren Prämien eher gering sind.

Was ist am besten? Denken Sie über die Prämie nach, bevor Sie den Trade eingehen. Sie müssen die Prämie, die Sie kassieren können, dagegen abwägen, wie dringend Sie die Aktie kaufen wollen. Wenn Sie sehr darauf aus sind, die Aktie zu kaufen, dann verkaufen Sie eine Option am Geld. (Und wenn Sie sehr, sehr darauf aus sind, die Aktie zu kaufen, vergessen Sie den Optionsverkauf und kaufen Sie einfach die Aktie.)

Wenn Sie aber eine Option verkaufen, die zu weit aus dem Geld ist, bekommen Sie keine großartige Prämie und die Wahrscheinlichkeit, dass Sie die Aktie kaufen können, ist gering. Wenn Sie darauf aus sind, die Aktie zu besitzen, verkaufen Sie eine Put-Option, die nicht zu weit aus dem Geld ist.

Fazit: Wenn dies das erste Mal ist, dass Sie bar besicherte Puts verkaufen, wählen Sie einen Put, der aus dem Geld ist. Fragen Sie sich: „Will ich die zugrunde liegende Aktie zum Basispreis dieser Option kaufen?“ Bejahen Sie diese Frage, haben Sie wahrscheinlich eine Option mit dem richtigen Basispreis gewählt. Dann ist es mehr als wahrscheinlich, dass sie leicht aus dem Geld ist.

Fälligkeitstag: Ihr Ziel ist es, dass die Option wertlos verfällt – gehen Sie daher sicher, dass Sie ein Fälligkeitsdatum wählen, das zu Ihren Erwartungen bezüglich des Aktienkurses passt. Wenn Sie leicht bullish sind und keinen konkreten Zeitraum im Sinn haben, verkaufen Sie eine relativ kurzfristige Put-Option, vielleicht mit einer Restlaufzeit von drei bis fünf Wochen.

Zuteilung: Wenn Sie bei dieser Strategie vorhaben, den Basiswert günstiger zu bekommen, ist Ihnen die Zuteilung willkommen und nicht etwas, das es zu vermeiden gilt. Die Zuteilung bedeutet, dass Ihnen die Aktie zum Basispreis „zugeschoben" wird und Sie verpflichtet sind, sie zu kaufen. Das größte Risiko besteht in diesem Fall darin, dass die Aktie weiter fällt, nachdem Sie sie gekauft haben. Wenn das passiert, müssen Sie das Risiko managen und entscheiden, ob Sie die Aktie behalten wollen. (Sie können auch gedeckte Calls auf den Basiswert schreiben, um das Risiko des Aktienbesitzes etwas zu reduzieren.)

Anmerkung: Da Sie bei dieser Strategie die Zuteilung begrüßen, wollen Sie den Trade wahrscheinlich nicht vorzeitig schließen.

IHR ERSTER BAR BESICHERTER PUT

Nachdem Sie nun eine grundsätzliche Vorstellung davon haben, wie die Strategie des Verkaufs bar besicherter Puts funktioniert, sehen wir uns konkrete Beispiele an.

Die YYY-Aktie kostet im März 48 Dollar. Wenn Sie YYY für 45 Dollar kaufen könnten, dann würden Sie das tun. Sie beschließen, einen besicherten Put mit Basispreis 45 Dollar einzugehen, sodass Sie entweder YYY für 45 Dollar kaufen oder die Prämie als Gewinn verbuchen können.

Der Trade: Sie verkaufen einen 45er-Mai-Put auf YYY für 3,00 Dollar das Stück und bekommen dafür eine Prämie von 300 Dollar (3 x 100) abzüglich Gebühren. In diesem Beispiel ist die Option aus dem Geld. Das bedeutet eine hübsche Prämie und ein verringertes Zuteilungsrisiko.

Da es sich um einen bar besicherten Put handelt, wird Ihr Broker 4.200 Dollar (45 Dollar Basispreis x 100 minus die 300 Dollar Prämie) auf Ihrem Konto als Barreserve (Sicherheit) halten, die im Falle der Zuteilung verwendet werden. Tatsächlich würden Sie die Zuteilung ja begrüßen, denn sie zwingt Sie, die YYY-Aktie für 45 Dollar zu kaufen. Die 300 Dollar Prämie senken Ihre Kostenbasis auf 42 Dollar je Aktie (45 Dollar minus 3 Dollar Prämie).

Gutgegangen oder schiefgegangen?

Sehen wir uns an, was gutgehen oder schiefgehen kann, wenn man einen bar besicherten Put eingeht.

Beispiel 1: Der Basiswert YYY bleibt zum oder kurz vor dem Fälligkeitsdatum auf oder bei circa 48 Dollar.

Das ist ein wünschenswertes Ergebnis. Bleibt YYY zur Fälligkeit im Bereich von 48 Dollar, verfällt die Put-Option wertlos und die 300 Dollar Prämie sind Ihr Gewinn. Es erfolgt keine Zuteilung und daher kaufen Sie die Aktie nicht. Für die meisten Verkäufer besicherter Puts ist das ein ideales Szenario, denn dann haben sie ohne künftiges Risiko einen hübschen Profit erzielt. Und es steht einem frei, einen weiteren im nächsten Monat fälligen besicherten Put zu verkaufen.

Maximaler Gewinn: Die 300 Dollar sind der Höchstbetrag, den man mit diesem Trade verdienen kann.

Einen gewinnbringenden Trade schließen

Um diesen Trade zu schließen, würde man den Short Put vor seiner Fälligkeit eindecken. Würde man dafür beispielsweise 0,20 Dollar das Stück bezahlen, hätte man 280 Dollar Gewinn und die Brokerfirma würde die 4.200 Dollar wieder freigeben.

Anmerkung: Steigt YYY unerwartet weit über den Basispreis von 45 Dollar, ärgern Sie sich nicht, dass Sie eine profitable Chance verpasst haben, weil Sie die Aktie nicht unmittelbar gekauft haben. Sie erzielen ja trotzdem einen Gewinn (werden Sie aber nicht gierig).

Beispiel 2: Der Basiswert YYY steht bei Fälligkeit unter 45 Dollar.

Das ist ein wünschenswertes Ergebnis. Steht YYY bei Fälligkeit unter dem Basispreis, wird Ihnen eine Ausübungsanzeige zugeteilt und Sie sind verpflichtet, YYY-Aktien für 45 Dollar zu kaufen. Die Gesamtkosten des Trades belaufen sich auf 4.200 Dollar zuzüglich Gebühren. Im steuerlichen Sinne ist Ihre Kostenbasis der bezahlte Preis (Basispreis) abzüglich der Optionsprämie (3,00 Dollar). Die beiseitegelegten 4.200 Dollar werden verwendet, um die Aktien zu kaufen.

Wenn Sie einen besicherten Put verkauft haben, weil Sie YYY kaufen wollten, begrüßen Sie die Zuteilung und sind mit dem Kauf von 100 Aktien zufrieden.

Maximaler Verlust: Stürzt YYY unerwartet auf 35 Dollar ab, sind Sie trotzdem verpflichtet, die Aktie für 45 Dollar zu kaufen. In diesem Beispiel wäre ein Kursverfall von zehn Punkten bei YYY eine unangenehme Überraschung für die Aktionäre (und Sie wären jetzt ja Aktionär).

Der maximale Verlust tritt ein, wenn die Aktie auf annähernd null fällt, was zwar möglich ist, aber unwahrscheinlich. In diesem Fall wären Sie verpflichtet, eine wertlose Aktie zum Basispreis zu kaufen. Börsenkorrekturen und Börsencrashs können durchaus zu dramatischen Verlusten führen und dann sehen die einst attraktiven 300 Dollar Prämie nicht mehr so toll aus. Das ist der Grund, weshalb es so wichtig ist, nur Puts auf solche Aktien zu verkaufen, die man besitzen will.

Das Zuteilungsrisiko bei Fälligkeit

Wenn Sie einen bar besicherten Put verkaufen, werden Sie die Aktie entweder besitzen (wenn sie zugeteilt wird) oder eben nicht. So einfach ist das. Die Prämie behalten Sie in beiden Fällen.

Wenn die Put-Option aus dem Geld ist und Sie nichts unternehmen, verfällt sie wertlos. Ist die Put-Option bei Fälligkeit im Geld, bekommen Sie eine Zuteilungsmitteilung und sind verpflichtet, die Aktie zu kaufen, und das wollten Sie ja.

Vorzeitige Zuteilung

Beim Verkauf bar besicherter Puts ist es zwar unwahrscheinlich, aber es besteht immer die Möglichkeit, dass eine vorzeitige Zuteilung des verkauften Puts erfolgt (also vor dem Fälligkeitsdatum). Planen Sie stets die Möglichkeit ein, dass Ihnen die Aktie „zugeschoben" wird (dass Sie eine Zuteilungsmitteilung erhalten und gezwungen werden, die Aktie zu kaufen). Das ist kein schlechtes Ergebnis.

Anmerkung: Vielleicht beschließen Sie nach der Zuteilung, sofort einen gedeckten Call auf die frisch gekaufte Aktie zu verkaufen (zu schreiben).

DER VERKAUF UNGEDECKTER („NACKTER") PUTS

Sprechen wir jetzt darüber, was passiert, wenn man Optionen „nackt" verkauft (jetzt kennen Sie die Wahrheit: Options-Trader haben Sinn für Humor). Der Reiz des Verkaufs nackter Puts liegt unter anderen darin, dass dies eine Chance ist, mit seinem Investment eine hohe Rendite zu erzielen. Wenn (außer dem Einschusskredit) keine Vorauszahlung verlangt wird, ist die Investition vergleichsweise gering, sodass eine hohe prozentuale Rendite möglich ist (aber das Risiko ebenso hoch ist).

Der Grund, weshalb man von „nackt" (oder „ungedeckt") spricht, liegt darin, dass man für die Position keine Sicherheit hinterlegt. Aus Ihrer Perspektive ist der Verkauf nackter Puts das Gleiche wie der Verkauf bar besicherter Puts. Für Ihren Broker besteht der Unterschied darin, dass Sie vielleicht nicht genug Geld auf dem Konto haben, um die Aktien zu kaufen, und einen Einschusskredit nutzen. (Übrigens spricht man auch davon, dass man Puts „schreibt" oder als Stillhalter von Puts auftritt.)

Merken Sie sich Folgendes: Wenn die Aktie zu tief fällt und der Preis des Puts steigt, erhalten Sie eine Nachschussforderung. Stellen Sie bitte sicher, dass Sie nicht zu viele Puts verkaufen, damit Sie dieser Nachschussforderung nachkommen können. Tun Sie das nicht, werden die Puts zum Marktpreis gekauft.

Da manchen Menschen die Risiken des Verkaufs ungedeckter Puts nicht ganz klar sind, ermuntern viele Brokerfirmen ihre Kunden nicht zum Einsatz dieser Strategie. Wenn Sie Anfänger sind, fordere ich Sie nachdrücklich auf, Einschussfinanzierungen zu vermeiden und stattdessen besicherte Puts zu verkaufen.

Wenn Sie mehr Erfahrungen gesammelt haben, können Sie es vielleicht in Erwägung ziehen, nackte Puts zu verkaufen – sofern Ihnen die Risiken vollständig klar sind. Es passiert leicht, dass man beim Verkauf von Puts die Einschussfinanzierung (Margin) missbraucht und eine größere Position tradet, als klug wäre. Deshalb unterliegt diese Strategie so vielen Einschränkungen. Wenn Sie nicht verstehen, was Sie tun, können Sie Ihrem Depot schweren Schaden zufügen.

Anmerkung: Technisch betrachtet ist der Verkauf bar besicherter Puts nicht riskanter, als Aktien zu besitzen, und ist daher bei vielen erfahrenen Optionshändlern beliebt. Hingegen ist der Verkauf nackter/ungedeckter Puts für unerfahrene Anleger oder Trader nicht ratsam. (Das ist in etwa damit vergleichbar, dass man Aktien auf Margin kauft, also auf Kredit.)

Empfehlung: Wenn Sie Anfänger sind, ist es nicht ratsam, nackte Optionen zu verkaufen (es schadet aber nichts, diese Strategie zu lernen).

Was es bedeutet, nackte (oder ungedeckte) Puts zu verkaufen

Wenn Sie wissen wollen, wie man nackte Puts verkauft, lesen Sie zuerst den Verkauf bar besicherter Puts nach. Die Strategien sind identisch, nur dass man beim ungedeckten Verkauf einen Einschusskredit (Margin) nutzt. Leider missbrauchen viele Menschen die Margin und verkaufen viel mehr Puts, als sie sich leisten können. Anfangs hat es fast den Anschein, als würde man leichtes Geld verdienen – aber nur so lange, bis der Markt abtaucht.

Ungedeckte Put-Positionen managt man genauso, wie wenn man Aktien auf Einschusskredit gekauft hat. Das ist nicht die Sorte von Strategie, die man kurz vor einer Urlaubsreise eingeht. (Wenn Sie das tun, haben Sie bei der Rückkehr vielleicht nicht mehr viel Geld auf dem Konto.) Auch ist das nicht die Sorte von Strategie, die man auf Autopilot stellen kann – überwachen Sie den Basiswert genau!

Richtig eingesetzt, ist der Verkauf nackter Puts für erfahrene Trader sinnvoll, die bereit sind, bezüglich des Basiswerts und der Marktbedingungen gründliche Recherchen anzustellen. Trotzdem lassen sich manche Menschen zu dieser Strategie überreden, ohne dass sie sich ihrer Risiken vollständig bewusst sind.

Wenn man nackte Puts verkauft, erhält man eine Prämie, also Einnahmen. Im Gegenzug übernimmt man das gesamte Risiko unterhalb des Basispreises.

Wenn einem die Aktie „zugeschoben“ („put“) wird

Ein besonderes Kennzeichen des Verkaufs besicherter oder ungedeckter Puts ist die Tatsache, dass einem die Aktie zugeschoben beziehungsweise aufgezwungen werden kann. Das passiert, wenn dem Depot eine Ausübungsanzeige zugeteilt wird.

Wenn das zu Ihrem Trading-Plan gehört hat, haben Sie nichts dagegen. Wenn Sie diese Strategie allerdings zu Spekulationszwecken einsetzen, ist der Besitz der Aktie das Letzte, was Sie wollen. Dann wollen Sie bloß am Verkauf des Puts Geld verdienen. Wenn die Aktie fällt, können Sie allerdings in Schwierigkeiten geraten. Was Sie wirklich wollen, ist, dass die Option wertlos verfällt und den Basispreis nicht erreicht.

Fassen wir zusammen, was all das bedeutet: Sie haben Geld dafür bekommen, dass Sie eine Put-Option auf eine Aktie verkauft haben. Das ist Ihre bare Belohnung für das Risiko, das Sie eingegangen sind. Jedoch sind Sie laut den Regeln des Kontrakts auch verpflichtet, die Aktie zum Basispreis zu kaufen, falls die Option ausgeübt wird.

Was ist nun, wenn Sie eine schlechte Entscheidung getroffen haben oder etwas Unerwartetes passiert? Was ist, wenn die Aktie um 80 Prozent fällt? Ihre Verpflichtung, die Aktie zum (höheren) Basispreis zu kaufen, gilt dann nach wie vor. Wenn Sie Spekulant sind, haben Sie also verloren. Sie können nichts anderes tun als den Short Put einzudecken und die Qual zu beenden. Tappen Sie nicht in die Falle, die Option zu behalten und am Ende die Aktie zu kaufen. Steigen Sie einfach aus.

Anmerkung: Bevor Ihnen die Aktie zugeteilt wird, haben Sie noch eine andere Möglichkeit. Sie können den verkauften Put-Kontrakt zurückkaufen, um die Zuteilung zu vermeiden.

Wie man eine Million Dollar verliert

Ich will Ihnen den Verkauf nackter Puts nicht ausreden, aber ich kenne jemand, der durch den Verkauf ungedeckter Puts auf Aktien, die er nicht haben wollte, Millionen verloren hat. Ein paar Jahre lang hatte seine Strategie glänzend funktioniert. Er sagte mir immer, es komme ihm vor, als würde ihm Geld geschenkt.

Als dann das Undenkbare geschah und die Börse einen Crash erlitt, war er verpflichtet, die Optionen auf fallende Aktien einzudecken und das zu astronomischen Preisen (weil die Nachfrage nach diesen Puts die implizite Volatilität weit in die Höhe trieb). Da er auf Margin getradet hatte und nicht viel Bargeld besaß, um seine Verpflichtungen zu erfüllen, wurde er insolvent.

Wenn Sie nackte Puts verkaufen, bedenken Sie folgende fünf Regeln:

Lektion 1: Planen Sie das Undenkbare (also Worst-Case-Szenarien) ein.

Lektion 2: Verkaufen Sie nackte Puts nur auf Aktien, deren Kauf Sie planen. Oder noch besser, verkaufen Sie stattdessen besicherte Puts.

Lektion 3: Gehen Sie mit Ihrem Einschusskredit klug um und seien Sie sich über Ihre Verpflichtungen klar.

Lektion 4: Verkaufen Sie nicht mehr Puts, als Sie sich leisten können. Anders gesagt: Seien Sie sich der potenziellen Verluste bewusst.

Lektion 5: Vergessen Sie Lektion 1 nicht.

Glückwunsch zum Abschluss eines weiteren wichtigen Kapitels. Im nächsten Kapitel werden Sie etwas über die sogenannten Griechen erfahren.

22

DAS DELTA UND DIE ANDEREN GRIECHEN

Sie sollten wissen, dass die Griechen mithilfe komplizierter Formeln aus Optionspreismodellen wie Black-Scholes oder Cox-Rubinstein abgeleitet werden. Doch glücklicherweise sind die Informationen, die auf Ihrem Computer angezeigt werden, nicht kompliziert. Als privater Optionsanleger betrachtet man wahrscheinlich nicht mehr als zwei oder drei der als Griechen bezeichneten Kennzahlen.

Anmerkung: Sie finden die Griechen in der Option Chain Ihres Brokers oder auf der Website des OIC oder der CBOE.

WAS SIND DIE GRIECHEN?

Sie wissen bereits, dass Optionspreise von vielen Faktoren beeinflusst werden, zum Beispiel von der Volatilität, der Restlaufzeit und ihrer Beziehung zum Basiswert. Wäre es nicht hilfreich, wenn man ermitteln könnte, eine wie große Preisänderung Ihrer Option zu erwarten ist, wenn sich die Marktbedingungen ändern, zum Beispiel wenn sich der Aktienkurs um einen Dollar ändert?

Wie wäre es, wenn Sie wüssten, wie viel Risiko Sie eingehen, bevor Sie eine Optionsposition eingehen? Die Griechen liefern die Zahlen, die Sie brauchen. Sie helfen auch dabei, zu entscheiden, wie man das Risiko managen sollte, und sie helfen bei Entscheidungen wie der Frage, ob man eine Optionsposition halten, schließen oder anpassen sollte.

Die gängigsten Griechen, die verwendet werden, um die Beziehung zwischen dem Optionspreis und äußeren Faktoren zu beschreiben, sind Delta, Gamma, Theta, Rho und Vega.

Erfahrene Optionsanleger verwenden die Griechen, um wichtige Informationen zu erhalten. Jeder Grieche erzählt eine andere Geschichte und wenn Sie die Griechen verstehen, hilft Ihnen das, mit anderen Optionsanlegern mitzuhalten – aber noch wichtiger ist, dass sie Tradern beim Risikomanagement helfen.

Abbildung 22.1 zeigt, wie die Griechen auf dem Bildschirm angezeigt werden. Wie Sie sehen, handelt es sich um einfache Zahlen. Der Trick besteht darin, zu lernen, was diese Zahlen bedeuten.

Hinweis: Verwenden Sie höchstens die beiden ersten Dezimalstellen.

Delta	Gamma	Theta	Vega	Rho	Action	Strike ▲
0.6896	0.0567	-0.0298	0.0998	0.0563	Select ▾	85
0.5353	0.0676	-0.0317	0.1117	0.0449	Select ▾	87.5
0.3654	0.0662	-0.029	0.1061	0.0312	Select ▾	90
0.2158	0.0528	-0.022	0.0838	0.0187	Select ▾	92.5
0.1164	0.0348	-0.0149	0.0574	0.0102	Select ▾	95

Abbildung 22.1: Die Griechen

Quelle: Fidelity Investments. © 2002 FMR LLC. Alle Rechte vorbehalten. Nutzung mit freundlicher Genehmigung.

Der für Privatanleger wichtigste Grieche ist das Delta.

DELTA

Das Delta gibt an, wie sehr sich der Preis einer Option den Erwartungen zufolge verändert, wenn sich der Preis des Basiswerts um einen Punkt ändert. Jede Änderung des Aktienkurses wirkt sich auf das Delta aus.

Wenn Sie beispielsweise eine Option kaufen, die um einen Cent steigt, wenn die zugrunde liegende Aktie um drei Dollar steigt, dann bedeutet das, dass das Delta sehr klein ist und der Besitz dieser Option wahrscheinlich keinen Gewinn bringt. Wenn die Aktie um sechs Dollar steigt, verdient man mit der Option lediglich 0,02 Dollar. Sobald Ihnen klar ist, wie nützlich das Delta ist, um das Gewinn- und Verlustpotenzial von Options-Trades einzuschätzen, werden Sie nicht mehr ohne es handeln wollen.

Missverständnis: Das Delta ist zwar unglaublich nützlich, aber es ist keine Wunderwaffe. Es ist, was es ist: eine Zahl, die einem hilft, die Beziehung zwischen dem Aktienkurs und der Optionsprämie zu verstehen, und die einem Hinweise darauf bietet, wie sich die Prämie verhalten könnte, wenn der Aktienkurs steigt oder sinkt. Anders gesagt liefert einem das Delta eine gute Schätzung, wie viel Geld Sie bei einer Änderung des Aktienkurses gewinnen oder verlieren würden.

Die Verwendung des Deltas, um Preisänderungen zu ermitteln

Was nun kommt, ist ein bisschen technisch, aber wenn Sie die Zahlen einmal verstanden haben, wird es relativ leicht. Calls haben ein positives Delta zwischen 0 und 1, während Puts ein negatives Delta zwischen 0 und -1 haben. Verwenden wir nun das Delta, um zu ermitteln, wie sehr eine Call-Option pro Dollar steigt, wenn der Basiswert steigt.

Wenn beispielsweise eine bestimmte Call-Option auf IBM ein Delta von 0,40 hat, müsste sie eigentlich um 0,40 Dollar steigen, wenn die IBM-Aktie um einen Dollar steigt. Beachten Sie, dass es nicht exakt 40 Cent sein werden, weil sich noch weitere Faktoren (zum Beispiel andere Griechen) auf den Optionspreis auswirken. Hat eine Option ein Delta von 0,50, dann steigt der Preis der Option, wenn die Aktie um einen Dollar steigt, um circa 0,50 Dollar. Hat eine Put-Option ein Delta von 0,50, dann fällt hingegen ihre Prämie um 0,50 Dollar.

Anmerkung: Zumindest in Amerika ist es recht üblich, das Komma wegzulassen und sozusagen in Cent zu sprechen, zum Beispiel von einem 40er-Delta, einem 50er-Delta und so weiter. Auf dem Computerbildschirm wird allerdings normalerweise die Dezimalzahl zwischen 0 und 1 angezeigt.

Missverständnisse: Viele Menschen meinen fälschlicherweise, wenn eine Aktie um einen Dollar steigt oder fällt, dann würde sich die Option *immer* um den gleichen Betrag bewegen. Das geschieht jedoch nur unter ganz bestimmten Umständen (wenn die Option tief im Geld ist und das Delta 1,0 beträgt). Das Delta ist nicht konstant. Es ändert sich mit Änderungen des Aktienkurses (mehr dazu gleich).

Anmerkung für Fortgeschrittene: Fast nie ändert sich der Optionspreis stärker, als sich der Preis des Basiswerts ändert. (Die seltene Ausnahme tritt dann auf, wenn andere Griechen sich stärker auf den Optionspreis auswirken als das Delta.)

Die Verwendung des Deltas, um Wahrscheinlichkeiten zu ermitteln

Eine andere Art, das Delta zu verwenden, ist eine grobe Einschätzung der Wahrscheinlichkeit, dass eine Option zur Fälligkeit im Geld sein wird. So legt beispielsweise ein Delta von 0,40 nahe, dass die Option mit 40-prozentiger Wahrscheinlichkeit zum Fälligkeitsdatum im Geld sein wird. Steigt die Aktie weiter, steigt normalerweise auch das Delta einer Call-Option, weil damit auch die Wahrscheinlichkeit steigt, dass die Option im Geld auslaufen wird. Das Delta einer Put-Option sinkt bei steigendem Aktienkurs.

Laut dieser Methode beträgt bei einer Option mit einem Delta von 0,25 die Wahrscheinlichkeit 25 Prozent, dass die Option bei Fälligkeit im Geld sein wird – unter der Annahme, dass sich die Marktbedingungen nicht ändern. Ein Delta von 0,50 legt nahe, dass die Wahrscheinlichkeit, dass die Option zur Fälligkeit im Geld ist, 50:50 steht. Und schließlich besteht bei einer Option mit Delta 0,80 eine Wahrscheinlichkeit von 80 Prozent, dass sie bei Fälligkeit im Geld sein wird.

Zwar verwenden viele Anleger das Delta, um die Chancen abzuschätzen, dass eine Option im Geld sein wird, aber nicht alle sind der Meinung, dass man das Delta auf diese Weise verwenden sollte.

Empfehlung: Verwenden Sie das Delta als groben Anhaltspunkt für die Wahrscheinlichkeit, dass eine Option zur Fälligkeit im Geld sein wird.

Bedenken Sie: Dass eine Option im Geld ist, bedeutet noch lange nicht, dass sie für den Käufer profitabel oder für den Verkäufer nicht profitabel sein wird. Ob man mit einer Option Gewinn erzielt oder nicht, hängt ausschließlich vom anfangs dafür bezahlten Preis und von dem Preis ab, zu dem sie später verkauft wird.

Weitere Hinweise dank Delta

Viele Trading-Anfänger fragen, wieso der Basiswert eine riesige Kursbewegung vollzogen hat, sich der Optionspreis aber kaum bewegt hat. Das Delta liefert die beste Antwort. Beim Kauf von Optionen mit niedrigem Delta müssen Anfänger begreifen, dass ein Anstieg des Aktienkurses um einen Dollar den Optionspreis nicht sehr weit in die Höhe treibt. Wenn man sich, bevor man irgendeine Option tradet, das Delta anschaut, wird man feststellen, dass billige, aus dem Geld befindliche Optionen für die Käufer wirklich eine gewagte Wette darstellen. Wenn die Restlaufzeit kurz und die Option weit aus dem Geld ist, kann es sein, dass die Aktie um drei Dollar steigt und die Option überhaupt nicht zulegt. Bei solchen Optionen ist das Delta fast gleich null.

Anmerkung: Wie Sie noch sehen werden, wirken sich noch andere Griechen auf Optionspreise aus, was den Einfluss des Deltas verstärken oder abschwächen kann.

Beispiele für die Verwendung des Deltas

Sehen wir uns nun unterschiedliche Verwendungen des Deltas an, damit Sie das Konzept besser verstehen.

Beispiel 1: Sie besitzen die YYY-Aktie und sie steht bei 60 Dollar. Sie kaufen eine Call-Option am Geld mit Basispreis 60 Dollar und bis zur Fälligkeit bleiben noch 60 Tage. Wie hoch ist das Delta dieser Option?

Wenn Sie gesagt haben, circa 0,50, dann liegen Sie richtig. Optionen am Geld haben ein Delta von circa 0,50.

Beispiel 2: Nehmen wir das gleiche Beispiel, Sie halten eine Option auf YYY mit einem Delta von 0,50. Steigt YYY von 60 auf 61 Dollar, dann steigt auch das Delta der Option mit dem steigenden Aktienkurs. Wenn die Call-Option zuvor 1,75 Dollar wert war, dann steigt sie vielleicht auf 2,25 Dollar, also um 0,50 Dollar.

Wenn Sie sich dann das Delta noch einmal anschauen, kann es sein, dass es von 0,50 auf 0,60 gestiegen ist, weil die Aktie ins Geld gelaufen ist. Wenn die Aktie nun um einen weiteren Dollar steigt, müsste die Option theoretisch um 0,60 Dollar steigen (weil ihr neues Delta 0,60 beträgt).

Beispiel 3: Nehmen wir an, YYY fällt von 60 auf 59 Dollar und der Preis der Call-Option fällt von 1,75 auf 1,25 Dollar, also um 0,50 Dollar. Das ist bei einem Delta von 0,50 zu erwarten. Rechnen Sie damit, dass sich der Optionspreis ungefähr um das Delta der Option ändert, unabhängig davon, in welche Richtung sich die Aktie bewegt. Steht die Aktie auf 59 Dollar, könnte das neue Delta 0,40 betragen. Beim nächsten Rückgang des Aktienkurses um einen Dollar fällt der Preis des Calls daher um circa 0,40 Dollar.

Fällt die Aktie in diesem Beispiel um weitere zwei Dollar, fällt die Option theoretisch um rund 0,80 Dollar, aber das ist lediglich eine Schätzung, denn wir haben ja gerade gelernt, dass sich das Delta mit Veränderungen des Aktienkurses ändert (und dass noch andere Faktoren die Prämie beeinflussen können).

Beispiel 4: YYY steht bei 50 Dollar und Sie glauben, dass die Aktie vor Januar auf 55 Dollar steigen wird. Sie kaufen eine 55er-Call-Option mit einem Delta von 0,20. Wenn YYY erstmals um einen Dollar steigt, legt die Call-Option 0,20 Dollar zu (wenn man den Zeitwertverlust außer Acht lässt).

Würde YYY über 60 Dollar steigen und die Option tief ins Geld laufen, hätte die Option ein Delta von annähernd 1. Ab diesem Punkt würde die Call-Option bei jedem Anstieg der YYY-Aktie um einen Dollar um etwa den gleichen Betrag steigen.

Beispiel 5: YYY steht bei 30 Dollar. Der 30er-Call hat ein Delta von 0,50, der 25er-Call hingegen ein Delta von 0,90. Das heißt, wenn YYY um einen Dollar steigt, legt der im Geld befindliche 25er-Call um 0,90 Dollar zu, während der 30er-Call nur um 0,50 Dollar steigt. Sie wissen ja schon, dass eine Option im Geld ein höheres Delta hat, und jetzt können Sie das auch quantifizieren.

Fakten zum Delta

Nachdem Sie jetzt ein paar Beispiele gesehen haben, sehen wir uns ein paar Fakten zum Delta an:

Fakt: Jede Option hat ihr eigenes Delta und das ändert sich ständig.

Fakt: Wenn man eine Option mit positivem Delta besitzt oder eine Option mit negativem Delta verkauft, kann man sagen, man stehe long auf das Delta.

Fakt: Vor der Fälligkeit sind die Deltas unterschiedlich. Eine tief im Geld stehende Option hat ein hohes Delta, vielleicht 0,80 oder

1,00. Eine weit aus dem Geld befindliche Option kann ein Delta zwischen 0 und 0,20 haben. Bei Puts ist es umgekehrt. Eine tief im Geld stehende Put-Option kann ein Delta von -0,80 bis -1,00 haben. Eine weit aus dem Geld befindliche Put-Option kann ein Delta von 0 bis -0,20 haben.

Fakt: Bei Fälligkeit hat eine Call-Option im Geld ein Delta von 1. Eine Call-Option aus dem Geld hat bei Fälligkeit ein Delta von 0. Ist ein Call exakt am Geld, hat er zur Fälligkeit ein Delta von 0,50.

Fakt: Das Delta ändert sich, wenn die Fälligkeit näher rückt. Steht der Basiswert über dem Basispreis, sind Call-Optionen im Geld und das Delta nähert sich mit der verstreichenden Zeit schnell dem Wert 1, sodass die Option Punkt für Punkt gemeinsam mit der Aktie steigt. (Umgekehrt ist es bei Puts, also wenn der Basiswert unter dem Basispreis steht und die Option im Geld ist, nähert sich des Delta dem Wert -1. Wenn das passiert, bewegt sich die Option Punkt für Punkt gemeinsam mit der Aktie.)

Fakt: Wenn man eine aus dem Geld befindliche Option kauft, ist die Wahrscheinlichkeit hoch, dass sie wertlos verfällt. Warum? Das Delta ist niedrig und es fällt der Option schwerer, vor der Fälligkeit weit genug zu steigen, damit sie im Geld ist.

Fakt: Wenn sich eine aus dem Geld befindliche Call-Option der Fälligkeit nähert, nähert sich ihr Delta 0. Warum? Bei Fälligkeit ist das Delta aller aus dem Geld befindlichen Optionen 0. Das Delta einer weit aus dem Geld befindlichen Option ist daher niedrig. Pro Dollar Kursbewegung der Aktie bewegt sich die Option nur wenig.

Fakt: Wenn man long auf einen Call mit einem Delta von 0,50 steht und 50 Aktien shortet, ist man *delta-neutral.* In diesem Beispiel steht man long auf Calls und short auf Aktien und das Delta der Gesamtposition ist gleich null. Trader mögen delta-neutrale Positionen, weil dabei kein Marktrisiko besteht, während sie darauf warten, dass sie einen Gewinn hervorbringen.

Fakt: Das Delta wird oft auch als Hedge Ratio bezeichnet, weil es einem sagt, wie viele Aktien man beim Kauf einer Call-Option verkaufen muss (beziehungsweise wie viele Aktien man beim Kauf einer Put-Option verkaufen muss), um eine delta-neutrale und somit marktneutrale Position zu haben.

Fakt: Als Call-Besitzer kann man auch bei steigendem Delta Verlust machen. Oft wirkt sich das Verstreichen der Zeit oder die Abnahme der impliziten Volatilität stärker als die Änderung des Aktienkurses auf den Optionspreis aus.

Fakt: Als Trader muss man auch das Gamma verstehen, weil es angibt, wie sehr sich das Delta ändert, wenn sich der Aktienkurs ändert.

DAS GAMMA

Sie wissen bereits, dass sich das Delta ändert, wenn sich der Aktienkurs ändert. Das Gamma beschreibt diese Änderung. Das heißt, wenn der Basispreis von 45 auf 46 Dollar steigt, ändert sich das Delta. Wie schnell ändert es sich? Die Antwort findet man durch einen Blick auf das Gamma, das angibt, wie sehr sich das Delta ändert, wenn sich der Basiswert um einen Dollar bewegt.

Vielleicht hilft ein Vergleich: Wenn Sie Auto fahren, ist das Delta Ihre Geschwindigkeit. Wenn Sie beispielsweise 45 fahren, ist das Ihr Delta. Das Gamma gibt hingegen an, wie schnell Sie beschleunigen. Nehmen wir beispielsweise an, Sie beschleunigen von 45 auf 60. Das Gamma gibt an, wie schnell sie von 45 auf 60 beschleunigen.

Nun ein Beispiel aus dem Optionsbereich: Nehmen wir an, das Delta einer Option beträgt 0,55. Wenn wir uns den Basiswert YYY ansehen, sehen wir, dass er soeben um einen Dollar auf 47 Dollar gestiegen ist. Wir stellen fest, dass das Delta jetzt 0,60 beträgt. Diese Änderung des Deltas von 0,55 auf 0,60 liegt am Gamma. Anders gesagt betrug das Gamma 0,05. (Wäre das Delta von 0,57 auf 0,60 gestiegen, hätte das Gamma 0,03 betragen.)

Was hat man davon? Man kann dadurch die Preisänderung (und das neue Delta) einschätzen und dies wiederum liefert einem eine gute Schätzung der zu erwartenden Gewinne und Verluste. Das Gamma zeigt einem an, dass die Gewinne und Verluste anziehen, wenn sich die Aktie weiterhin bewegt.

Anmerkung für Fortgeschrittene: Wenn das Gamma hoch ist, ändert sich das Delta auch dann dramatisch, wenn die Kursbewegung der Aktie nur einen oder zwei Punkte beträgt. Ein hohes Gamma ist ein zweischneidiges Schwert. Es kann einem gewaltige Gewinne bescheren, wenn man long auf das Gamma steht (also das Gamma der Gesamtposition größer null ist), aber auch riesige, unerwartete Verluste, wenn man stark short auf das Gamma steht (also das Gamma der Gesamtposition kleiner null ist).

Hier ein paar Fakten über das Gamma:

Fakt: Das Gamma einer Option ist immer eine positive Zahl. Anders gesagt ändert sich das Delta sowohl von Calls als auch von Puts, wenn sich der Aktienkurs ändert. Denken Sie daran, das Gamma einer Option abzuziehen, wenn Sie auf diese Option short stehen (Sie sie also verkauft haben).

Fakt: Wenn Sie merken, dass das Gamma auf einmal größer wird, dann bedeutet das, dass das Risiko oder die Belohnung wächst. Das Gamma steigt, wenn das Fälligkeitsdatum näher rückt. Es steigt auch, wenn sich die Option dem Punkt nähert, an dem sie am Geld ist. Die Profis sprechen davon, dass das Gamma „explodiert"; das bedeutet, dass das Delta der Position (und die Gewinne und Verluste) schnell steigt.

Fakt: Wenn eine Option ein hohes Gamma hat, reagiert ihr Preis empfindlicher auf Preisänderungen des Basiswerts.

Fakt: Am höchsten ist das Gamma von Optionen dann, wenn die Option ein paar Sekunden vor ihrer Fälligkeit am Geld ist. Bei Fälligkeit beträgt das Delta entweder 0 oder 1, sodass das Gamma um 0,2 ausschlagen kann (von -0,1 auf +0,1 oder umgekehrt), wenn sich die Aktie nur um zwei Cent bewegt (von einem Cent im Geld auf einen Cent aus dem Geld).

DAS THETA – „T“ WIE „TIME“

Erinnern Sie sich noch an die tickende Uhr, von der ich im ersten Kapitel gesprochen habe? Das Theta gibt an, wie sehr der Zeitwert (oder die Prämie) an einem Tag abnimmt. Konkret sagt einem das Theta, um wie viel die Option fällt, wenn sie sich ihrem Fälligkeitsdatum um einen Tag nähert. Das Theta stellt die Geschäftsausübungskosten der Optionsbesitzer und die Belohnung der Optionsverkäufer (für die Übernahme von Risiken) dar.

Fakt: Am höchsten ist das Theta bei Optionen, die am Geld sind, und es nimmt nach und nach ab, wenn Optionen aus dem Geld oder ins Geld laufen.

Fakt: Wenn man eine Option kauft, die schnell an Zeitwert verliert, müssen die Markterwartungen schnell eintreten, sonst verliert die Option ihren gesamten Zeitwert.

Fakt: Optionen mit hoher Zeitprämie (auf Aktien mit hoher Volatilität) haben ein höheres Theta als Optionen mit geringer Zeitprämie (auf Aktien mit niedriger Volatilität).

DAS VEGA – „V“ WIE „VOLATILITÄT“

Sie wissen ja schon, dass Optionen auf volatile Aktien teurer sind als Optionen auf andere Aktien und dass der Optionspreis mit steigender Volatilität ebenfalls steigt. Wenn hingegen die Volatilität fällt, dann fallen auch die Optionspreise. Und hier kommt das Vega ins Spiel: Das Vega ist stets eine positive Zahl und gibt an, um wie viel sich der Preis einer Option ändert, wenn sich die Volatilität um einen Punkt ändert.

Genauer gesagt gibt es Folgendes an: um wie viel sich der Optionspreis ändert, wenn sich die implizite Volatilität um einen Prozentpunkt ändert (zum Beispiel von 0,20 auf 0,21). Somit gibt das Vega das Risiko einer plötzlichen großen Änderung der impliziten Volatilität an. Marketmaker, die riesige Optionspositionen halten, passen ihre Positionen so an, dass sie ein vega-neutrales Portfolio haben.

Ein Fakt zum Vega: Es ist kein griechischer Buchstabe.

DAS RHO

Das Rho ist der am wenigsten wichtige Grieche und Sie werden es wahrscheinlich nicht verwenden. Es gibt an, wie sehr die Optionsprämie steigt oder fällt, wenn die Zinsen um einen Punkt steigen oder fallen. Das Rho gewinnt für LEAPS an Bedeutung, wenn die Zinsen hoch stehen (weil sich die Zinsen auf langfristige Optionen stärker auswirken als auf kurzfristige).

Es beantwortet folgende Frage: Wenn die Zinsen um einen Prozentpunkt steigen oder fallen, wie sehr ändert sich dann der Optionspreis?

Ein Fakt zum Rho: Call-Optionen haben ein negatives Rho. Put-Optionen haben ein positives Rho.

IGNORIEREN SIE DIE GRIECHEN NICHT

Man darf das Delta und die anderen Griechen nicht ignorieren. Zum Beispiel hilft einem das Delta, das Risiko zu managen, und es vermittelt einem eine Vorstellung davon, wie viel eine Position einbringen (oder an Verlust bringen) könnte. Am wichtigsten: Bevor Sie eine Optionsposition eingehen, sehen Sie sich die Griechen an, denn sie helfen Ihnen bei der Wahl, welche Optionen Sie traden sollen. Marketmaker berücksichtigen die Griechen und wenn Sie ernsthaft mit Optionen handeln wollen, sollten Sie es auch tun.

Wenn man die Griechen einmal kennt, braucht man sie zum Glück nicht stundenlang zu studieren, bevor man eine Position eingeht. Man kann einen Blick darauf werfen und entscheiden, was man als Nächstes tun soll.

Anmerkung: Je komplexer eine Optionsposition ist, umso wichtiger ist es, die Griechen zu Rate zu ziehen.

Warnung: Manche Trader sind derart von den Griechen besessen, dass sie das eigentliche Ziel aus den Augen verlieren: Geld zu verdienen. Die Griechen sind nützliche Werkzeuge, aber man sollte sie nicht als Evangelium betrachten.

Nachdem Sie nun die Griechen kennengelernt haben, ist jetzt ein guter Zeitpunkt, um zu lernen, wie man mit Optionen auf ETFs, Indizes, mit Wochen-Optionen und mit Mini-Optionen handelt.

23

DER HANDEL MIT OPTIONEN AUF ETFS, INDIZES SOWIE MIT WOCHEN- UND MINI-OPTIONEN

Für viele von Ihnen wird dies ein aufregendes Kapitel, vor allem, wenn Sie noch nichts über diese einzigartigen Produkte wissen. In diesem kurzen Kapitel werden Sie den Handel mit Optionen auf ETFs, Weeklys, Mini-Optionen und Indizes kennenlernen. Bedenken Sie dabei: Alles, was man mit Standardoptionen machen kann, ist auch mit diesen Optionen möglich.

OPTIONEN AUF ETFS

Börsennotierte Fonds (ETFs = Exchange Traded Funds) sind etwas Ähnliches wie Investmentfonds, aber sie werden wie Aktien gehandelt. Daher kann man sie stets während der Handelszeiten handeln, nicht nur einmal am Tag zum Inventarwert.

Der Einsatz von ETF-Optionen zu Spekulationszwecken

Man kann Optionen auf börsennotierte Fonds (ETFs) kaufen und verkaufen, um auf die Entwicklungsrichtung des zugrunde liegenden Index zu spekulieren. Der Kauf von Call- oder Put-Optionen auf Indexfonds wie den SPY (S&P 500), den DIA (Dow Jones Industrial Average), den QQQ (Nasdaq 100) oder den IWM (Russell 2000) funktioniert genauso wie bei einzelnen Aktien. Das ist eine effiziente Möglichkeit, sich am Gesamtmarkt zu beteiligen, ohne dass man erraten muss, welche Aktien im Einzelnen steigen oder fallen werden. Die Risiken sind die gleichen wie bei Standardoptionen: Man muss sowohl bezüglich des zeitlichen Verlaufs als auch bezüglich der Richtung des zugrunde liegenden Index richtigliegen. Und wenn die Option fällig wird, kann man seine gesamte Investition verlieren, falls der Basiswert (der zugrunde liegende Index) nicht die erwartete Performance gebracht hat.

Man kann auch Optionen auf spezielle ETFs wie zum Beispiel den Volatilitätsindex der Chicago Board Options Exchange (VIX) kaufen, der die implizite Volatilität von Optionen auf den SPX (S&P 500) angibt. Der SPX, der die Aktien der 500 am höchsten kapitalisierten US-amerikanischen Aktien darstellt, ist im Prinzip der US-Aktienmarkt. Die diesen Optionen zugrunde liegenden Anlagen sind VIX-Futures-Kontrakte. Ja, so ist es, man kauft buchstäblich Optionen auf die Volatilität. Der Handel mit ihnen ist allerdings tückisch, also verwenden Sie sie nur, wenn Sie wissen, was Sie tun.

Strategie: Sie können im Rahmen einer langfristigen bullishen Strategie auch einen LEAPS-Call auf ETF-Indizes wie den S&P 500, den Nasdaq 100 oder den Dow Jones Industrial Average kaufen. Ein LEAPS-Put würde es einem andererseits erlauben, eine langfristige Aktienposition abzusichern. Der Nachteil von LEAPS besteht, wie Sie sich erinnern werden, in den höheren Kosten.

Der Einsatz von ETFs zum Schutz von Aktienportfolios

Anstatt durch den Kauf von Optionen auf einzelne Aktien können Sie Long-Positionen auch mit börsennotierten Fonds (ETFs) wie SPY, DIA, IWM oder QQQ hedgen.

Um beispielsweise ein Portfolio im Wert von 50.000 Dollar zu hedgen, das hauptsächlich in hoch kapitalisierten Aktien angelegt ist, müsste man drei Puts kaufen. Wieso? Siehe unten.

Nehmen wir beispielsweise an, Sie hätten drei SPY-Kontrakte mit Basispreis 150 Dollar gekauft (oder 1.500-mal S&P 500), die im Juni fällig werden und jeweils 449 Dollar gekostet haben. Das ergibt 1.347

Dollar plus Gebühren (449 Dollar mal drei Kontrakte), das sind die Kosten für drei Monate Schutz. Wenn der Markt vor dem 22. Juni einbricht, begrenzen die Puts Ihre Verluste.

Ihr Risiko: In diesem Beispiel können Sie höchstens 1.347 Dollar verlieren, also die Kosten der drei Puts. Warum drei Put-Kontrakte? Jeder von ihnen steht für 100 Anteile. Da Sie das Recht haben, 300 Anteile zum Stückpreis von 150 Dollar zu verkaufen, ergibt das Anteile im Wert von 45.000 Dollar, also genug, um 90 Prozent Ihres 50.000 Dollar schweren Portfolios abzusichern.

Langfristiger Schutz

Wenn Sie ein Portfolio mit 50.000 Dollar zehn Monate lang schützen wollen, kaufen Sie drei LEAPS-Puts auf den SPY mit Basispreis 150 Dollar, die nach neun Monaten fällig werden. Wir haben den Preis der Kontrakte nachgesehen und festgestellt, dass sie jeweils 939 Dollar kosten, also insgesamt 2.817 Dollar (939 Dollar x 3 Kontrakte). So viel kostet es, wenn Sie wirklich eine Marktkorrektur oder einen Crash befürchten.

Wie Sie wissen, sind LEAPS langfristige Optionskontrakte, die mit Standardoptionen identisch sind – abgesehen von ihrer längeren Laufzeit (neun Monate bis drei Jahre).

Ihr Risiko: Es sind wieder die Kosten für den Kauf der Optionen (und die sind nicht billig).

Übung: Denken Sie daran: Wenn der SPY fällt, haben Sie zur Fälligkeit eine gewinnbringende Put-Position (aber definitiv auch eine verlustbringende Aktienposition). Ist Ihre Option im Geld, üben Sie sie nicht aus. Verkaufen Sie sie einfach. Sie haben die Puts als Versicherung gekauft, also verkaufen Sie sie und kassieren Sie die Versicherungssumme.

Fazit: Wenn Sie das nächste Mal befürchten, dass ein Crash bevorsteht, erwägen Sie den Kauf von Puts auf ETFs, um sich gegen das Risiko abzusichern – außer wenn Sie lieber Ihre Aktienposition verkaufen. Die Aktien einfach zu verkaufen ist oft die einfachste und kostengünstigste Lösung. Nur weil Sie wissen, wie man Puts einsetzen kann, ist das noch nicht unbedingt die beste (oder überhaupt eine gute) Wahl.

MIT OPTIONEN AUF INDIZES HANDELN

Anstatt Optionen auf ETFs zu kaufen, können Sie auch Optionen auf Marktindizes kaufen. Indizes sind im Grunde theoretische (sie sind nicht real und können nicht gehandelt werden) Aktienkörbe oder Aktienportfolios, die sich aus allen im betreffenden Index enthaltenen Aktien zusammensetzen.

Wenn man Indexoptionen kauft, nimmt man an dem Markt teil, der aus den Bestandteilen des betreffenden Index besteht. Bedeutende Indizes sind beispielsweise der S&P 500 (SPX oder INX), der Dow Jones Industrial Average (DJI), der Russell 2000 (RUT) und der Nasdaq Composite (IXIC). Es gibt zahlreiche Indizes, auf die man handeln kann.

Anmerkung: Auch wenn der Kauf von Indexoptionen bei vielen Brokern eine Strategie der Stufe 2 ist, so sind solche Optionen doch häufig teuer, weil die Preise der ihnen zugrunde liegenden Indizes so hoch sind. Das sind die am aktivsten gehandelten Optionen, wobei sowohl Privatpersonen als auch große Institutionen mit Indexoptionen handeln.

Zwischen dem Kauf von Optionen auf ETFs und auf Marktindizes bestehen vor allem zwei Unterschiede. Erstens findet bei den meisten Optionen ein Barausgleich statt (das heißt, Ausübung oder Zuteilung erfolgen in Bargeld, nicht in Form von Aktien).

Der andere Unterschied ist, dass Indexoptionen sogenannte europäische Optionen sind, was bedeutet, dass man sie nicht vor der Fälligkeit ausüben kann. Daher brauchen Sie hier nicht zu befürchten, dass eine vorzeitige Zuteilung erfolgt, wenn Sie Optionen verkauft haben.

Vergleichen wir einmal den Kauf von Optionen auf ETFs und auf Indizes. Wenn man ein Aktienportfolio im Wert von 300.000 Dollar mit Put-Optionen auf den SPY absichern will, muss man 20 Puts kaufen (unter der Annahme, dass der SPY bei 150 Dollar je Anteil steht).

Würde man dasselbe Portfolio mit Indexoptionen hedgen, bräuchte man hingegen nur zwei Puts, weil der SPX circa das Zehnfache des SPY kostet. Hier die Berechnung: 300.000 Dollar geteilt durch 150.000 Dollar (oder 1.500 Dollar für einen SPX) ergibt zwei Put-Optionen auf den Index.

Beispielsweise würde eine Indexoption auf den SPX statt der 450 Dollar je Kontrakt auf den ETF SPY circa 4.500 Dollar je Kontrakt kosten bei einem Basispreis, der zehnmal so hoch ist wie der des SPY. Die Optionen werden zum selben Zeitpunkt fällig.

Hinweis: Ein Basispreis des SPY von 150 Dollar entspricht einem Basispreis des SPX (S&P 500) von 1.500 Dollar. Anders gesagt kostet der SPY circa ein Zehntel des SPX und man braucht zehnmal so viele SPY-Kontrakte, um den gleichen Schutz zu bekommen wie mit einem SPX-Kontrakt.

Es gibt noch einen dritten Unterschied: SPY-Optionen schütten eine signifikante Dividende aus, während Indexoptionen keine Dividende ausschütten.

Wenn Sie mit Indexoptionen oder auch mit ETF-Optionen handeln, ist es höchst ratsam, aus allen Positionen vor der Fälligkeit auszusteigen. Wenn Sie jedoch experimentieren möchten, können Sie gern bei der CBOE oder bei Ihrem Broker ein Übungsdepot eröffnen.

DER HANDEL MIT WOCHEN-OPTIONEN

Ein bei aktiven Tradern beliebtes Produkt sind wöchentliche Optionen. Anders als Standardoptionen werden sie am Freitag (oder je nach Produkt auch am Montag oder Mittwoch) einer bestimmten Woche anstatt am dritten Freitag des Monats fällig. Jedoch hat der typische Wochenkontrakt eine Laufzeit von fünf Wochen. Man kann Weeklys für alle in diesem Buch enthaltenen Strategien einsetzen, allerdings über kürzere Zeiträume. Sie sind genauso wie alle anderen Optionen, über die Sie etwas gelernt haben (abgesehen von ihrem flüchtigen Dasein).

Einziger Vorbehalt: Es gibt nicht auf alle Aktien, ETFs oder Indizes Wochen-Optionen (nur auf die am aktivsten gehandelten).

Anmerkung: Es gibt auch Weeklys auf die großen Indizes S&P 500, Nasdaq 100, Dow Jones Industrial Average und Russell 2000.

Warum sollte man Wochen-Optionen handeln wollen? Erstens ist der Kauf von Weeklys ideal, wenn man überzeugt ist, dass eine Aktie innerhalb kurzer Zeit eine dramatische Bewegung vollziehen wird. Auch sind ihre Prämien günstiger. Andererseits: Wenn man gedeckte Calls verkauft, verdient man sich zwar schnell die Prämie, aber solche Optionen bieten nur wenig Schutz gegen Verluste.

Zweitens bedeutet die kürzere Laufzeit geringere Kosten für Optionskäufer. Die niedrigen Prämien sind ein Hauptgrund, weshalb Wochen-Optionen bei Käufern so beliebt sind (ihr Handelsvolumen wächst weiterhin). Day-Trader sind von Wochen-Optionen besonders begeistert und sie sind eine gute Möglichkeit, durch das regelmäßige Kassieren von Prämien sein Einkommen aufzubessern.

Und was sind die Nachteile von Wochen-Optionen? Beachten Sie erstens die großen Spreads, die die potenziellen Gewinne aufzehren können. Zweitens hat man als Optionskäufer die Zeit nicht auf seiner Seite. Wenn die Erwartung bezüglich des Basiswerts nicht sofort eintritt, muss man damit rechnen, sein gesamtes Investment zu verlieren. Die niedrigeren Prämien von Weeklys mögen für Käufer attraktiv sein, aber Verkäufer können dabei zu kurz kommen: Je kürzer die Laufzeit des Optionskontrakts, umso weniger Prämie kassiert der Verkäufer.

Fazit: Weeklys können leistungsfähige Instrumente sein, aber sie sind nicht für jedermann geeignet – auch wenn es sich lohnt, sich mit ihnen zu befassen.

MIT MINI-OPTIONEN HANDELN

Wie Sie dank der Lektüre dieses Buches bereits wissen, entspricht ein Optionskontrakt 100 Aktien. Das kann bei teuren Aktien zum Problem werden. Beispielsweise kann eine Option am Geld mit 30 Tagen Restlaufzeit auf eine Aktie für 800 Dollar kostspielig werden (vielleicht 30 Dollar je Aktie). Mini-Optionen wurden geschaffen, um Anlegern zu helfen, denen die Mittel für den Handel mit derart teuren Optionen fehlen.

Und so funktionieren die Minis: Bei einer Mini-Option entspricht ein Optionskontrakt zehn Aktien (anstatt 100 Aktien wie bei der Standardoption). Das heißt, wenn man einen gedeckten Call auf eine Aktie verkaufen will, die 800 Dollar kostet, kann man zehn Aktien kaufen und darauf eine Mini-Option verkaufen. Und Käufer brauchen pro Call oder Put nicht Tausende von Dollar auszugeben, sondern dank der Mini-Option nur ein Zehntel davon.

Wenn beispielsweise die YYY-Aktie bei 500 Dollar steht, dann würden 100 Aktien 50.000 Dollar kosten. Nun kann man aber zehn Aktien für 5.000 Dollar kaufen und dazu einen Mini-Call verkaufen. Man kann Minis auch für andere Optionsstrategien einsetzen.

Bedenken Sie: Minis sind keine preisgünstigeren Kontrakte, sie kosten pro Aktie nicht weniger. Sie sind nur ein Zehntel so groß wie reguläre Optionen. Da Mini-Optionen in der Option Chain gelistet werden, müssen Sie aufpassen, dass Sie nicht versehentlich eine Mini-Option kaufen oder verkaufen, wenn Sie eigentlich eine Standardoption handeln wollten. Solche Fehler können ins Geld gehen, prüfen Sie daher nach, ob Sie das richtige Optionssymbol gewählt haben.

Fazit: Eine Mini-Option ist exakt das Gleiche wie eine Standardoption, nur dass sie weniger Aktien repräsentiert. Sie bietet Optionsanlegern die Möglichkeit, unter Einsatz von weniger Geld Optionen zu kaufen oder zu verkaufen sowie verschiedene Strategien auszuprobieren. Dank der Flexibilität, Optionen auf nur 10, 20 oder 30 Aktien zu kaufen oder zu verkaufen, sind Mini-Optionen sehr populär geworden.

Und jetzt stelle ich Ihnen fortgeschrittene Optionsstrategien vor – das schwierigste Kapitel des Buches. Wenn Sie wollen, können Sie das folgende Kapitel gern auslassen und gleich zu Teil 6 übergehen. Sie können ja jederzeit zu den fortgeschrittenen Strategien zurückblättern.

24

FORTGESCHRITTENE STRATEGIEN

Wenn Sie sich die Zeit nehmen, die in diesem Teil des Buches vorgestellten mittelschweren Strategien zu verstehen, dürften Sie für Monate beschäftigt sein, wenn nicht gar länger. Aber wenn Sie mit fortgeschrittenen Strategien experimentieren möchten, dürfte das vorliegende Kapitel Ihren Bedürfnissen entsprechen. Wie zu Beginn des Buches erwähnt, ist der Optionshandel wie ein Schachspiel. Aber wenn Sie fortgeschrittene Strategien verwenden, ähnelt das eher dreidimensionalem Schach. Bei diesen Strategien gibt es zahlreiche Möglichkeiten, Geld zu verdienen – oder zu verlieren.

Die in diesem Kapitel enthaltenen fortgeschrittenen Strategien sind der Tummelplatz erfahrener Trader. Anstatt Positionen zu kaufen und zu verkaufen, die aus zwei Hälften bestehen, beinhalten manche dieser Strategien drei oder vier Teile. Das macht diese Strategien so faszinierend und so leistungsfähig.

Zwar ist dieses Buch technisch betrachtet eine Einführung, aber es ist auch nützlich, etwas über fortgeschrittene Strategien zu erfahren. Es ist nichts daran auszusetzen, damit zu experimentieren, solange Sie nur im kleinen Rahmen traden (einen oder zwei Kontrakte).

Anmerkung: Dieses Kapitel ist nur als Einführung in die fortgeschrittenen Strategien gedacht. Wenn Sie mehr über die Risiken und Chancen dieser Strategien erfahren wollen, sehen Sie sich die Liste der empfohlenen Bücher über fortgeschrittenes Trading in Kapitel 26 an.

Und jetzt schnallen Sie sich an, bevor ich Ihnen einen Überblick über fortgeschrittene Trading-Strategien gebe .

DER IRON CONDOR

Iron Condors sind bei erfahrenen Tradern überaus beliebt. Man kann Iron Condors entweder kaufen (long) oder verkaufen (short), aber die meisten Trader verkaufen sie und deshalb bespreche ich hier nur den Verkauf.

Wenn man einen Iron Condor verkauft, besteht der Trade aus zwei vertikalen Credit Spreads: einem Put Credit Spread und einem Call Credit Spread. Die Fälligkeitsdaten aller Optionen sind identisch, aber jede hat einen anderen Basispreis.

Wenn man ein Gewinn-Verlust-Diagramm dieser Strategie erstellt, sieht es aus wie ein großer Vogel, daher der Name „Iron Condor" – „eiserner Kondor". Ein toller Name, aber der Einsatz dieser Strategie kann eine Herausforderung darstellen.

Sie gilt als marktneutrale Strategie, weil sie gut funktioniert, wenn der Basiswert weder eine bullishe noch eine bearishe Bewegung vollzieht. Deshalb ist diese Strategie für alle geeignet, deren Ausblick für den Basiswert neutral ist (also nicht in eine bestimmte Richtung geht).

Bevor man den Iron Condor ausprobiert, muss man unbedingt bereits wissen, wie man mit einfachen Spreads tradet. Schließlich kombiniert der Iron Condor ja einen Call Spread und einen Put Spread zu einer Strategie. Aus diesem Grund sollte man möglichst zunächst im Geiste üben, bevor man versteht, wie der Iron Condor funktioniert, und deshalb sollten Sie diese Strategie auf dem Papier üben, bevor Sie echtes Geld riskieren. Außerdem braucht man, da der Iron Condor zwei Credit Spreads beinhaltet, ein Marginkonto, um diese Strategie anzuwenden.

Verkauf eines Iron Condors

Wenn man einen Iron Condor verkauft, verkauft man normalerweise Put Spreads, die aus dem Geld sind, und die gleiche Menge Call Spreads, die ebenfalls aus dem Geld sind. Wie auch bei den anderen

Credit Spreads sind die Long-Optionen hier Absicherungen gegen Verluste aus den verkauften Optionen.

Ziel: Ihr Ziel ist es, dass der Call Spread und der Put Spread wertlos verfallen, sodass Sie die Gutschrift, die Sie beim Verkauf der Optionen erhalten haben, als Gewinn behalten können. Sie spekulieren darauf, dass der Preis des Basiswerts zwischen den beiden Basispreisen landen wird (Sie werden das gleich im Beispiel sehen).

Maximaler Gewinn: Ihr maximaler Gewinn ist die Gutschrift, die Sie anfangs durch den Verkauf des Call Spreads und des Put Spreads erhalten haben.

Maximaler Verlust: Ihr maximaler Verlust ist der gleiche wie bei Credit Spreads. Erinnern Sie sich noch daran, worin er besteht? In der Differenz der Basispreise der beiden Calls (oder Puts) mal 100 abzüglich der vereinnahmten Prämie.

Risiko: Wird die Position bis zur Fälligkeit gehalten, kann man nur mit einem der beiden Spreads Verlust machen, niemals mit beiden. Es ist jedoch möglich, dass man mehr als das theoretische Maximum verliert, wenn man die Position falsch managt, also wenn man für das Schließen des Call Spreads zu viel bezahlt und dann, nachdem der Markt gewendet hat, auch beim Schließen des Put Spreads draufzahlt. Überlegen Sie sich deshalb ernsthaft, wenn Sie durch Eindecken des Call Spreads oder des Put Spreads einen Verlust hinnehmen, die niedrigen Kosten für den Ausstieg aus der (nun billigen) anderen Hälfte des Iron Condors zu bezahlen.

Bei dieser Strategie können viele Dinge schiefgehen (zum Beispiel kann sich die Aktie kräftig in die eine oder die andere Richtung bewegen), aber die Auflösung zweier Spreads ist genauso leicht wie die Auflösung eines einzelnen Spreads. Geben Sie einfach Ihre Orders sorgfältig ein. Es braucht allerdings Geschick und Erfahrung, um mit dieser Strategie Geld zu verdienen, und das Managen eines Iron Condors kann eine Herausforderung sein.

Beispiel für einen Iron Condor

Sie stellen fest, dass sich die YYY-Aktie in den letzten Monaten zwischen 55 und 65 Dollar bewegt hat. Im Moment steht die Aktie bei 62 Dollar. Im Februar beschließen Sie, einen Iron Condor zu verkaufen.

Trade: Geben Sie eine Order über den Verkauf des 65/70-April-Call-Spreads und des 50/55-April-Put-Spreads gegen eine Gesamt-Nettogutschrift von 2,05 Dollar ein.

Funktioniert der Trade wie erwartet, bleibt YYY bis zur Fälligkeit im April zwischen 55 und 65 Dollar. In diesem Beispiel verfallen alle Optionen wertlos und die Gutschrift von 205 Dollar ist Ihr Gewinn.

In einem Worst-Case-Szenario fällt YYY unter 50 Dollar oder steigt über 70 Dollar (die Basispreise der Long-Optionen). Somit könnten Sie die Differenz zwischen den Basispreisen der Calls (bei einem Aktienkurs über 70 Dollar) abzüglich der vereinnahmten Prämie oder die Differenz zwischen den Basispreisen der Puts (bei einem Aktienkurs unter 50 Dollar) abzüglich der Prämie verlieren.

In diesem Beispiel beträgt der maximale Verlust 295 Dollar (500 Dollar Differenz zwischen den Basispreisen minus 205 Dollar Nettogutschrift ergibt 295 Dollar).

CALENDAR SPREADS (LONG)

Bei Calendar Spreads (horizontale Spreads, auch „Time Spreads“ genannt) versucht man, den Zeitwert von Optionen mithilfe verschiedener Fälligkeitsdaten zu kassieren. Ziel ist es, den Unterschied zwischen dem Tempo des Zeitwertverlusts zum früheren und zum späteren Fälligkeitsdatum auszunutzen. Calendar Spreads gelten im Vergleich zum einfachen Kauf eines Calls oder Puts als weniger riskant, aber sie erfüllen einen völlig anderen Zweck. Man kennt hier ebenso wie bei anderen Optionsstrategien sein maximales Risiko im Voraus. Hingegen lässt sich der maximale Gewinn höchstens schätzen, denn man kann nicht wissen, was die Option, die man besitzt, wert sein wird, wenn der Trade endet.

Der Long Calendar Spread besteht aus zwei Optionen mit unterschiedlichem Fälligkeitsdatum. Man kann dafür Put- oder Call-Optionen nutzen; Calendar Spreads sind oft eine richtungsunabhängige Strategie, lassen sich aber auch richtungsbezogen einsetzen.

Man könnte beispielsweise 40er-August-Calls auf YYY verkaufen und 40er-November-Calls kaufen. Damit der Calendar Spread funktioniert, muss der August-Call schneller an Wert verlieren als der November-Call. Der potenzielle Gewinn beim Schließen der Position hängt davon ab, wie viel Prämie man für den Spread bekommt. Das gilt für alle Trades bei allen Strategien.

Diese Strategie lässt sich flexibel an den eigenen Ausblick bezüglich des Basiswerts anpassen. Sieht man den Basiswert neutral und glaubt, dass er sich in den nächsten ein oder zwei Monaten seitwärts bewegen wird, kann man einen Calendar Spread am Geld eingehen. Bleibt dann der Basiswert während der Laufzeit der Option unverändert, kann man mit einem Gewinn rechnen.

Dabei handelt es sich um einen Debit-Trade, denn man bezahlt für die November-Optionen mehr, als man für die August-Optionen bekommt. Der Calendar-Trader sagt voraus, wo die Aktie um die Fälligkeit im August stehen wird, denn den größten Gewinn bringt der Spread, wenn die frühere Option genau am Geld verfällt.

Beispiel für einen Calendar Spread

Trade: Die YYY-Aktie kostet im Mai 50 Dollar und Sie sind überzeugt, dass sie in den nächsten zwei Monaten seitwärts laufen wird. Sie verkaufen einen 50er-Juli-Call und kaufen einen 50er-August-Call, wofür Sie 2,00 Dollar bezahlen.

Wie Sie aus der Beschäftigung mit der Zeitprämie wissen, ist der kurzfristigere Call (Juli) billiger als der später fällige (August). Mit dieser Strategie will man die Zeit ausnutzen, man will also, dass die Short-Option mit der kürzeren Laufzeit wertlos verfällt und die Long-Option so viel wie möglich von ihrem Wert behält.

Maximales Risiko: Sie kennen den potenziellen Verlust im Voraus, nämlich die anfänglich bezahlte Prämie. Im obigen Beispiel beträgt der maximale Verlust 2,00 Dollar (pro Stück des Basiswerts).

Maximaler Gewinn: Der Gewinn kann beträchtlich ausfallen, ist aber unbekannt, weil er von der impliziten Volatilität zu dem Zeitpunkt abhängt, zu dem die Position geschlossen wird. Wie auch bei anderen Spreads ist es hier ratsam, die Position frühzeitig zu schließen.

Im Laufe der Zeit sinkt der Zeitwert beider Optionen. Funktioniert der Calendar Spread wie geplant, verliert die Short-Option schneller an Wert. Einen Monat vor der Fälligkeit kann der Spread 2,45 Dollar wert sein.

In diesem Beispiel könnten Sie 45 Dollar Gewinn erzielen, indem Sie den August-Call verkaufen und den Juli-Call kaufen, wofür Sie netto 245 Dollar bekommen. Da Sie 200 Dollar bezahlt haben, beträgt der Gewinn 45 Dollar.

Erfahrenen Tradern bietet diese Strategie zahlreiche flexible Möglichkeiten, aber probieren Sie sie erst dann aus, wenn Sie die vier einfachen Spread-Strategien beherrschen.

Anmerkung für Fortgeschrittene: Eine Variante des Calendar Spreads ist der diagonale Spread – ein Calendar Spread kombiniert mit einem Credit Spread. Bei dieser Strategie kauft man einen Call oder Put mit längerer Laufzeit und verkauft einen Call oder Put mit einem anderen

Basispreis und kürzerer Laufzeit. Obwohl dabei die potenziellen Gewinne und Verluste begrenzt sind, ist die Strategie kompliziert und eher für erfahrene Trader geeignet.

Beispiel für einen diagonalen Spread: Kaufen Sie einen 75er-Oktober-Call auf YYY. Verkaufen Sie einen 70er-September-Call. Beachten Sie, dass die gekaufte Option (Oktober) später fällig wird als die verkaufte (September). Beachten Sie außerdem, dass die gekaufte Option (Oktober, 75 Dollar) weiter aus dem Geld ist als die verkaufte (September, 70 Dollar).

Anmerkung: Das muss nicht zwingend ein Credit Spread sein. Je nach den Volatilitäten kann dieser Spread entweder eine Gutschrift bewirken oder eine Zahlung erfordern.

DER BUTTERFLY (LONG)

Der Butterfly ist eine Kombination aus einem Bull Spread und einem Bear Spread und er bietet ein begrenztes Risiko sowie einen begrenzten Gewinn. Anleger gehen einen Butterfly oft ein, um die gerade niedrige Volatilität auszunutzen. Der Name „Butterfly" wurde geprägt, weil das Gewinn-Verlust-Diagramm aussieht wie der Körper und die Flügel eines Schmetterlings.

Man baut einen Long Butterfly auf, indem man einen Call mit niedrigem Basispreis kauft, zwei Calls mit einem mittleren Basispreis verkauft und einen Call mit einem höheren Basispreis kauft. Alle drei Optionen sind am selben Tag fällig. Die beiden gekauften Optionen sind gleich weit vom mittleren Basispreis entfernt.

Ziel des Long Butterflys ist, dass der Basiswert bei nahender Fälligkeit auf dem mittleren Basispreis oder in dessen Nähe steht. Ist die Volatilität gering und die Aktie bewegt sich nicht allzu sehr, kann dieser Trade sehr erfolgreich sein. Vollzieht hingegen der Basiswert eine scharfe Bewegung in die eine oder die andere Richtung, kann man damit Geld verlieren. Da der Butterfly aus drei Teilen besteht, können die Gebühren ordentlich ins Geld gehen.

Beispiel für einen Butterfly

Hier nun ein Beispiel für einen Long Butterfly Spread: Die YYY-Aktie steht bei 60 Dollar. Kaufen Sie einen 55er-Februar-Call, verkaufen Sie zwei 60er-Februar-Calls und kaufen Sie einen 65er-Februar-Call. Dieser Butterfly ist am Geld.

Anmerkung: Ziel ist es, dass YYY in der Nähe des Basispreises von 60 Dollar bleibt, sodass der 55er-Call fünf Dollar wert wäre (und die anderen Optionen wertlos verfallen). Der Gewinn beträgt dann die fünf Dollar abzüglich dessen, was Sie beim Eingehen des Trades netto bezahlt haben.

Anmerkung: Das optimale Ergebnis kommt bei diesem Beispiel selten vor (denn es tritt nur dann auf, wenn der Basiswert zur Fälligkeit exakt bei 60,00 Dollar steht).

Geben Sie eine einzige Order über einen Butterfly Spread ein, keine einzelnen Orders. Der Butterfly kann sich für Options-Trader mit einer gewissen Erfahrung eignen (unter den fortgeschrittenen Strategien gilt er als die einfachste). Der Fallstrick, der dabei zu umgehen ist, besteht darin, dass man für einen Butterfly womöglich zu viel bezahlt. Außerdem sind nicht nur die potenziellen Verluste begrenzt, sondern auch der maximale Gewinn.

Noch wichtiger: Es ist nicht leicht, einen Basiswert zu finden, dessen Kurs sich bis zur Fälligkeit kaum ändert. Aus diesem Grund kann man einen aus dem Geld befindlichen Call-Butterfly kaufen, wenn man glaubt, dass die Aktie steigen wird, oder einen aus dem Geld befindlichen Put-Butterfly, wenn man bearish eingestellt ist.

Hinweis: Wählen Sie Ihr Kursziel für den Basiswert als mittleren Basispreis.

Herzlichen Glückwunsch! Sie haben jetzt mittelschwere und fortgeschrittene Trading-Strategien kennengelernt. (Es wird eine beträchtliche Zeit dauern, bis Sie vollständig verstehen, wie sie funktionieren.) Sie sollten sich auf jeden Fall damit beschäftigen und sie üben, bevor Sie dafür echtes Geld ausgeben.

Nun kommen Sie zum optionalen Teil des Buches. Es ist zwar von Vorteil, sich die Meinungen anderer Leute anzuhören, aber letztlich müssen Sie das tun, was Sie für das Beste halten. In diesem Sinne können Sie im nächsten Kapitel ein faszinierendes Interview lesen, das ich mit Sheldon Natenberg über die Bedeutung der Volatilität für den Handel mit Optionen geführt habe. Es dürfte Ihnen zusätzliche Einblicke in das Denken eines professionellen Traders bieten.

TEIL 6

ERNST GEMEINTE RATSCHLÄGE DES AUTORS

25

SHELDON NATENBERG: EIN PROFESSIONELLER OPTIONSHÄNDLER

Wenn man professionelle Trader nach dem Titel des einflussreichsten Buches über Optionen fragt, nennen sie mit größter Wahrscheinlichkeit Sheldon Natenbergs Buch „Option Volatility & Pricing" (McGraw-Hill). Damit richtet er sich zwar in erster Linie an professionelle Trader, aber seine Einsichten in die Bedeutung der Volatilität für die Ermittlung von Optionspreisen waren in der Welt der Optionen ein Durchbruch.

Natenberg begann seine Laufbahn als selbstständiger Marketmaker für Aktienoptionen an der Chicago Board Options Exchange (CBOE) und wechselte dann auf das Parkett des Chicago Board of Trade (CBOT). Er ist bei der Derivate-Eigenhandelsfirma Chicago Trading Company als Ausbildungsdirektor für die Schulung professioneller Optionshändler zuständig. Ich habe Natenberg zwischen zwei Kursen erwischt.

Was ist der verbreitetste Irrglaube in Bezug auf Optionen?

Das größte Problem aller Options-Trader, auch der Profis, ist die Idee der Volatilität, also der Geschwindigkeit des Marktes. Wenn jemand glaubt, der Markt werde steigen, neigt er dazu, Calls zu kaufen. Doch selbst wenn sich dann herausstellt, dass die Betreffenden richtiglagen und der Markt tatsächlich gestiegen ist, können sie damit Verlust machen. Aber warum haben sie Geld verloren? Der Kauf von Calls gilt als bullishe Positionierung und der Markt ist doch gestiegen. Aber natürlich ist Folgendes passiert: Der Markt ist zu langsam gestiegen, nicht schnell genug, um den Wertverfall der Option auszugleichen. Die Idee der Volatilität spielt auf dem Optionsmarkt eine besondere Rolle, aber sie ist bei vielen Strategien der maßgebliche Gesichtspunkt.

Sollten also Privatanleger über die Volatilität Bescheid wissen?

Man kann am Optionsmarkt zwei Dinge handeln. Man kann im Hinblick auf die Entwicklungsrichtung des Marktes handeln – man ist überzeugt, dass der Markt entweder steigt oder fällt. Oder man kann im Hinblick auf die Geschwindigkeit des Marktes handeln, also die Volatilität. Wie schnell wird sich der Markt bewegen? Zwei typische Volatilitätsstrategien sind der Straddle und der Strangle.

Die meisten professionellen Optionshändler kommen zu dem Schluss, dass sie die Entwicklungsrichtung des Marktes nicht besonders gut vorhersagen können, und deshalb konzentrieren sie sich auf dessen anderes Merkmal: die Geschwindigkeit des Marktes. Die meisten Menschen konzentrieren sich entweder auf das eine oder auf das andere. Ich glaube, bei Privatanlegern ist die Richtung die wichtigste Überlegung. Die meisten professionellen Händler traden auf Volatilität.

Meines Erachtens muss ein Nichtprofi die Kursaussichten mit einem Verständnis der Volatilität kombinieren und das ist nicht leicht. Schon mit dem Preis umzugehen ist ja schwer genug, aber sowohl mit dem Preis als auch mit der Volatilität umzugehen, zu diesem Aufwand sind die meisten Menschen nicht bereit. Wenn jemand die Entwicklungsrichtung des Marktes wirklich gut vorhersagen kann, dann bin ich dafür, Optionen zu vergessen und stattdessen die Aktie zu kaufen oder zu verkaufen.

Können Sie die Volatilität so erklären, dass ein Anfänger sie versteht?

Man könnte sagen, dass es zwei grundsätzliche Interpretationen gibt. Die eine ist die Volatilität des Underlying-Markts. Bewegt sich die Aktie pro Tag um fünf Dollar, um einen Dollar, um fünf Cent oder um zehn Cent? Die andere ist die implizite Volatilität, also das, was nach Meinung des Marktes passieren wird, und diese bestimmt die Preise von Optionen.

Dazu ein Beispiel, das wir in unserem Unternehmen oft benutzen. Man versucht morgens beim Aufstehen, herauszufinden, was man anziehen soll. Anders gesagt versucht man herauszufinden, wie das Wetter heute wird. Das ist natürlich das zukünftige Wetter.

Nehmen wir an, Sie sagen, die Sonne wird scheinen, weil die Wettervorhersage das behauptet. Sie schauen aus dem Fenster und alle haben Regenschirme dabei. Was drücken diese Menschen aus? Sie implizieren durch ihr Handeln, wie das Wetter ihrer Meinung nach werden wird. Wenn man tradet, wettet man im Grunde mit seinem Urteil gegen das Urteil des Marktes. Man wettet, dass es nicht regnen wird, obwohl alle Regenschirme dabeihaben.

Übertragen wir das nun auf den Optionshandel. Der Marktplatz glaubt, es würden gewisse Dinge passieren, und er legt den Optionen entsprechende Preise bei. Der Preis einer Option beruht auf dem Geschehen, das die Menschen erwarten. Und das, was ihrer Meinung nach geschehen wird, lässt sich in Volatilität übersetzen – die implizite Volatilität.

Sie verwenden also die Volatilität, um den Wert einer Option zu ermitteln?

Genau. Der Wert einer Option hängt theoretisch von der Volatilität des zugrunde liegenden Marktes ab – davon, wie schnell er sich bewegt. Die Trader versuchen so gut wie möglich einzuschätzen, wie die Volatilität während der Laufzeit der Option aussehen wird, also wie stark der Basiswert schwanken wird.

Die tatsächliche Volatilität, die niemand kennen kann, wird den Wert der Option bestimmen. Vielleicht kann ich das folgendermaßen ausdrücken: Bei allem, was gehandelt wird – ob es nun Optionen sind oder irgendetwas anderes –, geht es um das Verhältnis zwischen Preis und Wert. Wenn man etwas mit hohem Wert und niedrigem Preis sieht, will man es kaufen. Wenn man etwas mit hohem Preis und niedrigem Wert sieht, will man es verkaufen.

Die gleichen Urteile fällen auch Optionshändler, aber wir berechnen den Wert anhand eines theoretischen Preisbildungsmodells wie Black-Scholes. Das theoretische Preisbildungsmodell verlangt von uns ein Urteil über die Volatilität des Underlying-Markts während der Laufzeit der Option.

Man kann allerdings auch das Pferd von hinten aufzäumen und sagen: „Angenommen, ich kenne den Preis. Welche Volatilität impliziert der Markt beim Blick auf diesen Preis?" Gewöhnlich stellen sich Trader den theoretischen Wert als Volatilität während der Laufzeit der Option vor. Sie halten den Preis für die implizite Volatilität.

Kann ein Anfänger das zu seinem Vorteil nutzen?

Jeder, der mit Optionen handelt, sollte mit den Grundlagen der theoretischen Preisbildung vertraut sein. Die Frage ist, was man damit anfängt. Wenn die meisten Privat-Trader glauben, der Markt werde steigen, können sie mehrere Dinge tun. Natürlich können sie die Aktie kaufen. Sie können auch Calls kaufen. Die Frage ist, ob sie Calls kaufen sollen oder nicht. Sie sollten dann Calls kaufen, wenn sie glauben, dass sie ihnen einen Vorteil verschaffen.

Wenn die privaten Trader beispielsweise ein Modell benutzen, das besagt, der Call sei sechs Dollar wert, während er für vier Dollar gehandelt wird, dann bringt ihnen der Kauf von Calls theoretisch einen Vorteil von zwei Dollar. Wenn sie diesen Trade getätigt haben, gehen sie damit anders um als ein Profi, der gewisse Absicherungen einbauen würde. Auf lange Sicht kommt der Trader trotzdem mit dem Kauf eines Calls besser weg. Ist der Call sechs Dollar wert und kostet auch sechs Dollar, kann er hingegen genauso gut die Aktie kaufen.

Die meisten Privatkunden gehen von einer Vorstellung aus, ob eine Aktie steigen oder fallen wird. Und sie haben eine Meinung bezüglich ihrer Entwicklungsrichtung. Die nächste Frage lautet, ob sie am Optionsmarkt Vorteil aus ihrer auf die Richtung bezogenen Meinung ziehen sollten. Dafür können sie ein theoretisches Preisbildungsmodell wie das Black-Scholes verwenden.

Wie funktioniert ein Preisbildungsmodell wie Black-Scholes?

Wenn die Eingangsgrößen zutreffend sind, liefert einem das Modell einen Preis für die Option. Diesen vergleicht der Trader mit dem Marktpreis und entscheidet dann, ob er die Option kaufen oder verkaufen soll. Das Schwierige daran ist, dass man dabei eine Zahl für die Volatilität einsetzen muss. Die meisten Trader schauen sich Diagramme der früheren (historischen) Volatilität an, um die Zukunft vorherzusagen.

Zu welchen Schlussfolgerungen sind Sie hinsichtlich Volatilität und Preisbildung gekommen?

Die einfache Antwort lautet, dass die Menschen diesem Thema nicht genug Aufmerksamkeit schenken. Ihnen ist nicht klar, wie dramatisch sich Änderungen der Volatilität auf Optionen auswirken können. Das ist verwirrend, weil die Volatilität beim Optionshandel so wichtig ist und sie etwas ist, mit dem sich die meisten Menschen noch nie auseinandergesetzt haben. Man schaut sich die Abendnachrichten an und dort heißt es, der Markt sei heute wirklich volatil. Der Optionshändler fragt: Wie quantifizieren Sie das? Welche Zahl besagt, dass der Markt volatiler oder weniger volatil ist?

Ich gebe Ihnen dazu ein Beispiel. Die Idee der Volatilität basiert auf der Annahme, dass die Welt wie eine Glockenkurve aussieht. Anders gesagt: Wenn man die Verteilung der Preisänderungen grafisch darstellt, sollte sich theoretisch eine Glockenkurve ergeben. Dazu muss man sich die Frage stellen: Stimmt das auch? Und jeder weiß, dass es nicht stimmt.

„Volatilität“ ist eine andere Bezeichnung für „Standardabweichung“. Wenn man in ein Lehrbuch hineinschaut, dann ist da manchmal nicht von Volatilität, sondern von Standardabweichung die Rede. Aber natürlich beruht die Standardabweichung auf der Annahme, dass man es mit einer Normalverteilung zu tun hat, also mit einer Glockenkurve. Aber nichts, was gehandelt wird, entspricht exakt einer Normalverteilung. Und so versucht jeder, Anpassungen vorzunehmen, damit das Modell besser der wirklichen Welt entspricht. Wie hoch ist die Wahrscheinlichkeit, dass der Basiswert auf das Niveau steigt, das dazu führt, dass die Option soundso viel wert ist? Die Optionspreismodelle sind lediglich auf Wahrscheinlichkeiten basierende Modelle. Trifft man die richtigen Wahrscheinlichkeiten, bekommt man den korrekten Wert heraus.

Wie managen Profis Risiken?

Würde man sich eine professionelle Trading-Firma anschauen, hineingehen und analysieren, was die Trader machen, dann würde man feststellen, dass sie viel mehr Zeit damit verbringen, sich Sorgen um das Risiko der eingegangenen Position zu machen, als mit dem Versuch, exakt herauszufinden, ob sie die für den Markt richtigen Werte gefunden haben. Mangelndes Risikomanagement ist vielleicht der größte Fehler, den Trader begehen. Die Menschen sind nicht ausreichend für die Möglichkeiten sensibilisiert, wie sich die Marktbedingungen ändern und wie sich das auf Optionen auswirken kann.

Denken Sie einmal an Long-Term Capital Management (ein von einer Gruppe von Wissenschaftlern und Tradern betriebener Hedgefonds, der auf Optionen und andere Derivate spezialisiert war). Diese Leute waren so intelligent, wie es nur geht. Sie handelten vorwiegend auf Verhältnisse und Volatilität und ihre Verluste waren erheblich.

Wie konnte das passieren?

In unserem Geschäft ist es vom rein professionellen Standpunkt her für den intelligenten Handel mit Optionen erforderlich, sich auf zwei Dinge zu konzentrieren. Erstens die Frage, wie man herausfindet, wie viel eine Option wert ist. Verwendet man Black-Scholes oder ein anderes Modell? Aber alle Modelle beruhen auf den Gesetzen der Wahrscheinlichkeit. Es ist eine Tatsache, dass man Verlust machen kann, obwohl man alle Wahrscheinlichkeiten zutreffend ermittelt hat – denn auf kurze Sicht kann man schlicht Pech haben.

Man hört immer wieder von den schlimmen Dingen, die privaten Tradern und Firmen widerfahren – das ist meistens mangelnde Disziplin. Fehler macht jeder.

Zweitens die Frage, ob man seinen Fehler eingestehen, den Verlust wegstecken und zum nächsten Trade übergehen kann. Manche Menschen können ihren Fehler einfach nicht eingestehen und machen es nur noch schlimmer.

Ich denke da an Nick Leeson (den Futures-Händler, der im Alleingang die 233 Jahre alte Barings Investment Bank auslöschte). Nach dem, was ich gelesen habe, ist er kein schlechter Mensch. Bloß begann er auf eine Art und Weise Geld der Firma zu verlieren, wie er es nicht hätte tun sollen, und sein Ego ließ ihn nicht eingestehen, was passierte.

Und wie plant man nun im Hinblick auf das voraus, was schiefgehen könnte?

Man fragt sich nicht nur, welche schlimmen Dinge passieren können, sondern auch, was man zu tun gedenkt, wenn man Pech hat. Man muss vorbereitet sein. Wenn man nicht vorbereitet ist, verfällt man in eine Starre. Das ist fast jedem Trader schon einmal passiert. Die Dinge wenden sich gegen einen, man hat darüber nicht nachgedacht und hat jetzt keine Ahnung, was man machen soll. Dabei geht es nicht nur um Pech. Professionelle Trader fragen auch: Wenn es wie gewünscht läuft und ich richtig Glück habe, was soll ich dann tun, um meinen Gewinn zu maximieren? Es geht also nicht nur darum, was ich tun soll, um meine Verluste zu minimieren, wenn es schlecht läuft, sondern auch darum, was ich tun soll, um meine Gewinne zu maximieren, wenn es gut läuft.

Bringt Software etwas?

Ohne Software könnte man gar nicht mit Optionen handeln – sie ist unschätzbar wertvoll. Man darf aber auch nicht Sklave der Software sein. Die Software bringt nur etwas, wenn man weiß, was dahintersteht. Man bekommt beispielsweise Software, die einem sagt, was eine Option unter gewissen Umständen wert ist. Und das, was Modelle wie Black-Scholes wirklich wertvoll macht, ist, dass man fragen kann: Was passiert, wenn sich die Bedingungen auf eine bestimmte Weise ändern? Was wird meine Position dann machen oder wie wird sie aussehen? Man muss ein breites Spektrum an Möglichkeiten berücksichtigen. Man kann nicht für alle Szenarien vorausplanen, aber man muss seinen Horizont über das hinaus erweitern, was die Menschen normalerweise tun.

Ich benutze Software, um herauszufinden, wie meine Position aussehen wird, wenn sich der Marktpreis ändert, wenn sich die Volatilität ändert, wenn die Zeit vergeht oder wenn sich die Zinsen ändern. Alle diese verschiedenen Dinge können ja am Markt passieren. Man muss sich selbst fragen, was einem die größten Sorgen bereitet. Und was mache ich, wenn sich die Dinge gegen mich wenden?

Was ist besser, Optionen auf Indizes oder auf Aktien?

Wir finden es leichter, mit Index-Optionen zu handeln als mit einzelnen Aktien, aber wir handeln auch mit einzelnen Aktien. Bei Aktien muss man viel mehr Recherche betreiben. Das hängt eigentlich davon ab, wie man zu handeln versucht. Eine professionelle Marketmaking-Firma will bei einem großen Umschlag viele kleine Gewinne erzielen, während der durchschnittliche Privat-Trader versucht, bei einem geringen Umschlag große Gewinne zu erzielen.

Ein Trader hat einmal gesagt: „Professionelles Trading ist, wie wenn man vor einer Planierraupe Groschen aufsammelt. Damit kann man viel Geld verdienen, aber man sollte dabei die Planierraupe im Auge behalten." Wenn nicht, wird man überfahren.

Wir handeln große Stückzahlen. Wir versuchen, an der Geld-Brief-Spanne Geld zu verdienen, indem wir zum Geldkurs kaufen und zum Briefkurs verkaufen. Wir freuen uns über viele kleine Gewinne, während ein Privatkunde den nächsten Hot-Stock kaufen will. Für uns ist es leichter, an den Index- oder Zinsmärkten viele kleine Treffer zu landen, weil es leichter ist, mit den Charakteristika dieser Märkte umzugehen.

Welchen Ratschlag würden Sie Tradern noch geben?

Der wichtigste Ratschlag, den ich auch Profis gebe, ist, dass man so viele Strategien wie möglich lernen sollte. Man sollte hingehen und alle möglichen Strategien ausprobieren, die man jemals gelernt hat, das allerdings in einem wirklich kleinen Maßstab. Wenn man hingeht und einen oder zwei Kontrakte handelt, bringt einen das nicht um. Wenn man das in der realen Welt macht, lernt man viel. Ein Problem vieler Trader, auch von Profis, ist, dass sie mit einem bisschen Wissen in größerem Maßstab traden wollen, ihnen aber nicht klar ist, welche schlimmen Dinge dabei passieren können.

Ich möchte niemanden vom Optionshandel abbringen, denn ich halte ihn für ein faszinierendes Gebiet. Aber man muss realistisch sein. Es ist nicht leicht und da gibt es vieles zu lernen. In unserer Firma, der Chicago Trading Company, lernt man mindestens ein Jahr lang, bevor man überhaupt traden darf.

Gibt es ein Geheimnis, das die Profis kennen, wir aber nicht?

Nein! Manchmal sehe ich einer Zeitung eine Werbeanzeige, dass jemand in die Stadt kommt und die Leser dazu einlädt, die Geheimnisse der Profis zu erfahren. Es gibt aber keine Geheimnisse. Das einzige Geheimnis ist harte Arbeit.

Die meisten Privatkunden betrachten den Optionshandel als Hobby. Daran ist nichts auszusetzen, aber man kann nicht erwarten, so gut zu sein wie ein professioneller Händler, wenn man nicht bereit ist, die entsprechende Zeit und Mühe aufzubringen. Ein Profi wendet mehr Zeit und Mühe auf, weil davon sein Lebensunterhalt abhängt.

Nehmen wir an, jemand liest Ihr Buch und will professionell traden.

Egal, wie gut ein Buch ist, es kann einem nicht alle Aspekte des Handels bieten, wenn man nicht in die wirkliche Welt hinausgeht und es selbst tut. Das ist, wie wenn man einen Kurs besucht. Egal, wie gut der Kursleiter ist, egal, wie gut der Kurs ist – er liefert einem lediglich die Grundlagen, um in die wirkliche Welt hinauszugehen, aber er versetzt einen nicht in jede einzigartige Situation, der man ausgesetzt sein wird.

Was braucht es, um zum erfolgreichen Trader zu werden?

Vom professionellen Standpunkt her muss man gut mit Zahlen umgehen können. Man braucht kein Mathematiker zu sein, aber man muss Zahlen schnell verarbeiten können. Wir haben beim Optionshandel festgestellt, dass Menschen, die auf Wahrscheinlichkeiten basierende Spiele wie Schach, Bridge oder Poker mögen, oft auch gut mit Optionen umgehen können, weil sie die verschiedenen Wahrscheinlichkeiten abschätzen können und einschätzen können, wie die Dinge zusammenpassen.

Um in diesem Geschäft erfolgreich zu sein, muss man diszipliniert sein und bereit sein, Verluste zu akzeptieren. Man muss auch jeden Tag neue Entscheidungen treffen. Nehmen wir an, ich kaufe eine Aktie für 100 Dollar und jetzt steht sie bei 98 Dollar. Da muss ich die Frage ausblenden, ob ich die Aktie zu 100 Dollar hätte kaufen sollen. Ich muss die gestrige Entscheidung hinter mir lassen und auf die heutigen neuen Bedingungen schauen. Vielleicht glaube ich, dass die Aktie steigen wird. Vielleicht meine ich, ich sollte Aktien nachkaufen. Vielleicht wird mir auch klar, dass ich einen Fehler gemacht habe, ich nehme meine zwei Dollar Verlust mit und suche mir eine andere Aktie. Aber genau in dem Moment, in dem man einschläft, kommt der Markt daher und beißt einen.

Nachdem Sie nun ein paar Einblicke in das Denken und Handeln eines Profis bekommen haben, enthält das nächste Kapitel meine Liste empfohlener Bücher und Kurse sowie meine Meinung über kostspielige Optionsseminare.

26

WO MAN HILFE BEKOMMT

Nachdem ich seit mehreren Jahren über Optionen recherchiere, mit ihnen handele und sie studiere, habe ich ein paar Bemerkungen vorzubringen, die hilfreich sein könnten. Sie mögen mit meinen Schlussfolgerungen einverstanden sein oder auch nicht, bedenken Sie aber, dass das bloß meine Meinungen sind. Fangen wir damit an, dass wir uns ein paar Anlaufstellen anschauen, die Sie aufsuchen können, wenn Sie zusätzliche Hilfe benötigen oder – noch besser – wenn Sie sich noch intensiver zum Thema Optionen bilden wollen.

TELEFONNUMMER

1-888-OPTIONS (1-888-678-4667)

Das ist die Telefonnummer des Options Industry Council (OIC), des Bildungszweigs der US-amerikanischen Optionsbörsen und der Options Clearing Corporation (OCC). Wenn bei der Lektüre meines Buches Fragen über den Optionshandel aufgekommen sind, dann ist das *die* Telefonnummer, die Sie anrufen sollten. Die Mitarbeiter sind äußerst kompetent und hilfsbereit (rufen Sie aber nicht wegen einer Anlageberatung an). Sie können auch per E-Mail Fragen an options@theocc.com richten. Die Mitarbeiter werden alle Fragen – von Grundlagen bis Butterflys – zügig beantworten.

ONLINE-RESSOURCEN

www.optionseducation.org

Das ist die Website des OIC, eine ausgezeichnete Website voller Schulungsmaterial und mit kostenlosen Optionskursen. Dort gibt es auch spezielle Optionsrechner, die Ihnen wichtige Informationen wie etwa die implizite Volatilität und das Delta liefern. Zusätzlich bietet die Seite kostenlose Onlinekurse, Videos, Podcasts, Forschungsartikel und Live-Seminare. Auf dieser Website können Sie also online mit sehr erfahrenen Mitarbeitern chatten. Und schließlich gibt es dort Hunderte von Artikeln über Optionen zu allen möglichen Themen von Steuern bis Griechen.

www.cboe.com

Das ist die Website der Chicago Board Options Exchange (CBOE), eine informative Website, die kostenlose Optionskurse bietet, eine Option Chain und einen Rechner, um den theoretischen Wert einer Option zu ermitteln. Sie bietet außerdem Onlinekurse, Live-Seminare und Webcasts. Diese Website steckt voller nützlicher Schulungsinformationen. Außerdem gibt es dort eine praktische Option-Chain-App, mit der man sich auf einem mobilen Gerät Kurse ansehen kann. Fast alles, was man über Optionen wissen muss, gibt es auf dieser Seite.

Außerdem bieten folgende Websites detaillierte Artikel und Meldungen über Aktien und Optionen:

Finance.yahoo.com (Yahoo! Finance)
Money.cnn.com (Money)
www.barrons.com (Barron's)
www.bloomberg.com (Bloomberg)
www.briefing.com (Briefing)
www.cnbc.com (CNBC)

www.fool.com (Motley Fool)
www.foxbusiness.com (Fox Business News)
www.forbes.com (*Forbes*)
www.ft.com (*Financial Times*)
www.google.com/finance (Google Finance)
www.investopedia.com (Investopedia)
www.investors.com (*Investor's Business Daily*)
www.kiplinger.com (Kiplinger)
www.marketwatch.com (MarketWatch)
www.money.msn.com (MSN Money)
www.moneyshow.com (The Money Show)
www.morningstar.com (Morningstar)
www.nasdaq.com (Nasdaq)
www.nyse.com (New York Stock Exchange)
www.quote.com (Quote.com)
www.sec.gov (SEC)
www.seekingalpha.com (Seeking Alpha)
www.smartmoney.com (*SmartMoney*)
www.stockcharts.com (Stockcharts)
www.thestreet.com (The Street)
www.tradersexpo.com (Trader's Expo)
www.valueline.com (Value Line)
www.wikiinvest.com (Wikiinvest)
www.wsj.com (*Wall Street Journal*)

OPTIONSRECHNER UND SOFTWARE

Die meisten großen Brokerhäuser bieten Software, die Optionen und Optionsstrategien vergleicht, analysiert und bewertet. Es ist mehr als wahrscheinlich, dass Sie die Software, nachdem Sie ein Depot eröffnet haben, kostenlos erhalten. Falls nicht, bieten die CBOE und das OIC online und für mobile Geräte Optionsrechner, die Ihren Bedürfnissen entsprechen dürften.

Wenn Sie zusätzlich auch die Griechen, die implizite Volatilität oder eine Option Chain sehen wollen, bieten fast alle Brokerfirmen entsprechende Online- und mobile Anwendungen.

WEITERFÜHRENDE LEKTÜRE

Optionshandel – Anfänger bis Mittelstufe

Nachdem Sie mein Buch gelesen haben, empfehle ich folgende Bücher über Optionen:

„The Rookie's Guide to Options", 2. Auflage, von Mark Wolfinger

Wolfingers Buch ist gut recherchiert und richtet sich an erfahrene Neulinge. Das Beste daran: Wolfinger bespricht ausführlich die Wahlmöglichkeiten bei jedem Trade und die Gründe, weshalb man Schritte unternehmen sollte oder nicht. Es gibt wenige Menschen, die über Optionen so viel wissen wie dieser Autor. Vollständige Offenlegung: Ich kenne ihn persönlich.

„Options for the Beginner and Beyond", 2. Auflage (FT Press 2013), von W. Edward Olmstead

Olmstead gelingt es gut, die beliebtesten Optionsstrategien in verständlicher Sprache zusammenzufassen. Das Beste daran: Das Buch enthält zahlreiche Beispiele für diverse Strategien aus dem wirklichen Leben.

„Characteristics and Risks of Standardized Options" (Options Clearing Corporation)

Diese von der Options Clearing Corporation (OCC) herausgegebene Broschüre ist eine Pflichtlektüre und man bekommt sie kostenlos auf den Websites der OCC und der CBOE. Die Broschüre ist Pflichtlektüre für Optionshändler, auch wenn sie höchst technisch ist. Nachdem Sie mein Buch gelesen haben, sollten Sie in der Lage sein, diese Broschüre zu verstehen.

Fortgeschrittenes Trading

„Options as a Strategic Investment", 5. Auflage (Prentice-Hall 2012), von Lawrence G. McMillan

Dieser 900-Seiten-Klassiker wird in vielen Colleges als Lehrbuch verwendet. Er ist nicht so technisch wie andere Optionsbücher für Fortgeschrittene und deshalb leichter zu lesen. Trotzdem ist das Buch eine Pflichtlektüre für jeden, der eine Laufbahn als professioneller Optionshändler anstrebt. McMillan stellt alle nur denkbaren Optionsstrategien vor.

„Optionen, Futures und andere Derivate" (Pearson Studium 2019) von John C. Hull

Dieses klassische Tausend-Seiten-Buch gilt als Bibel der Optionen und Derivate. Der Autor ist ein auf diesem Gebiet anerkannter Experte und liefert viele Beispiele für die Konstruktion von Optionen und ihre Preisbildung.

„Option Volatility & Pricing" (McGraw-Hill 1994) von Sheldon Natenberg

Dies ist ein zum Nachdenken anregendes Buch über die Auswirkungen der Volatilität auf die Preisbildung von Optionen. Es sei erfahrenen Optionshändlern, die Erkenntnisse über die implizite Volatilität wollen, zur Lektüre empfohlen. Ich war von Natenbergs Buch derart beeindruckt, dass ich ihn für dieses Buch interviewt habe.

SEMINARE UND KURSE

www.optionseducation.org

Die Website des OIC beinhaltet massenhaft Schulungsmaterial und nützliche Informationen. Sie bietet auch kostenlose Onlinekurse und kostenlose Seminare im ganzen Land, in denen die Grundlagen und auch fortgeschrittene Strategien gelehrt werden. Das Beste daran ist, dass man hier kostenlos und ohne an Bedingungen geknüpft lernt, was man wissen muss.

www.cboe.com

Hier kann man sich zu Kursen in verschiedenen Preisklassen anmelden (von 0 bis 2.000 Dollar), in denen man alles lernt, was man über Optionen wissen muss, von Anfänger- bis fortgeschrittene Strategien.

WEITERFÜHRENDE KURSE

Erkundigen Sie sich bei Ihrem örtlichen Volkshochschule oder Ihrer örtlichen Hochschule nach erschwinglichen Optionskursen. An den Hochschulen gibt es entweder separate Kurse über Optionen oder das Thema wird in einem Kurs über Finanzwesen behandelt. Wenn Sie sich auf eine Brokerlizenz Series 7 vorbereiten, müssen Sie mit der Konstruktion von Optionen und ihrer Preisbildung gründlich vertraut sein. Viele Schulen bieten Series-7-Kurse an, die auch eine detaillierte Behandlung von Optionen beinhalten.

INVESTMENTCLUBS

Suchen Sie im Internet nach örtlichen Investmentclubs und Investmentseminaren. Normalerweise werden zu den Versammlungen kompetente Gastredner eingeladen. Dort können Sie auch andere Optionsanleger kennenlernen, sodass Sie die Möglichkeit haben, Gedanken auszutauschen und Fragen zu stellen.

WAS IST MIT HOCHPREISIGEN OPTIONSKURSEN FÜR PRIVATE TRADER?

Meines Erachtens sollten Sie es sich zweimal überlegen, ob Sie einen kostspieligen Kurs für Privatanleger besuchen sollten, für den 4.000 bis 30.000 Dollar (oder 15.000 Dollar, wenn Sie noch heute buchen) anfallen – für zwei- bis fünftägige Kurse, in denen Strategien gelehrt werden, die Sie auch in diesem Buch lernen können.

Die Leiter dieser Kurse lehren hauptsächlich spekulative Strategien, die dafür gedacht sind, Geld zu verdienen, wenn man wenig oder gar kein Geld hat. Sie verleiten einen auch zu dem Glauben, je komplizierter die Strategie und je schicker der Name, umso mehr Geld verdiene man damit. Daher besteht die einzige Möglichkeit, Gewinn zu erzielen, darin, zusätzliche Kurse zu besuchen und die zugehörige Software zu kaufen.

Ich wurde einmal zu einem kostenlosen Workshop eingeladen, der dafür gedacht war, mich und 30 weitere Teilnehmer davon zu überzeugen, ein teures Optionsseminar zu buchen. Der Kursleiter sagte buchstäblich alles, was uns dazu bringen konnte, den vierseitigen Vertrag zu unterzeichnen. Er rechtfertigte den Seminarpreis von 4.000 Dollar damit, man gebe ja mindestens so viel für einen Großbildfernseher aus. „Und wir können Ihnen garantieren, dass Sie das gesamte Geld mit einem Jahr Trading wieder hereinholen“, versprach der Kursleiter dem Publikum.

Das Witzigste, was der Kursleiter sagte, war, dass wir keine Bücher über den Optionshandel lesen sollten, weil wir uns nicht an das erinnern würden, was wir gelesen hätten. Das Zweitwitzigste war, man bringe uns in den Seminaren nur Strategien mit geringem Risiko und hoher Rendite bei.

Der Kursleiter sagte auf dem Workshop, das Geheimnis des erfolgreichen Tradings beinhalte den Kauf billiger aus dem Geld befindlicher Call-Optionen auf Aktien mit geringer Volatilität – wie beispielsweise Walmart – wenige Wochen vor der Bekanntgabe der Geschäftszahlen und den Verkauf, sobald die Aktie um zwei, drei oder vier Punkte gestiegen ist. „Damit kann man an einem Tag 3.780 Dollar verdienen!", rief er aus.

Ich stellte ihm folgende Frage: „Wie hoch ist die Wahrscheinlichkeit, dass eine wenig volatile Aktie wie Walmart nach einer Ergebnismeldung um so viele Punkte steigt?" Seine Antwort: „Dazu kommen wir später." Dann setzte er hinzu: „Man kann ja immer noch einen Bull Call Spread (einen Hausse-Spread aus Calls) konstruieren."

Anmerkung für den Kursleiter: Es ist Jahre her, dass Walmart nach einer Ergebnismeldung um mehr als einen Punkt gestiegen ist. Und ein Bull Call Spread rettet einen da nicht.

MEINE ANSICHT

Was ich denke? Bei vielen Brokerfirmen und auf unabhängigen Websites gibt es ausgeklügelte Softwareprogramme, die nach mehreren Kriterien suchen und fortgeschrittene Optionsberechnungen durchführen können – diese werden den Kunden kostenlos zur Verfügung gestellt. Rufen Sie Ihre Brokerfirma an und schauen Sie, was sie anbietet, oder suchen Sie im Internet. Also bevor Sie Tausende Dollar für Software hinblättern, die Ihnen angeblich die besten Kauf- und Verkaufszeitpunkte angibt, nutzen Sie die kostenlose Software, die Ihre Brokerfirma anbietet.

Auch macht es einen Unterschied, ob man eine Schule beziehungsweise Hochschule besucht, an der Trading unterrichtet wird, oder ob man ein Seminar besucht, das einem beim Erlernen spekulativer Strategien hilft. Zu lernen, wie man mit Optionen handelt, ist nicht so einfach, wie ein Softwareprogramm zu kaufen. Wenn jemand wirklich ein

Softwareprogramm erstellt hätte, das von Zauberhand die richtigen Optionen auswählt, die man kaufen oder verkaufen sollte, dann würde er es nicht mit Ihnen und mir teilen.

Außerdem: Wie sollen diese Softwareprogramme (und die webbasierten Dienstleistungen, die gegen eine monatliche Gebühr angeboten werden) mit den Programmen konkurrieren können, die von Brokerfirmen oder Optionsbörsen zur Verfügung gestellt werden und deren Entwicklung Millionen Dollar gekostet hat? Die Wahrheit ist, dass es kein Geheimsystem gibt, das einen reich macht.

Bei solchen Seminaren sind die Menschen immer von Spreads fasziniert. Das Verkaufsargument lautet, dass man die Prämie der einen Hälfte durch die Prämie der anderen Hälfte finanziert. Im Seminarraum funktioniert das alles hervorragend, aber in der wirklichen Welt des Tradings funktioniert keine Strategie derart perfekt.

Manche Leiter solcher Seminare fragen: „Wie viel Geld wollen Sie verdienen?“ Sie sollten dann sofort die Gegenfrage stellen: „Wie viel Geld kann ich dabei verlieren?“

Im Seminarraum, unter Laborbedingungen, ist es ganz leicht, Optionen zu finden, die zu einer bestimmten Strategie passen. Im richtigen Leben ist es allerdings schwerer, als man denkt, Optionen zu finden, die den Kriterien entsprechen. Und je komplexer die Strategie, umso mehr Variablen muss man berücksichtigen.

Es gibt eine grundlegende Wahrheit, die einem viele Kursleiter nicht mitteilen. Viele Spekulanten machen Verlust, auch wenn sich der exakte Prozentsatz schwer feststellen lässt. Andererseits kann man sehr gut damit fahren, dass man Optionen im Rahmen einer geplanten Strategie einsetzt, um sein Einkommen zu steigern, oder als Methode des Aktienkaufs – beides bei geringerem Risiko.

Ebenfalls wahr ist, dass viele Menschen meinen, je teurer etwas ist, desto wertvoller sei es. Deshalb könnte man meinen, der Kurs für 30.000 Dollar bringe mehr als ein kostenloser Kurs. Das stimmt aber nicht. Sie sollten mit der Buchung solcher überteuerten Kurse sehr vorsichtig sein. Die gleichen Informationen bekommen Sie so gut wie kostenlos beim OIC, bei der CBOE, bei Ihrer Brokerfirma oder in einem Onlinekurs.

Nachdem Sie nun wissen, wo Sie Hilfe bekommen, werde ich Ihnen einige der Lektionen vorstellen, die ich über Optionen gelernt habe.

27
LEKTIONEN, DIE ICH ÜBER OPTIONEN GELERNT HABE

Genauso wie ich überzeugt bin, dass man etwas über den Aktienmarkt und darüber lernen sollte, wie man daran teilnimmt, finde ich, dass man etwas über den Optionsmarkt und darüber lernen sollte, wie man daran teilnimmt. Es gibt Zeiten, zu denen man Optionen aus allen Gründen braucht, die ich in diesem Buch erwähnt habe: Einkommen, Spekulation, Absicherung und Versicherung. Richtig eingesetzt sind Optionen ein hervorragendes Werkzeug, um sein Portfolio zu managen und seine Renditen zu steigern.

Meiner Meinung nach sollte man mit dem Verkauf gedeckter Kaufoptionen anfangen. Wenn Sie mich fragen, ob ich lieber Käufer oder Verkäufer von Optionen bin, dann entscheide ich mich für den Verkäufer. Der Verkauf gedeckter Calls ist eine defensive Optionsstrategie, die mir nicht den Schlaf raubt (solange ich mich für den richtigen Basiswert entscheide). Ich persönlich bin überzeugt, dass jeder, der am Besitz von Aktien interessiert ist, die Strategie der gedeckten Kaufoption einsetzen sollte, zumindest wenn er sich zum ersten Mal mit Optionen befasst und der Aktienmarkt leicht bullish ist.

Anderer Vorschlag: Fragen Sie bei Ihrem Broker nach, ob Sie im Rahmen Ihrer Altersvorsorge gedeckte Kaufoptionen verkaufen dürfen. Dann erhalten Sie nicht nur Prämien aus dem Verkauf gedeckter Calls im Rahmen eines steuerlich geförderten Plans, sondern Sie bezahlen auch erst dann Steuern, wenn Sie das Geld entnehmen (klären Sie das auf jeden Fall mit einem Steuerberater oder dem Anbieter des Plans ab). Solange man sich der Risiken bewusst ist, ist diese Strategie für viele langfristig orientierte Anleger sinnvoll.

Ich bin auch überzeugt, dass sich mehr Menschen mit der Protective-Put-Strategie befassen sollten, besonders mit dem Kauf von Puts auf ETFs. Long-Positionen auf Aktien und Indexfonds mit ETF-Put-Optionen zu schützen ist eine wirksame Versicherung und kann dazu beitragen, Ängste zu dämpfen. Zwar bieten Protective Puts keine hundertprozentige Sicherheit, aber sie retten das Portfolio bei Crashs oder Korrekturen. Leider sind Protective Puts teuer, sodass man sie wohl nicht allzu oft einsetzt.

Gelegentlich kommt eine spekulative Chance (zum Beispiel ein marktbewegendes Ereignis) daher, die man ergreifen kann. Das passiert wahrscheinlich nicht oft, aber wenn es passiert, sollte man darauf vorbereitet sein, daraus einen Vorteil zu ziehen.

Worin bestehen solche Gelegenheiten? Manchmal sind es Empfehlungen eines Finanzprofis, aber viel wahrscheinlicher ist es, dass sie aus Ihrer eigenen Recherche resultieren. Um als Spekulant konsequent Geld zu verdienen, muss man allerdings hart arbeiten. Es ist zwar möglich, zu der Minderheit zu gehören, die mit Optionsspekulationen regelmäßig Geld verdient, aber leicht ist das nicht.

Es gibt auch Zeiten, zu denen man eine Aktie kaufen, aber dafür nicht das entsprechende Kapital einsetzen möchte. Der Optionsmarkt ermöglicht es, eine verhältnismäßig kleine Investition mit der Chance auf einen hohen Ertrag zu tätigen. Solange Sie den Basiswert gründlich recherchieren und richtig entscheiden, welche Option Sie kaufen und wie viel Sie dafür bezahlen, kann Ihr Trading profitabel sein und Sie können sogar das eine oder andere Mal einen jener unglaublichen Volltreffer landen.

Empfehlung: Bevor Sie eine Position eingehen, planen Sie ein, was schiefgehen könnte. Deshalb brauchen Sie Regeln für den Einstieg in einen Trade und für den Ausstieg. Wenn Ihr Trade nicht so klappt wie geplant, ist Verlustbegrenzung einer der klügsten Schachzüge, die Sie machen können.

Eine Richtlinie besagt, dass man die Position bei einem vorher festgelegten Zielkurs schließen sollte. Wenn man nicht aufpasst, kann sich ein kleiner Verlust leicht in einen großen verwandeln. Man braucht gute Gründe (Hoffnung ist kein solcher Grund), um die Position beizubehalten. Andernfalls begrenzen Sie Ihre Verluste und suchen Sie nach einem anderen Trade.

Funktioniert der Trade hingegen wie geplant, überlegen Sie sich, Geld vom Tisch zu nehmen. Eine der wichtigsten Maßnahmen, die Sie ergreifen können, ist die Sicherung Ihrer Gewinne. Dadurch, dass Sie sich Gewinne sichern, bleibt Ihnen genug Geld, um ein weiteres Mal zu traden. Lassen Sie nicht zu, dass sich eine im Gewinn stehende Position in einen Verlierer verwandelt.

Noch wichtiger ist, dass Sie sich vor großen Verlusten schützen. Vergessen Sie nicht, dass der profitabelste Trade, den Sie machen können, manchmal darin besteht, eben nicht zu traden. An der Seitenlinie zu verharren ist oft die beste Strategie.

Als ich Daniel – dem Freund von mir, der innerhalb von drei Tagen mit Optionen 130.000 Dollar gewonnen und wieder verloren hatte – erzählte, dass ich das vorliegende Buch schreibe, gab er mir folgenden Rat: „Sag deinen Lesern, wenn sie mit Optionen handeln wollen, sollten sie ihr Depot lieber überwachen. Man muss das machen, was man für richtig hält, und darf sich nicht auf das verlassen, was einem irgendjemand sagt, dass man es tun soll." Ein guter Rat.

Bevor ich mich verabschiede, hier noch sechs Bemerkungen:

1. Wenn Sie beim Trading mehr Verlust als Gewinn machen, müssen Sie etwas ändern. Vielleicht klappt es ja mit einer neuen Strategie.
2. Wichtig ist nicht, wie viel Geld Sie verdienen, sondern wie viel Sie behalten.
3. Niemand sorgt sich mehr um Ihr Geld als Sie selbst (und glauben Sie mir, ich spreche da aus Erfahrung).
4. Hören Sie nie auf, zu lernen, und glauben Sie nicht, Sie wüssten alles über Optionen.
5. Üben Sie das Trading, bevor Sie echtes Geld investieren.
6. Glückwunsch! Sie sind kein Anfänger mehr.

ZUM GUTEN SCHLUSS: WAS SIE JETZT TUN SOLLTEN

Noch einmal danke, dass Sie sich die Zeit genommen haben, mein Buch zu lesen. Ich hoffe, ich konnte Ihnen etwas über Optionen beibringen, ohne dass es verwirrend oder langweilig klang. Wie ich am Anfang geschrieben habe, war es mein Ziel, der erste Mensch zu sein, der ein leicht zu lesendes Buch über Optionen schreibt. Nachdem Sie nun mein Buch gelesen haben, dürften Ihnen andere Bücher über Optionen leichter verständlich sein. Ich habe ein Geheimnis: Ich habe beim Schreiben dieses Buches Methoden verwendet, die ich als Lehrer gelernt habe. Hoffentlich haben sie funktioniert.

Inzwischen denken Sie vielleicht daran, die Strategien mit echtem Geld auszuprobieren. Dabei ist aber keine Eile geboten. Fühlen Sie sich nicht unter Druck, den Optionsmarkt zu betreten, bevor Sie dafür bereit sind. Mein Buch ermöglicht Ihnen zwar einen soliden Start, aber es gibt noch viel mehr zu lernen.

Wenn Sie bereit sind, werden Sie erstaunt sein, wie sich Ihre Einstellung ändert, sobald Sie echtes Geld investieren. Sie mögen Begeisterung empfinden, wenn Sie einen Gewinn erzielen, aber auch Qual, wenn Sie einen Verlust erleiden. Einer der Schlüssel zum erfolgreichen Trading ist, besonnen und diszipliniert zu sein und das auch unter volatilen Bedingungen. Es ist schwer, in einem Buch Disziplin zu lehren, aber mit zunehmender Erfahrung werden Sie lernen, was Sie nicht tun sollten.

Das Wichtigste ist: Wenn Sie das in diesem Buch Gelernte nutzen können, um beständige Gewinne oder gelegentlich sogar einen riesigen Gewinn zu erzielen, haben Sie Ihre Zeit gut genutzt (und das würde mich für Sie sehr freuen). Viel Glück, ich wünsche Ihnen viel Erfolg beim Trading mit Optionen.

Wenn Sie Anmerkungen oder Fragen zu meinem Buch haben, zögern Sie nicht, mir eine E-Mail an msincere@gmail.com zu senden. Außerdem: Wenn Ihnen Fehler auffallen, lassen Sie es mich bitte wissen, damit ich sie in der nächsten Auflage korrigieren kann. Und schließlich, wenn Sie Zeit haben, können Sie gern auf meiner Website www.michaelsincere.com vorbeischauen. Ich hoffe, ich höre bald von Ihnen.

DANKSAGUNGEN

Dank an Zach Gajewski und Peter McCurdy, meine Lektoren bei McGraw-Hill, dafür, dass sie zusammen mit mir an der Entwicklung dieses Buches gearbeitet haben und außerordentliche Vorschläge und Korrekturen beigetragen haben. Ohne diese Hilfe wäre die zweite Auflage nicht zustande gekommen.

Ich möchte Sheldon Natenberg dafür danken, dass er sich die Zeit genommen hat, mit mir über Volatilität und Optionsbewertung zu sprechen.

Ich möchte auch Joe, Dave, Darren, Bill und Juanita von der Abteilung Investor's Service der OCC für die geduldige Beantwortung aller meiner Fragen am Beratungstelefon danken.

Dank an Hazel Garcia als exzellente Assistentin; Paula Florez für ihre Hilfe bei der Transkription von Aufnahmen; an den Webdesigner Ryan Saunders, der spitzenmäßige Websites erstellt hat; Jonathan Burton von MarketWatch.com für die Schreibgelegenheiten; Steva Kail, die mich in die richtige Richtung gelenkt hat; und Laura Libretti bei McGraw-Hill für ihre klugen Ratschläge in Sachen Verlagswelt.

Ich möchte auch meinen Freundinnen und Freunden danken: Lourdes Fernandez-Vidal, Harvey Small, Sanne Mueller, Karolina Roubickova, Karina Royer, Bon Spector, Bruce Berger, Lucie Stejskalova, Jarle Wirgenes, Lene Wirgenes, Jason Zimmer, Rayna Exelbierd, Evrice Cornelius, Ron Weisberg und Maytee Martinez.